Maverick, uma mente inacessível

Maverick, uma mente inacessível

Como uma mãe resolveu o mistério de seu filho calado, inacessível, refratário ao aprendizado

de
CHERI L. FLORANCE, PH.D.,
COM MARIN GAZZANIGA

Tradução de JEFFERSON LUIZ CAMARGO
Revisão da tradução de PERCIVAL PANZOLDO DE CARVALHO

Martins Fontes
São Paulo 2007

Esta obra foi publicada originalmente em inglês com o título
MAVERICK MIND
por G. P. Putnam's Sons.
Copyright © 2004 by Cheri Florance, Ph.D., com Marin Gazzaniga.
Todos os direitos reservados, inclusive o direito de reprodução no todo ou em parte.
Esta edição está sendo publicada por acordo com G. P. Putnam's Sons, um membro
do Penguin Group (USA) Inc.
Copyright © 2007, Livraria Martins Fontes Editora Ltda.,
São Paulo, para a presente edição.

1ª edição 2007

Tradução
JEFFERSON LUIZ CAMARGO

Revisão da tradução
Percival Panzoldo de Carvalho
Acompanhamento editorial
Luzia Aparecida dos Santos
Revisões gráficas
Daniela Lima Alvares
Sandra Garcia Cortes
Dinarte Zorzanelli da Silva
Produção gráfica
Geraldo Alves
Paginação/Fotolitos
Studio 3 Desenvolvimento Editorial

Dados Internacionais de Catalogação na Publicação (CIP)
(Câmara Brasileira do Livro, SP, Brasil)

Florance, Cheri L.
Maverick, uma mente inacessível : como uma mãe resolveu o mistério de seu filho calado, inacessível, refratário ao aprendizado / Cheri L. Florance com Marin Gazzaniga ; tradução de Jefferson Luiz Camargo ; revisão da tradução de Percival Panzoldo de Carvalho. -- São Paulo : Martins Fontes, 2007.

Título original: Maverick mind.
ISBN 978-85-336-2369-9

1. Crianças – Dificuldade de aprendizagem – Educação
2. Mães e filhos I. Gazzaniga, Marin. II. Título.

07-2459   CDD-371.9

Índices para catálogo sistemático:
1. Crianças com dificuldades de aprendizagem :
Educação 371.9

Todos os direitos desta edição reservados à
Livraria Martins Fontes Editora Ltda.
Rua Conselheiro Ramalho, 330 01325-000 São Paulo SP Brasil
Tel. (11) 3241.3677 Fax (11) 3105.6993
e-mail: info@martinsfonteseditora.com.br http://www.martinsfonteseditora.com.br

Índice

Prefácio 5

1. A coisa mais difícil que você terá de fazer na vida 9
2. Um estranho numa terra estranha 29
3. Uma criança inteligente presa ali dentro 43
4. A criança indomável 57
5. No limite da desesperança 69
6. Malabarismos (ou: querer é poder) 91
7. Um exercício de prevenção contra incêndios 105
8. Eu e a sra. Jones 121
9. Reformando o cérebro de Whitney 137
10. O triângulo 163
11. Aprendendo com os Mavericks 197
12. Conversando com Deus 221
13. *Band-aids* 245

14. De aluno com necessidades especiais a Maverick 263
15. A Terra do Nunca 293
16. Futebol americano e garotas 315
17. Saindo de casa 327
18. A Síndrome Maverick de Florance 343

Epílogo 353

Agradecimentos

Sou grata a John Whitney por ele ser meu filho. Apesar de às vezes o caminho ter sido turbulento, Whitney me ensinou mais sobre como funciona o cérebro e sobre como curá-lo do que qualquer outra de minhas muitas experiências em educação. Agradeço também à minha filha, Vanessa. No dia de seu nascimento, prometi mergulhar com ela numa parceria inesquecível, e juntas honramos essa promessa. Se fui a Presidente do Conselho dos Mavericks, Vanessa foi a Diretora Jurídica. Seu atual desejo de se tornar advogada parece dar continuidade ao papel que vem desempenhando desde a pré-escola, quando aprendeu a usar a análise lógica para solucionar os imprevisíveis problemas de Whitney, que irrompiam como terremotos, sem o menor aviso. Sem seu irmão, William, esta história não teria sido escrita. William, que recebeu do avô o apelido de "gigante bonzinho", é aquela pessoa forte mas extremamente solidária, que se liga às situações com laços profundos e tem sempre à flor da pele um desejo apaixonado de corrigir as injustiças. Formado em engenharia química e se preparando para estudar medicina, William planeja usar o que aprendeu com Whitney para ajudar outras pessoas como clínico e pesquisador.

Esta história, porém, começa com minha mãe e meu pai, que me trouxeram ao mundo e me ensinaram a valorizar o espírito criativo tanto nas artes como nas ciências. Quando deparei com os desafios de criar três filhos e trabalhar em tempo integral, com uma das crianças apresentando graves deficiências, minha mãe, Dorothy, e meu pai, Jack, teceram em torno de nós uma teia de apoio e de amor incondicional para nos proteger. Sem esse ambiente de amor e dedicação à nossa família, não teríamos obtido os sucessos que hoje compartilhamos.

Como se verá, meu ex-marido, o pai de Whitney, William e Vanessa, praticamente não aparece neste livro. Depois de muito refletir, querendo nos concentrar primordialmente na educação e reabilitação de Whitney, meus filhos e eu decidimos deixá-lo fora de *Maverick, uma mente inacessível*.

Nossa família – meus filhos e eu – é grata também a meu agente, Mike Shatzkin, e a sua mulher, Martha, por acreditarem neste projeto. Uma vez Mike me disse que não são muitas as pessoas neste mundo cuja vida é suficientemente interessante para figurar num livro. As crianças e eu também queremos agradecer a Todd Williams e Melinda Inks por nos ajudar a desenvolver hábitos permanentes de exercício físico e um amor pela ligação entre corpo e mente. Minha escritora, Marin Gazzaniga, compartilhou risos e lágrimas enquanto revivíamos tantas experiências dolorosas que, muitas vezes, exigiram o máximo de nós. E minha revisora, Sheila Curry Oakes, analisou meticulosamente cada frase, cada idéia do original para que o livro pudesse de fato representar uma contribuição a outros pais e profissionais... tarefa nada fácil.

Também gostaríamos de agradecer a uma série de profissionais cuja flexibilidade mental me permitiu pensar de forma não tradicional. Entre outros, citaremos Dennis Cantwell, M.D., UCLA; Elizabeth Weller, M.D., Universidade da Pensilvânia; Ronald Goldman, Ph.D., Universidade do Alabama; David Daly, Universidade de Michigan; John Ratey, M.D., Harvard; John Stang, M.D., e Judith Westman, M.D., ambos da Faculdade de Medicina da Universidade do Estado de Ohio. E, ainda, os educadores que me acolheram em sala de aula como uma parceira da escola: sra. Jones, sra. Ludwizac, sr. Niemie, sra. Moore, sra. Homon, sra. Hutson, sra. Lindsay, dr.

Raffman e dr. Meske – todos desempenharam papéis importantíssimos no desenvolvimento de uma comunidade de apoio a nossa família enquanto seguíamos em nossa busca.

A história de Whitney mudou minha vida, e espero que você encontre em nossa saga elementos que possam mudar a sua.

Prefácio

Dezembro 2001

Num dia de calor extemporâneo em dezembro, meus filhos William, de 17 anos, e Whitney, de 15, entraram comigo pelos portões da Universidade Colúmbia, na zona norte de Manhattan. Estávamos em Nova York para visitar minha filha mais velha, Vanessa, caloura no Manhattan College, e também para que William comparecesse a entrevistas em faculdades da região.

Quando entramos no impressionante *campus* de Colúmbia e contemplamos os antigos prédios de uma das mais tradicionais universidades norte-americanas, William começou a se empolgar com a instituição. Estávamos conversando sobre suas chances de ser aceito como aluno quando Whitney nos interrompeu.

"Por que Tchíquero está lá em cima?"

Não lhe demos atenção, absortos que estávamos em nossa conversa. Como de costume, Whitney insistiu.

"Por que Tchíquero está lá em cima?"

Irritada com a interrupção, acompanhei com o olhar o braço estendido que Whitney apontava para os nomes gravados na platibanda da Biblioteca Butler de Colúmbia: HOMERO, HERÓDOTO, SÓFOCLES, PLATÃO, ARISTÓTELES, DEMÓSTENES, CÍCERO, VIRGÍLIO.

"Você quer dizer 'Cícero'", respondi, corrigindo sua pronúncia. "São todos escritores famosos", expliquei às pressas.

É sempre difícil dividir a atenção de mãe entre vários filhos, mas eu tinha reservado aquele dia para que William fizesse seu passeio, e queria que ele se entusiasmasse com a idéia de entrar para a faculdade.

"Mas ele era um senador romano, e todos os outros eram escritores e filósofos", respondeu Whitney, com os olhos fixos nos nomes.

Lembrei-me de uma brincadeira da *Vila Sésamo* em que as crianças cantavam: "Um desses não combina com os outros." Whitney havia centrado sua atenção no único nome que, a seu ver, não combinava com os demais.

Olhei para William com um ar de divertida exasperação.

"Agora ele pegou você", disse William.

"Onde é que você aprende essas coisas?", perguntei, perplexa. Eu nem sabia o suficiente para dizer se ele estava certo ou errado.

Whitney não tripudia como a maioria dos adolescentes – como meus outros dois filhos sempre fazem quando estão com a razão e mamãe está errada. Tripudiar, demonstrar sarcasmo, desejar vingança – nada disso faz parte do jeito de ser de Whitney.

"Aula de história", disse ele com toda a naturalidade, acrescentando: "E acho que a pronúncia em italiano é Tchíquero."

Meu assombro diante da declaração de Whitney ia além do típico orgulho materno, porque Whitney, quando bebê, tinha sido considerado surdo, mudo e gravemente autista. E, embora eu tivesse passado os últimos quinze anos insistindo obstinadamente em que ele aprenderia a falar, teria uma vida normal e iria para a universidade, também os passei lutando contra um medo profundo de que nada disso fosse possível.

Nós, pais, temos grandes sonhos e esperanças para nossos filhos, queremos apoiá-los de todas as formas para que eles possam realizar seus objetivos. Em meu trabalho como cientista do cérebro e minha experiência como mãe, aprendi que, por melhores que sejam nossas intenções, a vida nos surpreende e nos apresenta desafios com os quais nunca imaginamos ter de lidar. Para alguns, é um filho que usa drogas ou que sofre um acidente e fica inválido. Para outros, trata-se simplesmente de encarar as frustrações diárias do atordoante compromisso de criar e educar um ser humano com personalidade e vontade totalmente diferentes das dos pais.

Devo admitir que houve ocasiões em que, no meio de uma discussão, alguém dizia algo que feria meus sentimentos, me deixava furiosa ou simplesmente me desconcertava, e eu pensava: *Assim não dá. De onde é que veio essa criança? Por que logo eu tinha de ser a mãe? Por que assumi essa responsabilidade assombrosa?*

Quando uma criança apresenta problemas de desenvolvimento, essas preocupações aumentam ainda mais. A comunicação é um desafio. É impossível argumentar. É difícil acreditar que a criança não nos esteja desafiando de propósito. E não só é difícil seguir em frente. Também é difícil não sentir tanta frustração a ponto de dizer algo de que nos arrependeremos depois – é difícil não se fechar ou não adotar um comportamento autodestrutivo no esforço de lidar com a situação. Sei disso porque fiz todas essas coisas. Passei por períodos em que comi demais, engordei e perdi o contato comigo mesma. Perdi amigos e empregos, e me afastei de membros da família e de profissionais das áreas médica e educacional.

A busca de "sonhar o sonho impossível" pode ter uma força avassaladora. Meu sonho impossível era o desejo de dar a Whitney uma vida normal. Como cientista especializada no cérebro e em comunicação, eu trabalhava para consertar o que não tinha conserto; e descobri que Whitney se tornara meu sonho impossível, meu grande projeto. Sou esforçada, obstinada e não desisto. Essas características nem sempre me conquistaram todas as platéias, mas a recompensa sempre as fez valer a pena.

Um dia antes de nossa visita à Colúmbia, os meninos e eu vimos o filme no sistema IMAX sobre Ernest Shackleton e a viagem que tentou fazer ao Pólo Sul a bordo do *Endurance*. Ele e seus homens perderam o navio e precisaram descobrir um caminho de volta. Ficaram perdidos meses a fio, ensopados, atravessando montanhas ou balançando em botes salva-vidas no mar Antártico. Passaram pelas circunstâncias físicas mais árduas que se pode imaginar. Fiquei profundamente comovida com a história de sua difícil viagem. Embora tenha notado recentemente que choro com facilidade ao ouvir histórias de pessoas que superaram adversidades, dessa vez foi diferente. Eu me perguntava por que estava tão comovida com o relato daquela expedição fisicamente opressiva – algo que eu não empreenderia por nada neste mundo. E então percebi que era porque me identificava com o objetivo daquele esforço: a sobrevivência.

Identificava-me com a firmeza de concentração daqueles homens, sua determinação e seu otimismo aparentemente deslocado. Eu tinha lançado mão de características como essas e de outras mais em meu desafio de entrar em contato com meu filho, que parecia inalcançável, inabalável, incapaz de aprender, perdido. No entanto, eu o encontrei; e, com isso, descobri algo a respeito de mim mesma – e algo que, a meu ver, poderá modificar a face da ciência no futuro.

Quando ouvem a história de Whitney, as pessoas acham difícil acreditar: *Ele não deve ter sido autista. Melhorou com a idade. Deve ter sido só um problema emocional. Como você conseguiu viver com ele desse jeito? Como vocês conseguiram superar uma situação dessas? Não tinham vontade de matar uns aos outros? Por que não desistiram? Como foi?*

Pela primeira vez em quinze anos, disponho do espaço mental necessário para olhar para trás e examinar essas questões. Enquanto estávamos ali no meio, éramos como os homens daquele navio. Quando tantas catástrofes acontecem de modo tão imprevisto, não há tempo para avaliar, para pesar os custos e benefícios. Nós simplesmente fazemos o que temos de fazer para sobreviver.

Quando lanço meu olhar sobre o passado, também me pergunto como chegamos até aqui. É verdade que eu tinha um objetivo e dispunha de meios para me orientar no percurso. Mas, na maior parte dos últimos quinze anos, estive agarrada a um bote salva-vidas no meio do oceano, sem nenhuma terra à vista.

Parada diante dessa biblioteca em Manhattan, com Whitney me corrigindo, percebi que estava pisando em terra firme. E Whitney também.

1.
A coisa mais difícil que você terá de fazer na vida

Enquanto eu via, na televisão, um casal jovem e lindo num abraço apaixonado, sufoquei um berro. Não que uma novela fosse a última coisa a que eu quisesse assistir – é que eu estava em trabalho de parto. Aparentemente, a enfermeira designada para cuidar de mim acreditava que a televisão me distrairia das contrações. Ledo engano.

"Desculpe", disse eu, com voz entrecortada.

"Só um minutinho." Ela estava ocupada, explicando o processo do trabalho de parto para a estudante de enfermagem que estava instruindo. Eu estava num hospital-escola e, por ser Ph.D. e já ter trabalhado em hospitais do mundo inteiro, precisava respeitar sua necessidade de continuar a dar aula. Eu também trabalhara como consultora naquele hospital por anos, de modo que todos me conheciam. Infelizmente, isso não estava sendo de muito proveito para mim. A enfermeira dava a impressão de pressupor que, como aquele era meu terceiro parto e eu trabalhava na área médica, não precisava de muita ajuda ou atenção.

Mas aquele era meu terceiro caso de toxemia e, por já ter sofrido um aborto espontâneo, eu estava nervosa e preocupada com aquele parto.

Desde muito nova, sempre tive vontade de ter vários filhos. Entretanto, realizar esse desejo mostrou-se difícil para mim. Minha primeira gravidez começou tranqüila. Eu estava tão empolgada que comecei a tricotar. Minha irmã, que morava a milhares de quilômetros de distância, na Califórnia, engravidou na mesma época; e, como eu era supersticiosa, tricotei conjuntinhos de bebê para o futuro filho dela e não para o meu, para não dar azar. Cheguei a expor algumas de minhas criações exclusivas numa feira local de artesanato. Eu era a última pessoa que se podia esperar que ficasse empolgada com a criação e confecção de conjuntinhos de marinheiro com botões combinando, porque a maioria das pessoas me considerava uma mulher dedicada unicamente à carreira. E, de fato, eu vinha me dedicando à carreira desde os doze anos de idade. Nos dez anos anteriores, tinha passado noites e noites em claro fazendo pesquisa, terapia e criando minha própria empresa de consultoria para ajudar pessoas com deficiências de comunicação. Tendo obtido um duplo doutorado em fonoaudiologia e em processamento psicolingüístico, tinha concentrado meu atendimento em problemas de comunicação de origem cerebral. Era forte minha fé no trabalho.

E então, no último mês de gravidez, durante um exame de rotina, o médico me disse que eu estava com toxemia. Eu sabia como essa doença podia ser perigosa e que ela era uma das principais causas de morte de mães e bebês durante o parto. O médico mandou que eu ficasse uma semana de cama. Quando apresentei perturbações visuais e meus exames de urina ainda indicavam toxemia, ele me disse que iriam induzir o parto. Dar à luz pela primeira vez já é bastante assustador; uma complicação médica pode tornar a perspectiva ainda mais aterrorizante. Eu mal conseguia prestar atenção ao que estava acontecendo na sala de parto. Estava apavorada e via tudo enevoado.

No instante em que o médico me entregou minha filhinha, ouvi a porta do elevador abrir lá fora e reconheci o barulho dos saltos altos de minha mãe andando pelo corredor.

Fiquei feliz de ver minha mãe e meu pai na soleira da porta, radiantes.

"Você parece um anjo", disse meu pai.

Nunca me esquecerei daquele momento. Eu estava em êxtase. Não só estava exultante por ver minha filha, mas também sentia o incrível alívio de saber que nós duas estávamos em perfeita saúde. Passei a noite inteira acordada, segurando Vanessa e conversando com ela sem parar. Falei de tudo o que ela viria a conhecer na vida, falei de todas as pessoas que a amavam, de tudo o que ela haveria de ver, ouvir, sentir e aprender. Nada do que eu dizia era suficiente. Abri meus sentimentos, esperanças e sonhos para essa nova amiga que ia compartilhar da minha vida. Juro que ela me escutava enquanto se aconchegava no meu seio, agindo como se aquelas fossem as melhores notícias que já tivesse ouvido.

Minha segunda gravidez foi fácil. Eu estava então com um novo médico, o dr. Russ, que era um ginecologista e obstetra do tipo protetor, com muito jeito para lidar com as pacientes. Ele acompanhou de perto minha gravidez. Mesmo assim, quando se aproximou a data do parto, mais uma vez o exame de toxemia deu positivo. Fui internada no hospital, onde tive de permanecer em repouso absoluto até que o dr. Russ considerasse que era seguro para o bebê nascer. Só me permitiam sair da cama para ir ao banheiro. O doutor esperou até a data prevista para o parto, que foi muito mais difícil, pois eu estava sob tratamento intensivo. Mas dessa vez estava determinada a ver meu filho nascer. Nunca vou me esquecer da miraculosa experiência de ver meu corpo dar à luz. Assim que nasceu, William foi levado rapidamente para a unidade neonatal de tratamento intensivo. As doze horas que transcorreram até eu poder segurá-lo no colo pareceram uma eternidade. Minha preocupação era que esse tempo de separação prejudicasse nosso vínculo; mas, assim que o segurei, soube que minhas preocupações eram infundadas. Mais uma vez, meu bebê e eu nos apaixonamos, e passei a noite inteira acordada conversando com ele.

Quando engravidei pela terceira vez, sofri um aborto espontâneo no primeiro trimestre. Eu estava com mais de trinta e cinco anos, idade que na época era considerada "avançada" para dar à luz. Fiquei arrasada mas, como sempre tinha sonhado com uma família numerosa, engravidei novamente. À medida que essa quarta gravidez chegava a termo, o dr. Russ estava satisfeito com o progresso tanto do bebê como da mãe. Mais uma vez, ele me acompanhou de perto e me obrigou a um rigoroso regime de saúde pré-natal. Dessa vez, foi feita uma amniocentese devido à minha idade, e os resultados foram normais. A gravidez avançava tranqüila, e pude manter minha programação integral de trabalho sem nenhum problema médico para mim ou para o bebê. E então, quando se aproximava a data prevista, mais uma vez foi diagnosticada toxemia, e fui novamente confinada à cama. Antes, o repouso absoluto já tinha sido um desafio para mim. Agora, com um exigente e movimentado trabalho na clínica e dois filhos dando os primeiros passos, era ainda mais difícil ficar parada. A apreensão que eu sentia, porém, era suficiente para me fazer obedecer às ordens do médico.

Fiquei de cama em casa, supervisionando por telefone minha clínica sediada no hospital. A empresa tinha crescido tanto que ninguém mais era capaz de fazer a supervisão. Recebíamos do governo federal subsídios para pesquisa e tínhamos também uma grande clínica ambulatorial sediada no hospital, onde atendíamos a qualquer paciente que precisasse ter sua capacidade de comunicação avaliada (por exemplo, depois de um derrame, cirurgia ou traumatismo craniano). Além de fazer nossas próprias pesquisas, estávamos participando de dois grandes projetos de pesquisa junto ao hospital, um sobre o efeito de medicamentos ototóxicos usados para pacientes de cirurgia de substituição de joelho e quadril (os medicamentos ototóxicos podem causar problemas de audição) e outro sobre os efeitos da endarterectomia (um procedimento para desobstruir artérias como prevenção contra derrames) sobre a capacidade de raciocínio e de comunicação dos pacientes. Testávamos centenas de pacientes nesses estudos e, se eles apresentassem um problema de comunicação, fazíamos terapia de acompanhamento para melhorar sua capacidade. Eu projetava os testes e terapias e ensinava a residentes e profissionais em pós-mestrado protocolos de controle de qualidade para esses estudos.

Também oferecíamos terapia ocupacional e terapia da fala para programas *Head Start** em centros comunitários e igrejas, prestávamos atendimento a internos em diversos asilos e realizávamos terapia da fala e da linguagem num grupo de escolas particulares, bem como na penitenciária estadual. Minhas clínicas ambulatoriais estavam abrigadas num velho prédio de escola com área de mais de 800 m², situado no *campus* do hospital, que o hospital e eu tínhamos reformado juntos. Eu também era proprietária e supervisora do Centro para a Vida Independente, que consistia num laboratório para estudos do cérebro dentro do próprio hospital, uma área adicional de quase 140 m². Recebíamos gente de todas as partes do mundo que vinha pedir ajuda para resolver transtornos que iam desde a gagueira até o processamento auditivo. E, além de tudo isso, eu prestava consultoria a empresas e órgãos governamentais, ainda proferia palestras e dava entrevistas na mídia a respeito do nosso trabalho. Não é tão surpreendente eu ter achado que não podia ficar fora de contato com o trabalho por um dia que fosse. Eu não era só mãe dos meus filhos – minha empresa era fruto do meu trabalho intelectual.

Depois de ter de lidar com todos esses afazeres presa numa cama, sentia-me aliviada quando chegou a hora de a ocitocina entrar gota a gota em minhas veias, dando início às contrações. Eu já tinha passado por aquilo duas vezes e acreditava que tudo daria certo. Mal podia esperar para conhecer meu novo bebê.

Estava a ponto de pedir à enfermeira que desligasse a novela estridente quando ela avisou que estava na hora.

Quando fui levada para a sala de parto, a mudança foi impressionante em relação à desatenção da enfermeira. De repente, a preo-

....

* Nos Estados Unidos, o *Head Start* (vantagem inicial) é um programa sustentado por fundos federais, estaduais e doações, dedicado basicamente a ajudar crianças carentes de até cinco anos de idade a se preparar para entrar na escola em condições de competir.

cupação com minhas condições passou para o outro extremo. A sala estava repleta de estudantes de medicina. Não era aquela a hora mais adequada para demonstrar meu talento de atriz, mas ninguém me perguntou se eu me importava com a platéia. Se me sentisse mais forte, talvez tivesse feito objeção. Em vez disso, concentrei-me na respiração, nas instruções do médico e nos bipes que o monitor do coração do feto emitiam.

E então o monitor parou.

Olhei para o dr. Russ, que eu adorava. Seus olhos encontraram os meus e ele tranqüilamente ordenou aos estudantes: "Evacuem a sala, por favor." E então dirigiu-se a mim: "O cordão umbilical deu quatro voltas no pescoço do bebê. Preciso desenrolar enquanto você faz força. Se fizer força demais, vai estrangular a criança. Preste bem atenção e siga minhas instruções." E, depois de uma pausa: "Cheri, essa é a coisa mais difícil que você terá de fazer em toda a sua vida."

Fiz que sim e concentrei toda a minha atenção nele. Quando veio uma contração, o dr. Russ me disse para fazer força de leve, enquanto ele tentava soltar uma das voltas que o cordão dera no pescoço do bebê. E em seguida me mandou relaxar. Eu precisava então lutar contra a ocitocina e as contrações que ela havia induzido.

Durante o que me pareceu uma eternidade, o dr. Russ foi me guiando com cuidado enquanto eu fazia força e ele soltava o cordão do pescoço do bebê. Enfim, ele me mandou fazer força pela última vez.

Olhei preocupada para o dr. Russ porque não ouvi nenhum choro. Ele me lançou um sorriso radiante enquanto me mostrava meu filho – Whitney. E então, enquanto eu esperava, ansiosa, Whitney foi levado para uma mesa de exame para que se certificassem de que tudo estava bem.

"É um bebê nota dez", disse o dr. Russ daí a alguns instantes, referindo-se ao índice Apgar do bebê. Meu filho era totalmente normal.

Ele me entregou Whitney. Eu mal podia esperar para segurá-lo nos braços; ansiava por aquela onda de envolvimento. Em vez disso, o que senti foi uma onda de preocupação que beirava a náusea.

Alguma coisa estava diferente. Alguma coisa estava errada. Ele não se aconchegava. Chamei-o, sorri e comecei a tagarelar. Ele não reagia. Embora o dr. Russ me dissesse que o bebê era fisicamente perfeito, eu sabia que o parto tinha sido difícil. Será que ele não estava me abrindo o jogo?

"É um bebê nota dez!", repetiu o dr. Russ.

Disse a mim mesma que estava cansada e, enquanto nós dois caíamos no sono, jurei que Whitney e eu teríamos nosso bate-papo mais tarde.

Eu não me permitira pensar na possibilidade de ele ter sofrido alguma lesão cerebral durante aqueles momentos em que a linha do monitor do coração tinha ficado reta. Mesmo assim, descobri-me fazendo discretamente alguns testes neurológicos em meio ao vai-e-vem de enfermeiras e visitas.

O famoso pediatra de Harvard, T. Berry Brazelton, tinha criado um formulário para prever o temperamento e o tipo de personalidade do bebê no nascimento. Resultados de testes simples como observar a reação dos bebês à luz, alfinetadas e outros estímulos podiam classificá-los quanto a sua disposição. Eu tinha me distraído experimentando as idéias do dr. Brazelton nos meus outros dois filhos, mas Whitney não estava reagindo aos testes. Eu nunca tinha visto um comportamento semelhante num bebê. Ele não reagia a luzes, sons, vozes ou toques. Eu não conseguia discernir seu temperamento de jeito nenhum. Whitney era um enigma.

Procurava não dar atenção às vozes que me diziam que havia algo de errado, que essa falta de reação era estranha. O problema era comigo, dizia a mim mesma, e não com meu bebê nota dez. Eu fazia questão de me lembrar de que esse era meu terceiro filho e que toda a experiência estava sendo radicalmente diferente. Afinal, todos, desde a família até os colegas de trabalho no hospital, tinham me tratado de maneira diferente dessa vez.

Minha família, principalmente meus pais, estava preocupada, pensando em como eu ia criar três filhos praticamente sozinha. (Meu marido passou a maior parte do nosso casamento viajando ou trabalhando fora da cidade, e nos divorciaríamos oficialmente depois de doze anos.) Minha mãe não conseguia entender como aquilo poderia dar certo. Não parava de me lembrar que os primeiros anos da vida de uma criança eram cruciais – para os filhos e para a mãe. "Você já teve uma boa carreira", ela costumava dizer. Ela havia abandonado a música para criar a mim e a minha irmã. É verdade que pertencia a uma outra geração, mas companheiras minhas de trabalho ecoavam essa sua preocupação. Embora estivéssemos em meados da década de 1980, época em que já era bem comum mulheres trabalharem fora, eu conhecia pouquíssimas mulheres da minha comunidade em Columbus, Ohio, que tivessem vários filhos e se dedicassem à carreira em tempo integral. As que eu conhecia que realmente tinham emprego fora de casa trabalhavam em meio expediente e contavam com ajuda extra.

Não era apenas a necessidade de ganhar o pão que me mantinha trabalhando. Eu era apaixonada pelo trabalho e ansiava por compartilhar minha paixão com meus filhos. Considerava-me uma pessoa de muita sorte porque tinha a impressão de que minha paixão me havia "escolhido" desde muito nova. Já com cinco anos de idade, eu ficava no meu quarto desenhando histórias em quadrinhos, como as de Brenda Starr, inventando personagens com diferentes problemas para eu resolver. Quando estava na sétima série, consegui um emprego de monitora num estúdio de dança depois da escola. Trabalhava com as crianças que não conseguiam seguir as instruções da professora. Elas sentiam uma frustração enorme. Não é que não conseguissem dançar; elas simplesmente pareciam ter dificuldade para acompanhar a professora. Depois da aula eu as levava para o andar de baixo e trabalhava com elas até que conseguissem completar os passos. Quando um aluno cego procurou o estúdio com o desejo de aprender sapateado, eu fui a única pessoa que a proprietária considerou ser capaz de ajudá-lo. No ensino médio, os amigos do meu namorado me pediam ajuda e conselhos sobre como lidar com namoradas. Desde a infância, eu achava que tinha vocação para ajudar as pessoas a derrubar barreiras de comunicação.

Eu não concebia a idéia nem de renunciar à minha carreira, nem de deixar de ser mãe. E por isso me tornei mãe de três crianças, todas abaixo dos quatro anos, sem deixar de trabalhar em tempo integral. Tinha me esforçado muito para arranjar um modo de incluir meus filhos nas minhas atividades. E tinha alguns modelos a imitar. A musa da minha tese de graduação (sobre como os bebês aprendem a falar) tinha sido Lois Bloom, da Universidade Colúmbia, que tinha tirado uma licença de um ano de suas atividades educacionais para estudar sua filha Alison e registrar em vídeo seu primeiro ano de vida. Aprendi muito com seu livro sobre esse ano, *One Word at a Time* [Palavra por palavra]. B. F. Skinner, o famoso psicólogo, também tinha observado os filhos em sua pesquisa. Para mim, essa parecia uma forma ideal de equilibrar carreira e criação de filhos. Eu era encarregada de programas *Head Start* quando as crianças eram pequenas, de modo que simplesmente envolvi Vanessa e William no processo. Eles vinham trabalhar comigo; e, à medida que minha equipe e eu elaborávamos exercícios para os programas *Head Start*, nós os testávamos primeiro nos meus filhos. Isso proporcionava a mim e às crianças um tempo juntos, eu conseguia fazer meu trabalho, elas recebiam terapia lúdica educativa, e as crianças nos programas eram tratadas com atividades altamente eficazes cujos problemas já tinham sido expurgados com êxito. Eu não estava tentando fazer de meus filhos cobaias de experimentos mas, sim, unir nossa vida e compartilhar com eles minha paixão.

Naturalmente, precisei reduzir as freqüentes viagens que fazia antes de Vanessa nascer. Antes de ter filhos, eu viajava várias vezes por mês para comparecer a conferências, apresentar trabalhos e prestar consultoria para projetos de pesquisa. Tinha ido a Washington como convidada a aparecer num programa de televisão, *People Are Talking*, co-apresentado por Oprah Winfrey, para falar do meu trabalho com gagos. Com os filhos, esse tipo de viagem tornou-se difícil para mim. Fazia viagens curtas quando podia, mas na maior parte do tempo escrevia sobre minha pesquisa – submetendo artigos e capítulos de livros a publicações especializadas – para me tornar conhecida em minha área. Sentia falta de sair para descobrir o que os outros estavam fazendo e para ver o mundo. A longo prazo, quando as crianças crescessem, meu plano era voltar a viajar. A meu ver, essa seria uma ótima maneira de lhes mostrar o mundo.

Enquanto isso, eu levava as crianças comigo quando ia trabalhar e em pequenas viagens pelas redondezas – no meu Firebird com duas cadeirinhas de bebê no banco traseiro. Eu imaginava que a única mudança que Whitney traria à minha vida seria ter de descobrir um jeito de encaixar três cadeirinhas no Firebird ou trocá-lo por uma pequena caminhonete.

Levando tudo em conta, eu amava nossa vida. Era dedicadíssima à minha carreira e adorava meus filhos. Acreditava ter descoberto um jeito de ter o melhor de dois mundos.

Nem todos tinham opinião semelhante. Quando se chega ao terceiro filho, a atmosfera é diferente – até mesmo no quarto do hospital. Quando Vanessa nasceu, meu quarto estava repleto de presentes, flores e visitas que transmitiam seus votos de felicidade. Isso diminuiu um pouco com William. Com Whitney, ganhei dois pijamas da minha mãe. Até mesmo os funcionários do hospital estavam menos interessados em mim. Eu já sabia amamentar e ir ao banheiro depois do parto. Por isso, não havia aquela procissão de gente verificando como eu estava, como houvera com Vanessa. Além disso, a contenção de custos no hospital estava em pleno vigor, e eles estavam loucos para me ver andando e fora dali.

Qualquer uma dessas questões poderia explicar por que eu me sentia sem vínculo com Whitney, mas elas não amenizavam minha preocupação. Ao longo dos anos, eu tinha trabalhado o suficiente com crianças deficientes para saber que a atitude de se entregar a conjecturas e criticar o passado pode corroer os pais. Será que alguma coisa que eu fiz durante a gravidez poderia ter causado esse problema? Eu já tinha passado da idade certa para ter um bebê? Teria sido a toxemia? O parto difícil? O estresse? O tratamento pré-natal? A genética? Será que não estava simplesmente tendo uma reação exagerada? E se, na realidade, não houvesse nada de errado? Quando não há nenhuma explicação fácil, nenhum problema identificável, essas perguntas podem escapar ao controle e se transformar num obsessivo monólogo interior que mantém as mães acordadas à noite. Deitada ali no escuro naquela primeira noite, segurando Whitney, falando com ele, tentando criar um vínculo, eu lutava contra a sensação de que uma nuvem negra pairava sobre o quarto do hospital. Tentava calar a voz de repreensão que reverberava na minha cabeça: *uma família numerosa, foi isso o que você quis. Agora agüente.*

Quando amanheceu, eu estava ansiosa para ir para casa. Talvez o quarto asséptico de hospital fosse a causa de meu desconforto, e Whitney estivesse reagindo a isso. Assim que chegássemos em casa e pudéssemos relaxar no nosso próprio ambiente, raciocinava eu, as coisas provavelmente iriam melhorar.

Liguei para que minha mãe viesse nos apanhar. Ela chegou, trazendo William e Vanessa (então com um ano e meio e dois anos e meio, respectivamente), com saquinhos de M & M's nas mãos.

"Eles quiseram dar um presentinho a Whitney", explicou minha mãe, sorrindo. Estavam tão bonitinhos, arrumados de terno e jardineira, oferecendo os presentes ao irmãozinho. Percebi que ele não olhava para eles. Também não se assustou. Nada fazia Whitney reagir. Mesmo assim, minha voz de mãe agarrava-se à esperança, dizendo internamente: *Você está cansada, você praticamente não tirou um dia de folga ao longo de quatro gravidezes. Está tudo na sua cabeça. Você está exausta.*

Minha mãe e eu pusemos as crianças no carro, e ela nos levou para casa. Eu me imaginava relaxando com Whitney na minha própria cama e visualizava a tranqüilidade que acabaria por nos unir.

Quando entramos em casa, fiquei surpresa, para dizer o mínimo, quando vi colegas de trabalho do hospital sentados na minha sala de estar. Por um instante, achei que estivessem ali para me desejar felicidades. E então percebi as pilhas de gráficos e pastas. O hospital estava em processo de recredenciamento, e eles precisavam que eu verificasse meus gráficos e me preparasse para uma auditoria iminente.

Não pude acreditar.

"Isso não pode esperar uma semana?", perguntei.

Eles insistiram que o método mais fácil para terminar a resenha era eu responder às perguntas feitas por eles. "Você, trate de descansar. Nós faremos o trabalho."

Sentada na cama, entre travesseiros, respondi atordoada às perguntas. Eu ouvia as palavras, mas não conseguia entender o que elas queriam dizer.

"Acho que é isso mesmo", era minha resposta-padrão.

Quando se foram, eu estava totalmente esgotada. Acho que levei horas para tomar um banho de chuveiro. Cada passo exigia um esforço assombroso. Finalmente fui cambaleando até a cama e passei a noite inteira num sono intermitente, acordando de tantas em tantas horas para amamentar Whitney. Ele não chorava quando queria ser amamentado. Eu apenas tentava alimentá-lo a intervalos regulares, e ele aproveitava e sugava. Eu me sentia mais como uma torneira que como uma mãe. Amamentar Vanessa e William tinha sido diferente. Fora uma experiência de intimidade e carinho para a mãe e para o bebê. E muito embora meus outros filhos não tivessem sido bebês manhosos, quase não chorassem, havia no silêncio de Whitney algo diferente. Eu tentava dizer a mim mesma que era tudo igual e que eu deveria estar grata por meu terceiro filhinho ser tão calado. Mas uma voz insistente me dizia que algo estava errado.

Eu tinha comprado um sofá de balanço para a varanda numa feira de artesanato. Tinha me imaginado balançando meu novo bebê, relaxando no final da tarde, usando aquela hora para sossegar. Em vez disso, naqueles primeiros dias em casa eu me via sentada ali, atordoada, segurando Whitney enquanto terapeutas que tinham vindo do consultório se sentavam diante de mim fazendo perguntas sobre como lidar com vários casos. De início, eles alegavam ter vindo fazer uma visitinha para ver o bebê e me dar votos de felicidade, mas em poucos minutos começavam as perguntas sobre o trabalho. Eu os encorajava a imaginar soluções por si mesmos. Deve ter sido muito perturbador para eles me ver passar da chefe extremamente envolvida para aquela mulher apática, sentada na cadeira de balanço. Embora me mostrasse quase indiferente às suas preocupações, eles pareciam depender cada vez mais de mim, querendo extrair de mim os mínimos detalhes. Minha cabeça não estava funcionando direito. Eu estava cansada e me perguntava se ficaria assim para sempre ou se algum dia voltaria ao normal.

Cerca de uma semana depois, concluí que seria menos prejudicial à minha vida doméstica se eu passasse umas duas horas por dia no consultório. Eu tinha tentado dizer à minha equipe que estava precisando de uma licença, mas no mundo dos hospitais, vinte e quatro horas por dia, sete dias por semana, os pacientes querem o médico, não um substituto, e eu era a única médica em nossa equipe. A verdade é que a empresa era minha, e, em última análise, a responsável pelo atendimento aos pacientes era eu. Também me convenci de que as idas e vindas de desconhecidos poderiam perturbar Whitney. Concluí que fazer o trabalho vir até mim estava esgotando ainda mais minha energia. Pelo menos, se eu fosse ao consultório, minha casa continuaria a ser minha casa, e não simplesmente mais um lugar para responder a perguntas durante várias horas por semana.

Naquela época, uma mulher maravilhosa chamada Tammi trabalhava para mim. Era uma professora primária que eu tinha contratado para me auxiliar com as crianças, tanto em casa como no trabalho. Era um misto de babá e auxiliar de pesquisa. Em suma, ela era meu braço direito – descrição que não deixaria muita gente entusiasmada. Mas Tammi foi uma salvação. Durante as primeiras semanas, ela ficava em casa com as crianças enquanto eu ia trabalhar por umas duas horas. Tammi era linda, loira, alta e cheia de vivacidade. Era muito esfuziante e sempre estava de bom humor; e houve ocasiões em que sua energia positiva era a única coisa que me impedia de entrar em colapso no final de um dia difícil.

Três semanas depois do nascimento de Whitney, eu estava de volta a um expediente normal no trabalho. Quando ele completou seis semanas de vida, comecei a levá-lo comigo para o consultório durante uma parte do dia. Contratei mais uma babá para ajudar Tammi, de modo que as crianças pudessem ficar parte do tempo comigo no trabalho e ter também alguém que as supervisionasse em casa.

Naqueles primeiros meses da volta ao trabalho, lutei para integrar Whitney a nossas atividades. No entanto, ele era inconstante em suas reações ao ambiente. Se alguém batesse palmas bem alto, nem sempre se virava para olhar. Parecia não focalizar o rosto das pessoas, nem mesmo o meu. Não chorava, não ria nem arrulhava como faziam meus outros bebês. Existe uma mentalidade, bastante disseminada, de "esperar para ver" no que diz respeito ao desenvolvimento inicial do bebê, pois a faixa de prazos para o desenvolvimento normal é muito larga. E assim, quando o levava para os exames de acompanhamento ao longo do primeiro ano de vida, sua altura, peso, aparência física e todas as medições-padrão estavam sempre perfeitamente normais.

"Perfeitamente normais." As palavras ecoavam nos meus ouvidos. Como eu explicaria para os médicos que, embora meu bebê estivesse bem sob o aspecto físico e fosse uma gracinha, eu sentia que alguma coisa não estava perfeitamente normal? Eu nunca tinha tido problemas para estabelecer contato com um paciente, por mais grave que fosse o transtorno. Portadores de Alzheimer, pacientes de derrame, esquizofrênicos – todos acabam reagindo. Dá para estabelecer um vínculo com portadores de síndrome de Down. Eu me sentia mais ligada até mesmo à minha cadela Coco, que tinha sido adotada com seis semanas de idade. Coco, em seis semanas, interagia mais comigo do que Whitney em seis semanas ou seis meses. Com Whitney, era como se o corpo estivesse ali, mas não houvesse uma alma dentro dele.

Nunca mencionei esses pensamentos a ninguém. Creio que havia dois motivos para isso. O primeiro era a batalha que se travava dentro de mim entre a mãe e a cientista. A mãe tinha uma vontade desesperada de que tudo estivesse bem, mas eu também não conseguia deixar de pensar que alguma coisa não ia bem. A maioria das mães de crianças deficientes procura especialistas para descobrir qual é o problema. Muitas tinham recorrido a mim. Eu era a especialista a quem outros pais costumavam recorrer quando seus filhos não conseguiam se comunicar ou criar vínculos, mas agora lá estava eu, sem fazer a menor idéia do que estava acontecendo com meu próprio filho. O conflito e a confusão me dominavam. *Se você não consegue descobrir qual é o problema, talvez não haja nenhum problema*, dizia a mãe à cientista. *Você tem de aceitar que existe algum problema. Lamento se não posso lhe dar uma resposta, mas você precisa continuar tentando descobrir o que está acontecendo*, argumentava a cientista diante da mãe.

O segundo motivo pelo qual eu não punha em palavras meus temores sobre Whitney estava relacionado ao fato de eu não querer rotulá-lo como uma criança "problemática". Não se tratava de uma decisão consciente; era uma extensão da filosofia que eu seguia na minha clínica.

Richard B. Stuart, um psicólogo social, foi o autor de um livro intitulado *Trick or Treatment* [Travessuras ou tratamentos], que criticava os psiquiatras por dar ênfase ao que está errado com os pacientes. Ele censurava a "terapia de apoio", na qual os que têm uma doença crônica obtêm apoio ou aconselhamento referente a essa doença, por concentrar a atenção mais no problema que numa solução. Stuart trabalhou muito com terapia de casais, e uma de suas técnicas era entregar a cada cônjuge, durante a primeira sessão, uma prancheta, pedindo-lhes que anotassem ali tudo o que apreciavam no parceiro. Sua teoria se baseava no seguinte raciocínio: dedicando-se a discutir o que havia de errado no parceiro, os cônjuges aumentariam o número de queixas em relação ao casamento, o que, evidentemente, não era o objetivo do casal. Stuart defendia a tese de que não se pode melhorar a saúde mental falando sobre o que está errado. Se rastrearmos o comportamento negativo, tudo o que vamos conseguir é mais comportamento negativo. Se localizarmos os componentes de amor no relacionamento, teremos um alicerce para começar a construir.

Essa abordagem tinha funcionado com pacientes gagos, com os quais eu tinha feito grande parte de minhas primeiras pesquisas e trabalhos terapêuticos. Como pesquisadora dos National Institutes of Health (NIH), aprendi que não se deveria deixar os gagos conversar sobre a gagueira. Não podiam contar histórias de horror sobre como a gagueira os afetava. Era uma norma difícil de impor, porque os pacientes chegavam com uma vontade desesperada de desabafar. Trabalhávamos a partir da seguinte premissa: se a pessoa quisesse de fato aprender a ser um ex-gago, falar sobre experiências com a gagueira seria contraproducente. Em vez disso, concentrávamo-nos em aumentar o comportamento positivo. Em outras palavras, queríamos ensinar a fala normal para que ela substituísse a gagueira. Fui co-autora de um livro, *Stutter-Free Speech* [Falar sem gaguejar], sobre esse tema.

Fixávamos os objetivos mais altos e depois tentávamos chegar o mais próximo possível deles. Para isso, trabalhei com uma empresa de aparelhos de audição de São Francisco para ajudar a projetar um dispositivo chamado "máquina de *feedback* auditivo retardado", que alterava o modo pelo qual um gago ouve a si mesmo durante sessões de treinamento fonológico. Esse dispositivo retardava o som da voz do paciente de modo que ela soasse como um eco. Enquanto falava, o paciente ouvia sua própria voz em fones de ouvido, mas mais devagar que o movimento de seus lábios. Nós então pedíamos para ele falar mais devagar até a fala ficar sincronizada com a audição de modo que ele pudesse monitorar sua fluência. Assim que o paciente tivesse, nessa velocidade, dominado a fala sem gaguejar, nós ajustávamos o volume e a velocidade. Embora não nos déssemos conta disso na época, enquanto aprimorávamos o modo de falar dos pacientes, também estávamos aprimorando seu modo de ouvir.

Essas duas maneiras de tratar uma deficiência de comunicação um dia se tornariam a base para ajudar meu próprio filho. Em primeiro lugar, fazíamos pesquisas científicas básicas para mudar o modo como os pacientes ouviam, para que eles pudessem falar sem gaguejar. Em segundo lugar, sabíamos que detectar o comportamento negativo não ia nos levar a resultados positivos. A determinação de não fixar a atenção no comportamento negativo era o motivo pelo qual eu tinha horror a rotular Whitney. Eu temia que, se alguém começasse a se referir a ele como "autista", "deficiente", "portador de lesão cerebral", "prejudicado para o aprendizado", "surdo", "mudo" ou qualquer coisa assim, o rótulo "grudaria" nele. Eu não me permitiria pensar desse jeito. Jurei que não me deteria no problema. Eu não rotularia Whitney. Não falaria sobre o que não estava dando certo.

É claro que toda mãe de uma criança deficiente tem vontade de negar a existência do problema. No entanto, minha formação e meu trabalho me haviam convencido de que rotular Whitney poderia ser muito prejudicial. Eu tinha visto, em asilos, muitos pacientes de derrame cujo tratamento só reforçava a permanência da incapacidade. Eu sabia que simplesmente oferecer aconselhamento de apoio para ajudar gagos a lidar com seu problema não adiantava nada. Eu acreditava com todo o meu ser que concentrar a atenção no problema seria o mesmo que apostar no fracasso. Com o tempo, eu teria de aceitar certos rótulos, como, por exemplo, "autista" ou "portador de deficiência mental", para conseguir que ele entrasse para turmas de educação especial onde pudesse receber atenção qualificada, mas isso era apenas um meio para um fim e nunca representou meu modo de ver Whitney. Decidi que os únicos pensamentos que eu alimentaria seriam sobre como ele poderia melhorar. Na realidade, eu faria tudo o que me fosse possível para me centrar no que estivesse dando certo.

O problema era que, com os gagos, eu conhecia os comportamentos que queria reforçar para reduzir a gagueira; com Whitney, eu ainda não conseguia identificar nenhum comportamento a ser desenvolvido e trabalhado. Na hora de me centrar no que estava dando certo, eu não fazia a menor idéia de por onde começar.

Quando Whitney estava com alguns meses de idade, achei que precisávamos dar um passeio. Um dos meus programas preferidos com Vanessa e William era enfiá-los no carro num sábado e ir até The Gourmet Market, em Columbus, um café do *chef* Hubert, que tinha trabalhado como *chef* para o rei da Espanha. Um dos nossos famosos conterrâneos de Ohio, Dave Thomas, fundador da cadeia Wendy's, conheceu o *chef* Hubert e o contratou para fazer o bufê de uma festa preparada para uma partida de beisebol dos Cincinnati Reds. Hubert gostou tanto da experiência que resolveu se mudar para Columbus e abrir um restaurante e serviço de bufê. The Gourmet Market era muito europeu e não havia nada que se assemelhasse a ele em nossa cidade, na região central dos Estados Unidos. Eu tinha morado em Paris quando era mais jovem, e agora, todo sábado, adorava levar as crianças para um *brunch* nesse café em estilo parisiense, onde me sentava ao ar livre e ouvia música à sombra de um guarda-sol. À noite, o restaurante era elegante demais para crianças, mas, desde que elas se comportassem, nós éramos bem-vindos na hora do *brunch*. Na verdade, tínhamos nos tornado fregueses habituais.

Vesti todo mundo e nos amontoamos no carro para ir até o café em busca de um toque europeu. Vanessa tinha trazido um dos seus bichinhos de pelúcia para mostrar ao *chef*. Eles ficaram felizes de nos ver, e a equipe se reuniu para paparicar Whitney, que se mantinha indiferente. Vanessa se intrometeu para mostrar seu bichinho, e a atenção de todos se voltou para ela. William e Vanessa davam risinhos e encantavam o pessoal. Eu estava com o coração quase partido de ver Whitney na cadeirinha. Ele não dava mostras de estar apreciando o passeio. Onde é que eu estava errando? Será que estava cansada demais? Será que a tarefa de criar três filhos não estava a meu alcance? Eu não queria admitir, mas, ao olhar para Whitney naquela cadeirinha, a impressão que tinha era a de ter trazido mais um bichinho de pelúcia para passear – não um bebê.

Estava entardecendo quando ajeitei as crianças no carro para voltar para casa. Eu seguia devagar pelas ruas do bairro, saboreando o tempo que tive para pensar enquanto meus filhinhos dormiam, cada qual em sua cadeirinha. Entre trabalho e casa, eu não tinha mais nem um minuto para pensar sozinha. No passado, fazer exercícios sempre me servira para essa finalidade. Fosse numa aula de aeróbica no hospital, fosse indo e voltando de bicicleta para fazer meia hora de natação na Universidade do Estado de Ohio, eu sempre usara os exercícios físicos como um período para refletir e solucionar problemas. Nos casos de Vanessa e William, eu tinha voltado a me exercitar pouco depois do parto, mas ter três filhos se revelava um desafio exponencialmente mais difícil do que ter dois, e eu não conseguia encontrar tempo para meus exercícios meditativos.

Era fim de tarde, e a luz aconchegante que saía pelas janelas das casas era sedutora. Eu tinha muitos colegas de trabalho e uma equipe numerosa, mas não dispunha de tempo para momentos de lazer com outros adultos. A maioria de meus colegas no hospital eram homens; não havia muitas mulheres no meu círculo profissional. Das profissionais liberais que eu conhecia, poucas tinham filhos. Eu não conhecia outras mães com quem pudesse me relacionar. Imaginei as famílias e casais bem acomodados dentro de casa, comendo pipoca, vendo um filme, batendo papo sobre o dia que tiveram – conversando sobre os problemas e pensando juntos em formas de solucioná-los ou compartilhando histórias e vitórias.

Eu estava solitária, mas, mais que isso, estava profundamente triste. Quando se carrega uma criança no ventre por nove meses, anseia-se por amar essa criança, e ela não retribui esse amor, é de partir o coração. Era uma tristeza difícil demais de pôr em palavras e levar a meus pais, e não havia mais ninguém com quem eu pudesse compartilhar minha dor.

Naquela manhã, na sala de emergência do hospital, quando o coração de Whitney parou de bater, o dr. Russ olhou para mim e disse que aquela seria a coisa mais difícil que eu teria de fazer na vida.

Eu começava a desconfiar que ele estivesse enganado.

2.
Um estranho numa terra estranha

Eu estava tocando violão e cantando a plenos pulmões. Vanessa e William dançavam à minha volta, agitando os corpinhos ao ritmo da música. Eram oito horas da noite, muito tempo depois da hora de dormir das crianças. Tinha sido um longo sábado, mas nossos dias eram tão lotados de atividades e havia tão pouco tempo para relaxar que não consegui parar com toda aquela diversão. Por fim, a música chegou ao clímax e nós todos caímos no chão, rindo.

"De novo, de novo!", gritavam as crianças, pulando em cima de mim.

Eu estava exausta.

"Está bem. Vamos vestir o pijama, e eu canto para vocês na cama."

Vanessa e William subiram a escada para trocar de roupa e eu respirei fundo. Voltei-me para ver Whitney, ainda sentado onde eu o tinha posto três horas antes, quando começamos nosso ensaio de dança. Ele já estava com quase um ano e ainda não demonstrava nenhum sinal de desenvolvimento normal. É claro que, na minha experiência profissional, eu sabia que o desenvolvimento poderia variar, e nos momentos de otimismo eu me agarrava à esperança de que ele desabrocharia mais tarde. Nos momentos menos otimistas, eu temia que sua falta de envolvimento com qualquer um de nós fosse um sinal de algo mais sério. Nesse primeiro ano, em especial, eu o observava, vigilante, em busca de sinais que indicassem o que poderia estar dando certo. Afinal de contas, é difícil avaliar um bebê antes da idade de aprender a andar. Eles ainda não falam, nem se movimentam tanto assim. Quando saíamos em público, ele parecia estar bem. No aspecto físico, aparentava estar se desenvolvendo normalmente. Mas sua indiferença à nossa voz ou ao nosso comportamento – por exemplo, à música, à dança e aos risos daquela noite – era um fato importante que estava ficando cada vez mais difícil explicar ou esperar que desaparecesse por si.

Levantei seu peso morto nos braços e o levei para a cama. A maioria das crianças nessa idade costuma se agarrar ao adulto, ou se aconchegar – como meus outros filhos tinham feito. Quando ensinava dança a crianças na minha adolescência, havia ocasiões em que dizíamos: "Atenção, todos, agora fiquem como se fossem um pano molhado, como se fossem um saco de batatas, finjam que não têm ossos." Whitney era assim a maior parte do tempo: como um saco de batatas. Nunca foi um bebê que se debatesse ou emitisse sons, tentando agarrar meu rosto ou meus dedos.

Tínhamos acordado cedo naquela manhã de sábado para cumprir as tarefas domésticas e passar para a segunda obrigação: comprar materiais para criar atividades para os programas *Head Start* sob minha responsabilidade. Eu só tinha tempo nos fins de semana para criar joguinhos de desenvolvimento da linguagem para a pré-escola, então associava essa tarefa às brincadeiras com meus filhos. Eu tinha passado os anos de 1970 a 1972 na Universidade do Estado de Memphis, no Tennessee, trabalhando nos primeiros programas *Head Start*. Agora estava planejando o programa inicial de desenvolvimento da linguagem para seis escolas (cada uma com uma sessão pela manhã e uma à tarde). O *Head Start* foi criado para crianças em idade pré-escolar que vivem abaixo da linha de pobreza. Acredita-se que essas crianças correm maior risco de apresentar deficiência de comunicação por causa de vários fatores, entre os quais a carência do ambiente pré-natal, a nutrição deficiente e a escassez de estimulação. As crianças inscritas no *Head Start* recebem avaliações da linguagem e da fala, e as que precisam do tratamento são submetidas a terapia com fonoaudiólogos como parte de sua preparação para o jardim-de-infância.

Sempre fui da opinião que é muito mais fácil envolver alguém no aprendizado de uma nova tarefa através da diversão que da repetição cansativa de exercícios entediantes. Graças a toda uma vida de contato com as artes e a música – meu avô era músico e tinha uma loja de instrumentos musicais, e minha mãe também era musicista –, eu projetava meus programas terapêuticos usando a dança, a música, as artes plásticas e o teatro para ensinar habilidades básicas às crianças; depois, trabalhava essas habilidades para que elas pudessem ser transferidas à vida cotidiana. Eu chegava a usar professores de arte, de teatro, de dança e de música na minha equipe. Costumava criar e então testar um conjunto de atividades associadas a um determinado tema, como dinossauros ou caubóis, e depois as levava até cada grupo para ensinar os professores e pais a envolver as crianças nas atividades. Era uma forma divertida de desenvolver a linguagem e a comunicação em crianças, e um modo fácil de fazer adultos se relacionarem com elas e as estimularem. Os resultados eram impressionantes.

A maioria dessas crianças dobrava sua idade lingüística em um ano. A idade entre os três e os cinco anos é uma época crucial para as habilidades lingüísticas; e, se essas habilidades não forem trabalhadas durante esse período, elas geralmente pioram. Também é possível fazer muito progresso se forem estimulados os sistemas lingüísticos de crianças durante esse período – mesmo nos casos em que as crianças apresentam problemas de desenvolvimento lingüístico. O cérebro é tão maleável, especialmente nessa idade, que um pouco de estimulação produz muito efeito. Semelhantes resultados davam-me esperanças para meu trabalho com Whitney.

Eu sempre tinha considerado gratificante ver crianças sendo atraídas por atividades que unissem a música, a dança, o contar histórias e as artes plásticas. Crianças dos programas *Head Start* que vinham do centro de grandes cidades, filhos das famílias mais pobres, sem instrução, com pouquíssimo ou nenhum atendimento de saúde – os piores casos –, eram trazidos de ônibus à nossa clínica no verão. Até mesmo essas crianças extremamente carentes reagiam bem ao trabalho. As mães ficavam muito felizes. Parecia que sempre havia uma mãe me chamando a um canto para me dizer que eu fazia milagres.

Em vez de me sentir inspirada, eu considerava cada vez mais difícil ouvir elogios à medida que minha preocupação com Whitney aumentava.

Whitney parecia estar tendo um desenvolvimento perfeito sob o aspecto físico. Conseguia se movimentar de um lado para o outro no andador; conseguia ficar sentado; não era uma criança que se mexesse muito, mas conseguia engatinhar. No entanto, ele não usava a voz, nem emitia nenhum som. Nada dos adoráveis arrulhos e balbucios quando estava sentado na cadeirinha no carro ou no berço, de manhã cedo, como era costume com Vanessa e William. Eu gostava muito de ver os bebês emitindo sons, experimentando e brincando com a idéia de que podem usar a laringe para criar ruídos. Isso não acontecia com Whitney. Não somente não havia nenhum som de "mamãe" ou "papai", como ele não parecia sequer se dar conta de quando realmente emitia algum som – um arroto ou balbucio involuntário.

Tudo indicava que ele não tinha nenhuma reação a si mesmo ou ao mundo exterior, nenhuma curiosidade em relação aos irmãos ou a mim. Se Vanessa agitasse um chocalho diante de Whitney, ele não reagia – era como se ela fosse transparente. Se ele reagia a móbiles ou a outros brinquedos suspensos que tínhamos, era mais para olhá-los fixamente do que para cutucar, apertar, estender a mão e tentar tocar neles. Não reagia aos brinquedos que tinha, nem mesmo ao macio cobertor de bebê no qual eu tinha imaginado que se enrolaria para dormir.

Talvez o mais perturbador fosse o fato de ele não indicar nenhuma vontade nem necessidade. Os bebês geralmente não param de tentar comunicar necessidades, e os pais ficam como tontos tentando descobrir de que necessidade se trata. Ele está chorando porque está com fome? Precisa trocar de fralda? Quer colo? Quando eu estava amamentando Whitney, ele mamava; e também mamava na mamadeira. Mas nunca fazia um esforço para comunicar nada. Em vez disso, eu precisava alimentá-lo de acordo com uma programação, dar uma olhada na fralda quando percebia alguma coisa, colocá-lo no colo quando me dava vontade.

Sua falta de vocalização me deixava preocupada, muito embora eu soubesse que a idade de começar a falar varia muito de criança para criança. O que me restava era questionar meus instintos como mãe e cientista. Quem sabe ele não era simplesmente lento no desenvolvimento verbal, e eu só estava sendo hipersensível por causa da minha profissão? Para mim, era difícil aceitar que ainda fosse cedo demais para me preocupar com habilidades de linguagem e comunicação. Também me preocupava a ausência de outros indícios normais de desenvolvimento da linguagem. Whitney parecia não ter as habilidades pré-lingüísticas que a maioria dos bebês possui, como a atenção, a memória, a capacidade de associar imagens e sons. Dá para conquistar a atenção até de um bebê que ainda não aprendeu a falar; é só fazer caretas ou esparrinhar a água da banheira – com o tempo, ele acaba batendo na água também, provavelmente com grande satisfação. A maioria das crianças pequenas volta a atenção para um barulho forte ou se assusta com uma caixa de surpresas. Pesquisas feitas por mim tinham me levado a acreditar que o bebê é capaz de associar imagens e sons desde o instante do nascimento. Cada som teria uma imagem visual associada a ele. Os bebês conseguem identificar o rosto da mãe porque reconhecem sua voz. Eu tinha observado, fascinada, Vanessa e William desenvolverem essas habilidades precursoras da linguagem. Mas Whitney não apresentava nenhum desses comportamentos.

Se ele era lento, eu queria garantir da melhor maneira possível as bases para o futuro desenvolvimento de sua linguagem. Decidi me centrar na estimulação auditiva. Na década de 1960, Hildred Schuell escreveu sobre uma terapia para pacientes de derrame que usava uma técnica de "bombardeio do sistema auditivo". O sistema auditivo alimenta a linguagem. Por isso, ela acreditava que a melhor maneira de ajudar alguém a recuperar a capacidade de falar consistia em ler ou falar com a pessoa repetidamente. Na minha clínica, tivemos enorme sucesso com esse método em pacientes de derrame. A construção da complexidade auditiva também funcionava com crianças do projeto *Head Start*.

Resolvi bombardear o sistema auditivo de Whitney, muito embora ele parecesse não reagir. Em certo sentido, o que eu estava fazendo com Whitney era uma versão para bebês do que fazíamos com as crianças do *Head Start* — tentando associar sons a símbolos, combinar movimentos com a audição, fornecer estímulos visuais e verbais entre os quais ele pudesse fazer associações: cantando para o bebê, contando historinhas em verso, fazendo representações com os dedos das mãos ao som de canções como "Eensy Weensy Spider", emitindo ruídos e sons enquanto fazia cócegas no bebê.

Além disso, eu costumava levar Whitney para o trabalho e o deixava na cadeirinha para que ele pudesse ver arteterapeutas, especialistas em psicodrama, terapeutas ocupacionais e fonoaudiólogos interagindo com as outras crianças. Nos fins de semana, ele "assistia" a nossos trabalhos nas atividades do programa *Head Start*, e todas as noites eu tocava violão e cantava para as crianças por uma ou duas horas. Eu fazia tudo isso na esperança de que as informações chegassem a ele de algum modo, que seu cérebro processasse a música e a armazenasse de alguma forma, para ajudá-lo a construir a linguagem.

Ele não demonstrava reação. Ficava sentado, olhando fixamente para coisas que não nos interessavam em absoluto. Não olhava para as coisas que atrairiam a atenção de outras crianças da mesma idade; em vez disso, concentrava-se intensamente num tijolo ou numa rachadura no chão. Essa técnica de bombardeio dava muito trabalho e consumia tempo; e o fornecimento contínuo de estímulos a uma criança que não reage é extremamente frustrante. Era desanimador dançar e cantar para um menininho que não nos enxergava, que olhava para a frente com expressão vazia e que não pulava nem reagia de modo algum à música ou às nossas caretas. Houve muitas ocasiões em que tive vontade de desistir.

Um dia, quando estava trabalhando em casa, ouvi Vanessa e William brincando no andar de cima e fui ver o que estavam fazendo. Whitney não estava com eles.

"Onde está seu irmão?", perguntei. Eles não faziam idéia e disseram que ele devia ter saído engatinhando pela casa. Procurei no andar de baixo, em pânico. Acabei por encontrá-lo no banheiro, em pé, no meio de um monte de papel higiênico. Ele estava desenrolando feito louco o papel do rolo. Parecia fascinado com o jeito que o papel caía pelo chão. Era o mais próximo que ele tinha chegado de envolver-se com alguma atividade que pudesse ser considerada uma travessura infantil.

Whitney nunca demonstrara nenhuma reação a brinquedos ou a móbiles, de modo que seu envolvimento com uma "brincadeira produtiva", desenrolando o papel higiênico, me proporcionou um instante de esperança. Enquanto eu o observava, porém, a natureza repetitiva do que ele fazia começou a me preocupar. Quando Vanessa ou William faziam alguma travessura – como desenrolar o papel higiênico ou bater panelas e frigideiras –, sempre havia risadas e uma nota de divertimento. Enquanto Whitney desenrolava mecanicamente o papel, repetindo exatamente os mesmos gestos, tive medo de que não se tratasse de uma brincadeira, mas de um episódio de perseveração* – a repetição persistente de uma reação verbal ou motora, um comportamento comum nos que apresentam transtornos cerebrais. Eu tinha visto uma infinidade de pacientes de derrame ou crianças autistas apanhadas em ciclos de atos repetitivos como aquele. É como se o cérebro ficasse preso num buraco; à maneira de um disco riscado que repete sempre o mesmo trecho de música, o cérebro dessas pessoas gira num círculo em vez de seguir em frente. Antes de permitir que meus temores encarassem aquilo como um sinal de autismo, preferi concentrar minha atenção no fato positivo de que Whitney estava em pé, algo normal em termos de desenvolvimento.

....

* O termo não tem registro nos dicionários de português, mas é aceito e usado pelos profissionais da área. (N. do T.)

Foi nessa época que ele começou a andar. Não passou pela etapa de se apoiar nos móveis ou paredes ou de andar segurando a mão de outra pessoa. Simplesmente começou a andar. Assim como, pouco tempo depois, aprendeu de repente a usar o banheiro. A impressão era que ele não precisava da linguagem verbal para aprender atividades físicas. Talvez ele as aprendesse a partir de modelos visuais, por observação e imitação. Ele estava se desenvolvendo fisicamente, mas o mais importante era que *estava* aprendendo. Isso me dava esperança.

Pouco antes do Natal, saí à noite para comprar presentes para clientes e colegas. Gastei muito dinheiro em presentes de alta classe em butiques especializadas nesses artigos (principalmente porque eu sabia que eles seriam embrulhados com esmero – uma coisa a menos para eu fazer). Enquanto os presentes eram embalados, fiquei como que hipnotizada pela perícia com que a mulher dobrava os cantos com precisão e arrumava as fitas em laços extravagantes. Houve uma época em que eu teria dedicado tempo e atenção para embrulhar meus presentes, mas já não podia me dar a esse luxo.

Quando cheguei em casa naquela noite, as luzes estavam apagadas e as crianças estavam dormindo. Escondi os presentes no porão para mantê-los fora do alcance das crianças.

"Por que você fez isso? Você não podia ter feito isso! Sua mãe vai ficar tão brava!"

Bem cedo eu já estava acordada, trabalhando no meu computador no escritório que tinha em casa, enquanto Tammi aprontava as crianças para o café da manhã. Eu estava absorta no trabalho, procurando terminá-lo com a máxima eficiência para poder tomar o café da manhã com as crianças antes de sairmos todos para o escritório no hospital. Levei um susto com o som dos berros de Tammi e desci correndo para a cozinha. Nunca a tinha ouvido berrar.

Havia uma pilha enorme de papéis de presentes rasgados, e as elegantes canetas e conjuntos para escrivaninha que eu tinha comprado estavam espalhados por todo o chão. Vanessa e William estavam chorando.

Olhei em volta e vi Whitney num canto. Ele estava sacudindo as mãos freneticamente, como se procurasse se livrar de sentimentos desagradáveis. *Ai, não*. Eu conhecia aquele comportamento, mas nunca o tinha visto em Whitney. Chamava-se "auto-estimulação", e era observado somente nos que apresentavam deficiências mais graves. Eu queria parar com aquilo. Voltei-me para Tammi.

"Tammi, por favor, pare *agora*. Depois a gente conversa."

Peguei Whitney no colo e tentei consolá-lo com um abraço apertado. Ele continuava a sacudir as mãos, indiferente a mim. Depois de alguns minutos, cansou-se e adormeceu.

Depois de levar Vanessa e William à escola, Tammi voltou para casa e nos sentamos para conversar.

"Whitney precisa de disciplina", começou ela. "Ele está desenvolvendo maus hábitos, e esses hábitos vão se transformar em grandes problemas de comportamento."

"Sei que ele não está reagindo como seria de esperar, Tammi, mas não podemos gritar com ele. Ele não sabe o que estamos dizendo. Ele não entende. Não faz sentido repreendê-lo."

Ela olhou para mim, perplexa.

"Ele precisa de disciplina."

Enquanto eu tentava explicar que Whitney não tinha agido com a intenção de causar nenhum mal, que ele estava simplesmente tentando descobrir o que havia dentro das caixas coloridas, percebi que, se eu estava chocada por Tammi acreditar que poderia disciplinar Whitney através de palavras, ela estava igualmente chocada por eu não acreditar que isso fosse possível. Foi a primeira vez que me dei conta de que nem todo o mundo suspeitava, como eu, que Whitney tinha um problema. Mesmo contra a minha vontade, eu via nele uma espécie de deficiência auditiva que nunca tinha visto antes, atrasos no desenvolvimento e, agora, sintomas de autismo. Também percebi que meu esforço para concentrar a atenção no lado positivo deixava Tammi perplexa. Ela achava que eu não estava levando a sério a questão da disciplina, e não via que eu estava adotando uma estratégia específica para uma dificuldade que, eu sabia, não poderia ser superada por uma mão firme dos pais. Comecei a me questionar. Eu tinha condições para fazer o que estava fazendo? Tinha como lidar com Whitney? Tinha como ajudá-lo? Conseguiria fazer isso sozinha?

Comecei a achar extremamente árdua a combinação do estresse do trabalho com o da vida familiar. O que talvez fosse mais duro de aceitar era que o problema de Whitney me deixava às tontas, enquanto no trabalho eu conseguia enxergar soluções para casos complexos.

Por volta dessa época, eu estava trabalhando com uma menina de nove anos da Flórida cujos pais tinham tentado de tudo para fazê-la falar. Ela não falava, mas costumava se envolver em duas atividades: saltar na cama elástica horas a fio e assistir a filmes da Disney. Diagnostiquei-a como portadora de um transtorno do processamento da linguagem e criei um programa para ajudá-la a desenvolver os trajetos verbais necessários. Além de seus problemas com a fala, ela também tinha dificuldades para decodificar o que ouvia, bem como para ler e escrever. A mãe tentaria educá-la em casa, pois, na opinião da família, os programas escolares não surtiam efeito.

Como parte da terapia, criamos fichas que apresentavam os nomes e imagens de objetos do dia-a-dia e as grudamos nos objetos dentro de casa: geladeira, leite, cadeira, cama, televisão. Usamos fotos tiradas de revistas; e sua mãe, que era uma competente artista, também fez desenhos nas fichas. Fizemos ainda um livro de logotipos de estabelecimentos conhecidos, como o McDonald's, o Pizza Hut, o Wal-Mart e outros que a menina pudesse reconhecer. Começamos com grupos de dez fichas por dia. As dez primeiras eram coisas que ela via todos os dias, muitas vezes por dia. Acrescentamos então outras dez fichas de objetos menos familiares para ela trabalhar a cada dia. Fazíamos diferentes exercícios com as fichas. Por exemplo, podíamos mostrar-lhe a ficha e repetir a palavra para ajudá-la a fazer a associação entre a imagem e o som da palavra. Ou lhe apresentávamos duas fichas: uma com uma salsicha e uma com o logotipo do cereal *Cheerios*, e pedíamos que ela nos desse a ficha do cereal, para treiná-la a associar o som de uma palavra à imagem visual e à palavra escrita. Desse modo, ela começou a associar a palavra à figura. A isso se chama "relação entre som e símbolo". Ela se lembraria de que a figura acompanhava a palavra, e assim podia identificar a figura quando isso lhe era solicitado.

Em seguida, conseguimos que ela começasse a falar as palavras em voz alta depois que nós as disséssemos. Não se tratava de mera repetição de sons – aquelas palavras agora tinham um significado para ela. Cerca de duas semanas mais tarde, a menina começou a dizer as palavras espontaneamente. Primeiro, só algumas. Mas logo já estava falando cerca de cem palavras com regularidade.

A mãe, em vez de comemorar esse avanço gigantesco, irritou-se e queixou-se de que não era normal para uma menina de nove anos falar tão poucas palavras. Era uma expressão de dor pelos nove anos perdidos. Uma vez descoberto o segredo, quando o aprendizado de palavras novas repentinamente se tornou tão fácil, ela lamentava os anos passados e desejava ter encontrado a solução para a fala da filha quando a menina tinha dois anos de idade. Essa é uma reação comum nos pacientes. Muitos se irritam com os anos perdidos, uma vez que agora parece "fácil" destrancar a porta. Não é fácil. Na realidade, é como correr uma maratona. Lembro-me de quando dois corredores nigerianos cruzaram a linha de chegada de uma maratona em Columbus. Parecia que tinham acabado de dar um passeio. Acho que transcorreu uma hora até que os demais corredores cruzassem a linha de chegada, e pareciam estar à beira da morte. Quando a linguagem funciona direito, ela parece não exigir nenhum esforço. Mas, quando não funciona, é necessário um trabalho imenso para dar os primeiros passos. O que a mãe não entendia era que tínhamos encontrado um modo de abrir a porta para sua filha ter acesso à linguagem. Ainda havia muito a fazer, mas eu sabia que tínhamos encontrado o caminho.

Eu entendia as frustrações dos pais quanto ao tempo perdido, mas cada vez mais me via combatendo uma sensação de ressentimento e raiva. Estava lutando para encontrar uma porta de acesso para a linguagem de Whitney, mas aquele momento de revelação mágica não estava acontecendo. Com outras pessoas, eu a encontrava, mas não com meu filho. Ele não conseguia ou não queria falar, nem mesmo emitir sons; parecia que não ouvia nem reagia. Eu bombardeava seu sistema auditivo com música e palavras, mas não sabia se alguma coisa chegava lá dentro. Enquanto trabalhava com os pais de nossos pacientes, eu precisava refrear a voz na minha cabeça que gritava: *Isso é mais do que o meu filho consegue fazer. Vocês deviam estar felizes!* Estava ficando mais difícil ir trabalhar. Eu ficava meia hora sentada dentro do carro, no estacionamento, para conseguir vestir minha máscara de coragem e preparar-me para não pensar nem dizer aos pacientes ou aos pais: "Por que vocês não valorizam isso? Deviam estar gratos por não ser pior."

Eu vestia a expressão de terapeuta solidária no trabalho e expressão de mãe animada em casa; mas, depois que as crianças dormiam, quando me arrastava para a cama, muitas vezes eu chorava em silêncio, frustrada, assustada e desesperada por não conseguir ajudar Whitney. Foi a única vez na minha vida em que eu senti que as palavras não eram suficientes para comunicar o que eu via, porque simplesmente não entendia meu próprio filho.

Assim que Whitney aprendeu a andar, ele decidiu que sabia cozinhar. Não dormia muito e costumava ficar acordado durante a noite. Depois de algum tempo, simplesmente se levantava e tentava fazer alguma coisa para comer. Percebi que ele não dispunha de nenhum instrumento para comunicar aos outros que estava com fome. Não conseguia chorar nem falar. Assim, quando estava com fome e não era hora de nenhuma refeição, suponho que ele achasse que não tinha escolha: tinha de fazer alguma coisa sozinho.

Certa manhã, desci até a cozinha e descobri que ele tinha tirado tudo de dentro dos armários e da geladeira. Tinha derramado leite, xarope de bordo, cereal e tudo o que conseguiu alcançar. A bagunça no meio do piso era monumental. Uma coisa medonha. Eu não conseguia acreditar. Precisei reprimir a frustração e as lágrimas enquanto limpava toda aquela sujeira. Tinha dito a Tammi que não fazia sentido discipliná-lo porque ele não conseguia entender. Será que estava certa? Como iria passar por tudo isso? Como iria lhe ensinar que ele não podia se comportar daquela forma? Será que ele entendia alguma coisa? Não adiantava nada? Quando finalmente limpei toda a bagunça, comecei a preparar o café da manhã. Abri a porta do forno e ali dentro encontrei uma tigela de bater bolo com mistura para bolo de chocolate, água, óleo – tudo sem misturar. Por cima, três ovos inteiros, ainda na casca.

Lembrei-me de repente da mãe de um menininho que participara de um programa que eu tinha criado para bebês com síndrome de Down no Estado de Ohio, alguns anos antes. Um dia, ela se aproximou de mim com boas notícias para dar. Estava na cozinha e o filho lhe entregara um tabuleiro de assar biscoitos. Ela apanhou o tabuleiro e o deixou de lado. O menino apanhou o tabuleiro e o entregou de novo a ela, com insistência. Mais uma vez, ela o apanhou e o largou. Novamente, o filho lhe entregou o tabuleiro. Nesse momento, ela achou que tinha de prestar atenção. Foi então que se deu conta de que aquele era o tabuleiro que ela sempre usava para fazer um dos pratos preferidos do menino: salsichas com queijo enroladas em *bacon*. Quando ela apanhou os ingredientes e começou a preparar o lanche, o menino demonstrou alegria. Ela me contou essa história com lágrimas nos olhos. "Meu filhinho pensa!", disse ela. O simples ato de entregar o tabuleiro tinha mostrado à mãe que o menino era um ser humano pensante, tentando se comunicar.

Foi isso o que senti quando vi aquela tigela com três ovos inteiros em cima, dentro do forno. *Meu filhinho pensa!* Dei-me conta de que Whitney, que ainda não tinha nem dois anos, estava tentando assar um bolo. Era como se ele estivesse lendo as instruções no verso da caixa mas, como não sabia ler, seguiu as ilustrações e não compreendeu a necessidade de quebrar os ovos ou misturar os ingredientes. De repente, tudo fez sentido. Quando o bolo não deu certo, ele ficou frustrado e fez a bagunça. Os pensamentos estavam presos ali dentro, sem um porta – por enquanto – para sair.

3.
Uma criança inteligente presa ali dentro

O único aspecto normal dos primeiros anos de vida de Whitney foi sua passagem pela terrível fase dos dois anos. Ele se transformou numa criança indomável, demonstrava interesse por tudo e era extremamente difícil de controlar. Muitos pais de crianças de dois anos se queixam de passar o tempo todo dizendo "não". Imagine se seu filho parecesse não ouvir o "não", e você não fizesse a menor idéia de como transmitir essa noção a ele.

Whitney dava a impressão de não nos entender nem nos ouvir quando tentávamos falar com ele, de modo que não havia como lhe ensinar nada – nem como lhe dar noções de disciplina. Ele costumava ter ataques de raiva, mas eram mudos. Era assustador vê-lo batendo os braços, chutando e mordendo, mas sem choro, gritos nem gemidos. Era terrível vê-lo sofrer tanto. Eu ficava furiosa quando desconhecidos paravam e ficavam olhando para a estranha cena daquele berro calado. Às vezes, eu sentia vontade de berrar e gritar: *O que é? O que foi? Qual é o problema? Diga!*

Experimentei deixar que outros profissionais me orientassem. Eu conhecia o protocolo da medicina. Você não pode, nem deve, tratar seu próprio filho, porque não tem condições de manter a objetividade. Quando um pediatra com quem eu tinha trabalhado, amigo de muitos anos, sugeriu que eu fizesse um teste de audição em Whitney por volta dos dois anos de idade, concordei prontamente. Aplicaram anestesia nele e determinou-se que sua audição era normal ou, pelo menos, que a transmissão do oitavo nervo para o cérebro era normal. Minha reação a essa notícia foi estranha. Embora eu estivesse feliz por saber que o teste não revelava nenhuma lesão no nervo, continuava perdida, sem saber por que sua audição não funcionava.

No trabalho, ao longo dos doze anos anteriores, eu tratara mais de seiscentas crianças do programa *Head Start* por ano, provavelmente mais de doze mil pacientes de derrame, mais de mil executivos com problemas de gagueira e uma centena de esquizofrênicos. Lidara com os piores casos ligados a transtornos da comunicação. Quando deparava com pacientes, era minha tarefa avaliar sua capacidade de raciocinar, falar, ler e escrever, determinar o que estava acontecendo em seu cérebro e descobrir um modo de corrigir a situação. E ali estava eu com aquele garotinho, que parecia saudável do ponto de vista físico, mas que agia como o pior dos pacientes que eu já havia tratado.

Para começar, a perseveração de Whitney dava a impressão de estar piorando. Vê-lo agitando as mãos, balançando de um lado para o outro ou girando sem parar, sem nenhuma razão ou fator aparente que motivasse aquela atitude, fazia com que eu me sentisse sem esperanças. Se eu não conseguisse impedir esse seu comportamento, não haveria como lhe ensinar nada. Hoje em dia, acredito que esse comportamento fosse causado pelo fato de sua audição alternar entre um nível baixo e alto de funcionamento. Na época, porém, eu não tinha nenhuma idéia do que estaria causando tudo aquilo.

Ainda mais assustadoras eram as ocasiões em que Whitney investia contra outras pessoas. Os irmãos mais velhos ainda eram praticamente bebês: William estava com três anos e meio, e Vanessa com menos de cinco. Embora William e Vanessa fossem maravilhosos com Whitney, eu me preocupava com a possibilidade de que ele os ferisse. Para mim, como mãe, era doloroso admitir isso, uma vez que não me parecia haver maldade intencional nos atos de Whitney. Os problemas que ele causava nem mesmo tinham aquele aspecto traquinas que se observa na maioria das crianças que tentam irritar ou chamar a atenção – puxando uma cadeira quando o outro vai se sentar, escondendo alguma coisa, tirando um brinquedo do outro. As investidas de Whitney eram aleatórias, sem nada que parecesse motivá-las. Isso queria dizer que era preciso mantê-lo sob vigilância a cada instante.

Passávamos o dia inteiro ocupados. As crianças e eu acordávamos em torno das seis da manhã. Depois de vestir e alimentar os três, com a ajuda de Tammi, nós nos aboletávamos no carro e chegávamos a meu escritório por volta das sete e meia. Tammi então levava Vanessa e William para a pré-escola e voltava para me ajudar com Whitney. Ele costumava passar a manhã com Tammi e com outros terapeutas e professores, que se revezavam em sessões de quinze minutos na tentativa de fazer com que Whitney se interessasse por várias atividades. Enquanto isso, eu ia direto ao hospital para as visitas de acompanhamento dos pacientes internados. Às nove da manhã, terminava essa parte e ia ao nosso protótipo de centro *Head Start*, onde trabalhava aproximadamente até as onze horas. Voltava então ao hospital para outra sessão de visitas de acompanhamento para verificar o tratamento dos pacientes e redigir relatórios.

A essa altura, Tammi já teria apanhado Vanessa e William na pré-escola para trazê-los a meu escritório, onde passariam a tarde ocupados com diversas atividades do *Head Start*. Depois de envolvê-los na prática dessas atividades comigo ou com terapeutas especializados em arte, música ou dança, Tammi levava Whitney para casa e cumpria uma hora de exercícios variados de "ginástica cerebral" com duração de dez a quinze minutos cada, que eu tinha criado para ele. Imaginei que sessões curtas fossem uma boa forma de fazer com que ele se envolvesse em brincadeiras produtivas. Tentávamos fazer com que Whitney se interessasse por brincar na caixa de areia, com quebra-cabeças, ouvir música, ouvir histórias e brincar na água com brinquedos para o banho, tintas para banho, creme de barbear ou brinquedos de esponja. Até podia acontecer de ele esparrinhar na água enquanto estávamos brincando com os barcos, mas em seguida saía correndo. Ou podia ser que simplesmente ficasse olhando para o nada, balançando para a frente e para trás no balanço da terapia ocupacional. Ele não respondia muito às atividades, mas não parávamos de tentar, acreditando que a rotina de fazer a mesma coisa todos os dias pudesse sugerir a Whitney que se envolvesse mais. Talvez ele se lembrasse, dia a dia, de termos realizado as mesmas atividades no dia anterior. Talvez começasse a ter vontade de, por exemplo, brincar na caixa de areia. O plano era bombardear todos os seus sistemas sensoriais para criar rotinas e prender sua atenção. Eu estava tentando pôr em prática, desesperadamente, qualquer coisa que tivesse funcionado com outros pacientes.

Nesse meio tempo, entre uma e três da tarde, aproximadamente, eu lecionava num programa da residência que treinava médicos, assistentes sociais, psicólogos, fonoaudiólogos, fisioterapeutas e terapeutas ocupacionais para lidar com os protocolos de pesquisa das terapias que administrávamos. Voltava então para a clínica, onde atendia a pacientes do ambulatório e dava uma olhada no programa *Head Start* para depois do horário escolar. Depois de mais uma sessão de visitas aos internados, estava na hora de ir para casa. Geralmente, isso só ocorria em torno das sete da noite, e a essa hora Tammi já estava com todas as crianças em casa.

Não era só eu que tinha um dia cheio. As crianças também. Vanessa e William tinham se ocupado por cerca de oito horas entre a pré-escola e as atividades e exercícios no meu escritório. Eu estava sempre reformulando meu trabalho para que meus filhos pudessem brincar e aprender no escritório, e para que pudéssemos estar juntos enquanto eu ganhava nosso sustento. Era uma espécie de grande programa de complementação escolar que eu podia ajustar sob medida para eles. E, como Tammi estava ali, eles sempre podiam ir comer alguma guloseima ou brincar ao ar livre se quisessem. Mesmo assim, quando chegávamos em casa, ainda tínhamos pela frente um longo período de trabalho. Como Whitney raramente dormia a noite inteira, eu procurava inventar meios de deixá-lo esgotado para que pudéssemos descansar.

Apanhava meu violão e tocava algumas canções, ou andávamos pela casa batendo forte com os pés no chão, descendo e subindo as escadas correndo. Ou, ainda, púnhamos um filme da Disney e cantávamos junto com os personagens, enquanto William e Vanessa pulavam na cama tentando fazer com que Whitney os acompanhasse. Quando penso em tudo o que fazíamos para tentar deixá-lo esgotado, tenho vontade de rir. É claro que na maior parte do tempo Whitney não correspondia. Ele não se cansava, mas nós, sim.

Se Whitney ficasse muito excitado – girando, tremendo, balançando etc. –, eu punha as crianças no carro e saía para dar umas voltas. Às vezes, o movimento o acalmava e fazia com que adormecesse. Outras vezes, ele ficava tão agitado que tentava sair do carro. Não havia como prever suas reações, mesmo diante de circunstâncias ou situações idênticas.

Não sei o que teria sido de Whitney ou de mim sem William e Vanessa. Em última análise, os dois se tornaram os terapeutas de Whitney. Eram peritos em me ajudar a lidar com ele. Traziam para casa algumas das suas atividades da pré-escola e tentavam ensiná-las a Whitney. Embora nossos dias úteis fossem ocupadíssimos, sempre havia muitas horas à noite, ou nos fins de semana, em que nós quatro ficávamos a sós. Íamos ao parque, e a primeira coisa que Whitney fazia era se meter numa situação perigosa. Ficávamos sempre correndo para descobrir onde ele estava e sempre tentando encontrar meios para incorporá-lo à nossa vida. Melhor que qualquer outra pessoa, o irmão e a irmã aprenderam a redirecionar o comportamento de Whitney, a papariçá-lo para conseguir o que queriam. Fazia parte da natureza deles. Se eu precisasse dizer o que foi de maior ajuda para Whitney, diria que foram o amor, o carinho e a atenção dos irmãos. Nós quatro temos uma união diferente da união de muitas famílias porque passamos por tudo isso juntos. Compartilhamos uma experiência inigualável, na qual William e Vanessa tiveram de dar apoio e resolver problemas desde uma idade muito tenra.

Na época, eu não tinha certeza se teríamos sucesso. Não que seu comportamento fosse assim tão difícil. O pior era a falta de sono. Era freqüente Whitney adormecer durante a tarde e ficar acordado a noite inteira. Se eu conseguisse fazer com que ele dormisse cedo – digamos, às oito da noite –, ele estaria acordado à uma da manhã, pronto para se meter em apuros. Foram incontáveis as vezes em que entrou em situações de perigo – como quando conseguiu abrir uma janela, retirar a tela contra insetos e subir no telhado. Uma noite, ele saiu de casa, tirou da garagem o carrinho de pedalar e manobrou-o para chegar à rua. Seu pediatra, que morava na casa em frente, por acaso o avistou e o agarrou enquanto ele pedalava rua abaixo, no que devia ser para ele uma grande aventura. Bem na hora em que eu começava a me perguntar onde Whitney poderia estar, lá estava nosso vizinho, arrastando-o de volta para casa. Quando reflito sobre aqueles primeiros anos, ainda fico perplexa ao pensar em como tivemos sorte. Muitas pessoas mantiveram Whitney vivo durante sua infância através de salvamentos semelhantes.

Determinei-me a ser mais vigilante. Pus uma cadeira de balanço no quarto dele e tentava ler, ou dizia a mim mesma que ia só dar um rápido cochilo, de modo que despertasse no momento em que ele acordasse, para impedi-lo de sair da cama e correr perigo. Mas a verdade era que eu freqüentemente estava tão cansada que adormecia e acordava sobressaltada com alguma barulheira na cozinha. Descia então correndo, para ver o que ele tinha aprontado dessa vez.

Em noites como essa, depois de conseguir pô-lo de novo para dormir, eu olhava em torno do quarto, exausta, desejando encontrar um modo de me comunicar com ele. A terapeuta dentro de mim via uma criança que era resistente a qualquer esforço, de qualquer natureza – que era o que chamávamos de "refratário a tratamento". Ao mesmo tempo, ele fazia coisas estranhas que eu nunca tinha visto em crianças deficientes. O meu lado cientista e pesquisadora sabia que não existia nada igual à capacidade de Whitney para resolver problemas, mesmo sem dispor de linguagem. Há muito se debate se podem existir pensamentos sem palavras, e Whitney parecia capaz de resolver problemas, o que me levou a achar que ele dispunha de um sistema de pensamento visual que se processava sem palavras.

Nos instantes em que eu conseguia examinar desinteressadamente suas habilidades, procurando calar a voz da mãe preocupada e ouvir as observações objetivas da cientista, percebia que havia algo de milagroso dentro dele. Whitney parecia sentir muita atração por brinquedos mecânicos, do tipo causa e efeito, como as caixas de surpresas ou aqueles em que se empurra uma alavanca ou se aperta um botão para fazer surgir alguma figura. Parecia se lembrar das personagens da *Vila Sésamo* e dos filmes da Disney, e por isso compramos para ele brinquedos dessas personagens. Também se interessava por brinquedos de corda e costumava observá-los por muito tempo, como se quisesse descobrir como eles eram construídos ou o que faziam. Se tentássemos fazer com que brincasse conosco ou com um brinquedo específico, era melhor deixar para lá – ele simplesmente saía correndo. No entanto, se lhe fosse permitido escolher sozinho o brinquedo, de vez em quando ele escolhia um, e era esse o tipo de brinquedo que ele preferia. Afora isso, Whitney desmontava as coisas. Desmontava brinquedos, canetas, máquinas fotográficas. Precisávamos esconder qualquer coisa de valor que não quiséssemos encontrar desmontada e largada numa pilha.

Certa noite, acordei com o choro de William, corri para seu quarto e fiquei horrorizada ao ver que Whitney estava prestes a enfiar uma faca no braço do irmão. Para tornar a casa mais segura, eu tinha escondido as coisas que pudessem oferecer perigo, ou as colocara fora de alcance. Tinha colocado as facas na parte de cima de um armário. Whitney tinha dado um jeito de subir na pia e em seguida, apoiando-se na maçaneta da porta, manteve o corpo ereto e subiu na geladeira, de onde então pegou uma das facas do armário e desceu. Nunca vou saber como ele descobriu que as facas estavam ali.

Graças a Deus, Whitney não havia ferido William. Quando o encontrei, ele estava forçando a faca contra o braço do irmão. Pensei: *Será que ele está tentando matá-lo? Não agüento mais isso!* Delicadamente, para evitar um acesso de raiva, tirei a faca da mão de Whitney. Fiquei ali por algum tempo, abraçada a meus dois garotos, até que William se acalmou e começou a ressonar. Whitney ficou sentado, olhando para o irmão que dormia. Eu não conseguia acreditar que ele pudesse estar pensando: *Odeio meu irmão, vou matá-lo*. Whitney parecia ser desligado, mas não maldoso ou ciumento. Não parecia ligado à família o suficiente para ter por nós qualquer sentimento de ódio – ou de amor. Para ele, não éramos pessoas com pensamentos e sentimentos – pelo menos, não parecia considerar-nos assim. Olhei para ele, tentando decifrar seus pensamentos. Ele continuava a olhar fixamente para William. Seria curiosidade o que eu via em seu rosto? Ou apenas minha imaginação? Seria possível que Whitney apenas tivesse desejado saber de que era feito seu irmão? Afinal, ele desmontava tudo, e quem sabe não quisesse desmontar William também, para ver como ele funcionava?

Ainda assim, fosse lá qual fosse a motivação, as conseqüências poderiam ter sido desastrosas. Naquele momento, percebi que precisava de ajuda, mas não sabia o que fazer. Eu estava exausta, não conseguira dormir nem um pouco e precisava desesperadamente de uma boa noite de sono.

Tentei conseguir ajuda nesses lugares onde há profissionais que cuidam de doentes por um breve período para dar um descanso aos que deles se ocupam em tempo integral. Ninguém aceitou o trabalho, pois Whitney não se encaixava em nenhum dos tipos de assistência que prestavam. Tentei trazer profissionais que viessem cuidar dele em casa. Mas estes também não vieram porque não queriam cuidar de um bebê, ou vieram por algumas horas e desistiram assim que avaliaram a situação e se deram conta de que não queriam assumir aquela responsabilidade. O grande repertório de recursos aos quais eu tinha acesso graças à minha profissão estava se esgotando. Até mesmo Tammi me procurava cada vez mais, sempre dizendo: "Preciso de sua ajuda para lidar com Whitney." Quase todos os dias eu precisava largar o que estava fazendo e correr para casa.

Foi então que vi, num jornal, um anúncio de "suítes à prova de crianças" no hotel Hyatt, no centro de Cincinnati. As suítes eram especificamente anunciadas como um lugar para onde os pais podiam levar os filhos e deixar de se preocupar. Havia fechaduras à prova de crianças nas portas para que elas não pudessem escapar ou meter-se em encrencas. *Chega de preocupações*, dizia o anúncio. Isso soou como música aos meus ouvidos.

Numa noite de sexta-feira trabalhei até tarde, depois coloquei as crianças no carro e dirigi por duas horas, de Columbus ao Hyatt de Cincinnati. Rezei para que a viagem fizesse Whitney dormir, e foi o que aconteceu. Na verdade, os três pegaram no sono. Quando chegamos ao hotel acordei-os, e entraram cambaleando de sono. Enquanto eu fazia nosso registro de entrada, eles imediatamente caíram no sono sobre o carrinho de bagagens. Levei-os ali mesmo para a suíte que tinha dois grandes quartos contíguos. Com muito jeito, sem as acordar, pus as crianças em suas camas em um dos quartos. Verifiquei as fechaduras à prova de crianças, pedi o serviço de copa e caí em um sono profundo no meu quarto.

Só lembro que, depois disso, acordei com alguém batendo fortemente à porta. Esforcei-me por enxergar os números vermelhos do relógio ao lado da cama e vi que eram três da manhã. Com muito custo encontrei o interruptor, acendi a luz e dirigi-me para a porta. Ao abri-la, dei de cara com um segurança do hotel e um policial. "Este garoto é seu filho, senhora?", perguntaram.

Olhei para baixo e ali estava Whitney.

Agarrei-o e corri para o outro quarto. Quando escancarei a porta, eu e as duas autoridades levamos um susto. William e Vanessa dormiam profundamente, esparramados sobre os cobertores. Mas o quarto estava uma bagunça. Whitney arrancara meticulosamente o laminado do painel da TV, desmontara a fechadura "à prova de crianças", abrira a porta e se mandara. Eu não acreditava no que via. Eu sabia que havia mergulhado num sono profundo, mas como ele havia conseguido fazer tudo aquilo em total silêncio? Nem mesmo o irmão e a irmã haviam acordado.

Ele tinha descido de elevador até o segundo andar, ali achou a cozinha, pegou uma Coca-Cola, tirou as roupas e adormeceu no chão.

Um segurança o encontrou ali, o gerente da noite chamou a polícia de Cincinnati e todos eles, policiais e seguranças do hotel, vinham desde então tentando descobrir, quarto por quarto, quem eram os pais daquela criança aparentemente surda-muda. E é claro que estávamos no último andar, no último quarto.

Cincinnati é um centro urbano da pesada. Foi terrível ser acordada pela polícia local esmurrando minha porta, com meu filho ausente a reboque. Ele havia encontrado a cozinha, mas o que não teria acontecido se tivesse conseguido se mandar para as ruas? Quando os policiais se despediram, um deles olhou bem para mim e disse que eu deveria ter mais cuidado com meus filhos.

Na viagem de volta para casa, a advertência desse policial não me saía da cabeça. Eu vinha fazendo tudo que fosse possível para cuidar de meus filhos. O que mais poderia fazer? Por que não era o suficiente?

Estava apavorada. *Como vou passar por tudo isso e manter meus filhos em segurança?*, perguntava-se a mãe. *Não agüento mais isso. Se não dormir um pouco, vou ter uma crise nervosa.* Estava começando a me perguntar até que ponto não seria um grande risco ter Whitney em casa conosco, mas não podia aceitar a idéia de ficar sem ele.

Foi então que, a certa altura do trajeto para casa, a cientista que havia em mim sentiu uma ponta de curiosidade. *Espere um pouco*, pensei. Como é que um bebê podia fazer tudo aquilo? Quantos bebês de dois anos tinham tanta imaginação? A curiosidade dele era fenomenal. Como cientista cognitiva, eu nunca vira nada parecido. Quando chegamos ao hotel e subimos para o quarto, ele estava adormecido sobre o carrinho de bagagens. Como pode ter tido a capacidade espacial e visual de descer e encontrar o que procurava? De destravar a fechadura, abrir a porta e chegar ao elevador? O que ele havia feito exige uma série imensamente complexa de habilidades cognitivas – planejamento executivo, seqüenciamento, raciocínio lógico e verificação de hipóteses. Whitney havia terminado de desmontar o videocassete e estava com sede. Deu um jeito de resolver o problema.

Dei-me conta de que eu mesma jamais conseguiria fazer o que ele havia feito. O modo como Whitney vinha decodificando e relembrando seu mundo era algo que eu seria incapaz de fazer.

Ocorreu-me que as pessoas tinham diferentes maneiras de pensar – não no sentido filosófico, mas no sentido da mecânica cerebral. Algumas pessoas, como eu, pensam verbalmente (usando a linguagem), e outras pensam visualmente (por meio de imagens).

Na ocasião, eu trabalhava com uma equipe de pesquisas cirúrgicas que investigava o modo como a alteração do fluxo sangüíneo para o cérebro afeta a cognição (o pensamento), a atenção, o processamento de informações e a memória. Examinávamos pacientes que vinham se submetendo a um novo procedimento, chamado endarterectomia, que tinha por finalidade prevenir o derrame cerebral removendo a camada interna de uma artéria que leva sangue para o cérebro. Antes e depois da cirurgia, submetíamos os pacientes a testes de QI, voz e linguagem, e também lhes passávamos questionários que eles e suas famílias deviam preencher, com informações sobre como os pacientes se comportavam no dia-a-dia, antes e depois da cirurgia. O dr. William Evans era o cirurgião vascular responsável pela pesquisa. Quando estávamos trabalhando nos artigos sobre nossas descobertas, ele queria que minha participação se resumisse a uma avaliação geral do estado de nossos pacientes antes e depois da operação.

Em vez de resumir as informações, eu apresentava longas explicações, formulando meus pensamentos de maneira exaustiva. Percebi que, embora os cirurgiões gostassem de mim e me respeitassem, esse tipo de discussão deixava-os enlouquecidos. Eles queriam resultados conclusivos. Os cirurgiões eram pessoas visuais – salvavam vidas porque eram capazes de ver um problema e resolvê-lo. Não havia necessidade de linguagem nessa importante tarefa. Eu, ao contrário, não era do tipo de pessoa que vai direto ao ponto. Sentia que precisava falar ou escrever até encontrar a resposta por meio da linguagem. Estava começando a acreditar que nossas variadas abordagens do entendimento de uma mesma situação eram determinadas por diferenças no modo de pensar.

Em sua maioria, os testes cognitivos aos quais submetíamos os pacientes traziam resultados normais tanto antes quanto depois da cirurgia. Os únicos testes em que eles constantemente se saíam mal antes da cirurgia, e melhor depois, eram os testes de atenção e memória recente. Estávamos diante de adultos saudáveis que haviam perdido sua capacidade de atenção devido à formação de placas arteriais. Assim que as artérias eram desobstruídas, sua capacidade de atenção melhorava.

Isso me fez começar a ver a atenção como uma "lente de *zoom*" para a comunicação. Fiquei atenta ao modo como isso funcionava com outros clientes e pacientes. Percebi que usar a capacidade de atenção para transformar o pensamento em memória atuante era a primeira coisa que fazíamos com as crianças do programa *Head Start*. Todas as nossas atividades se concentravam em levar a criança a envolver-se, pensar e, depois, entender. Não é que os pequenos pré-escolares fossem desobedientes. Se, quando você lhe conta uma história, uma criança da pré-escola se desliga e começa a tocar um instrumento musical, você não vai pensar mal dela – vai pensar que não conseguiu prender sua atenção e que a história não cativou sua imaginação. Porém, quando uma criança faz isso aos sete ou oito anos, freqüentemente se considera que o que existe é um problema comportamental, quando na verdade se trata de um problema de processamento. De fato, uma das funções básicas da pré-escola é ampliar a duração e alcance da atenção – em particular para aperfeiçoar a capacidade de entender o que se ouve e de seguir diretrizes. A maior parte de um dia bem-sucedido de uma criança de jardim-de-infância depende de ela saber ouvir o que lhe dizem. Portanto, para preparar crianças para o jardim-de-infância, precisávamos treinar sua atenção, sua memória e sua capacidade de ouvir – habilidades que são a base do aprendizado.

Percebi que não conseguia ensinar nada a Whitney porque não era capaz de atrair sua atenção auditiva e não encontrava uma maneira de chegar à sua mente para ajudá-lo a criar memórias verbais. Whitney não prestava atenção em nós, como doadores de informações, por tempo suficiente para levá-lo a se concentrar, ensinar-lhe coisas ou moldar seu comportamento. Qualquer modelo que ele assimilasse ocorria em seu próprio tempo de observação, e não porque lhe tivéssemos mostrado como fazê-lo. Por exemplo, ele aprendeu a usar o banheiro observando seu irmão, e não em decorrência de qualquer ensinamento nosso. Quando o desenvolvimento da linguagem é anormal, o desenvolvimento do controle comportamental se vê comprometido. A imitação de modelos depende de um seqüenciamento, e a linguagem treina o cérebro, ensinando-o a seqüenciar. Ele vinha levando a vida baseado numa imensa imagem e tentando entender as partes mecanicamente, em vez de recorrer a explicações verbais. Talvez, se eu conseguisse ampliar seus sistemas de atenção e memória, pudesse começar a ensinar-lhe algo. Eu sabia que ele era capaz de concentrar-se por um longo período, pois o tinha visto envolvido em projetos visuais enquanto desmontava coisas, construía coisas ou assistia a um filme de Disney. O truque consistia em treiná-lo para fazer tudo isso em reação aos outros, não apenas em seu próprio tempo, de modo que pudéssemos dar àquelas atividades a forma de um aprendizado ativo e produtivo.

Eu havia passado toda a minha carreira "dentro" de cérebros incomuns – esquizofrênicos, viciados em *crack*, vítimas de derrame. E nunca deparara com um cérebro ou mente semelhante ao de Whitney. Decidi que precisava mergulhar no cérebro dele para ver como funcionava, de modo que pudesse ajudá-lo a expressar-se de uma maneira que todos nós entendêssemos.

4.
A criança indomável

Infelizmente, por volta dos três anos, Whitney estava ainda mais difícil de controlar. Tentávamos ficar de olho nele o tempo todo, mas era muito fácil distrair-se por um segundo ou imaginar que outra pessoa estivesse cuidando dele, e quando dávamos pela coisa ele já havia desaparecido e estava metido em algum tipo de encrenca. Vivia correndo riscos, e eu tinha medo de que ele sofresse um acidente fatal.

Devido aos problemas de comportamento de Whitney – nunca sabíamos o que iria deflagrar uma reação –, os afazeres domésticos do dia-a-dia tornaram-se grandes eventos estratégicos. Ele era como um barril de pólvora que podia explodir a qualquer momento. Às vezes, suas crises de raiva aconteciam quando precisávamos ir embora e interrompíamos o que ele estava fazendo. Em outras ocasiões, não havia nenhum motivo aparente para que ele saísse correndo, se jogasse no chão ou começasse a chutar tudo.

Eu vivia tentando imaginar uma forma de dar conta dos afazeres domésticos da melhor maneira possível. Por exemplo, tentei ir às compras nas noites de domingo ou em minhas horas livres, mas descobri que nessas horas muitos produtos estavam esgotados. Como não podia fazer compras durante o dia ao longo da semana, éramos obrigados a fazê-las nos fins de semana, quando eu geralmente estava com meus três filhos. Tentar fazer compras nas horas mais movimentadas e ao mesmo tempo ficar de olho em Whitney, para evitar que ele desaparecesse ou tivesse um acesso de raiva, era uma experiência tão penosa que eu tentava fazer uma única grande compra por mês, e depois ia comprando o resto das coisas em qualquer lugar perto de casa.

Para fazer das compras uma atividade o mais eficiente e menos trabalhosa possível, comprei *walkie-talkies* para Vanessa, então com cinco anos, para William, com quatro, e para mim mesma. Com a lista de compras nas mãos, eu lia para Vanessa e William os nomes de alguns produtos e despachava-os com seus *walkie-talkies* para que fossem procurá-los. Revezávamo-nos para manter Whitney sob controle, porque era mais fácil ter alguém que o seguisse ou ficasse por perto quando ele cravava os olhos em alguma caixa de cereais do que tentar fazer com que ele nos acompanhasse. Mantínhamos contato por meio dos *walkie-talkies*, e a coisa ficava mais divertida.

Certa vez, quando estávamos fazendo compras, Whitney driblou nossa vigilância e, quando o encontrei, ele vinha em minha direção arrastando um trem enorme – maior do que ele – que pegara na seção de brinquedos. Corremos até ele, e Vanessa e William tentaram distraí-lo enquanto eu pegava o trem para devolvê-lo a seu lugar. Era um brinquedo caro demais, mas não tínhamos como explicar isso a Whitney. Ele simplesmente não entendia por que não podia ter algo que queria. Todo mundo estava abarrotando os carrinhos. Por que só ele não podia fazer o mesmo? Foi quase impossível separá-lo do trem. Ele começou a ter uma crise. Essas crises não eram nada bonitas. Seu rosto ficava rapidamente vermelho, mas não se viam lágrimas nem se ouviam sons de choro. Ele geralmente se jogava no chão, se debatia, mordia, chutava ou batia na cabeça. Quando isso acontecia, precisávamos deixar para trás nosso carrinho de compras, levá-lo para o carro e voltar para casa. Todas as pessoas no supermercado ficavam nos olhando enquanto tentávamos tirar dali aquela criança indomável, que se debatia silenciosamente.

Quando estávamos chegando à porta, uma mulher aproximou-se de mim. "Sabe, nas quintas-feiras à noite funciona um grupo de Disciplina Positiva* na igreja. Para mim, foi imensamente útil."

"Obrigada", respondi com raiva enquanto tentávamos fazer Whitney passar pela porta.

Uma das coisas mais enganosas a respeito de Whitney era o fato de ele parecer normal. Com seus grandes olhos castanhos, era um garoto realmente adorável. Como herdava muitas roupas de Vanessa e de William, estava sempre muito bem vestido. Às vezes ficava totalmente apático e distante, mas em outros momentos uma espécie de carisma brilhava em seu rosto. Não era como se ele estivesse seduzindo as pessoas, mas como se a sedução estivesse ali, dentro dele – como se estivesse vibrando com seus próprios pensamentos. Não tinha deficiências evidentes, como alguém que usa aparelhos nas pernas ou é cego. Whitney tinha muitos problemas sensoriais – não conseguia se equilibrar ou delimitar seu corpo no espaço –, mas esses problemas, junto com seus problemas de comunicação, eram difíceis de perceber à primeira vista. Era preciso passar algum tempo com ele para reparar em sua incapacidade de se comunicar; num primeiro momento, parecia ser apenas uma criança desobediente. Assim, as pessoas não eram muito solidárias comigo quando estávamos em público e Whitney se comportava mal. Eu só ouvia sermões ou reprimendas. Todo o mundo achava que qualquer coisa que houvesse de errado com Whitney podia ser resolvida com um atitude severa por parte dos pais. Eu não parecia ser uma boa mãe.

Quando já estávamos no carro, olhei para Vanessa e William pelo espelho retrovisor. Percebi que o episódio tinha sido extremamente perturbador e constrangedor para eles. O que iríamos fazer?

....

* No original, *positive parenting*. Em linhas gerais, trata-se de um processo educacional que em momento algum iguala disciplina a castigo, por considerar que castigar uma criança constitui apenas uma pequena parte do processo, quando o que se deve fazer é transmitir aos filhos um modo de vida positivo, preparando-os para se tornarem adultos responsáveis e ensinando-lhes os valores e habilidades de que necessitam para serem bem-sucedidos na vida. (N. do T.)

Depois, William vomitou em todo o assento traseiro do carro, Whitney ficou olhando fixamente pela janela e Vanessa pôs-se a falar sobre como resolver aquele problema no futuro, e sobre como o trem, afinal de contas, era realmente muito caro.

As visitas a meus pais estavam se tornando difíceis. Eles viviam em uma casa antiga e imponente em Delaware, no estado de Ohio, a cerca de 50 km de onde morávamos. Ir para a casa de meus pais significava, entre outras coisas, reunir-se na mesa de jantar para uma grande refeição em família e muita conversa. E era impossível pôr Whitney sentado à mesa. Se ele não estivesse com fome, não ficaria quieto um minuto. Em vez disso, corria por todos os lados e fazia alguma travessura. O que quer dizer que eu precisava sair correndo atrás dele para que ele não quebrasse ou destruísse alguma coisa.

Minha mãe estudara em uma faculdade para mulheres elegantes em Nashville. As visitas de seus netos eram uma oportunidade para que ela lhes ensinasse boas maneiras à mesa e lhes mostrasse como se comportar como damas e cavalheiros. O traquejo social que minha mãe me ensinou foi inestimável em meu trabalho. Eu sabia me comportar e me sentia à vontade em qualquer situação. Sabia manter conversas banais, dessas tão comuns em reuniões sociais, sabia interagir com os mais diferentes tipos de pessoas e usar o garfo certo em ocasiões formais. Por mais benéfica que essa espécie de instrução fosse para Vanessa e William, de nada serviria para Whitney. Depois de uma visita a meus pais ficávamos exaustos – no meu caso, de tanto correr atrás de Whitney; no de meus pais, de tentar manter uma aparência de normalidade em meio ao caos.

Em um sábado, Vanessa e William imploraram para que eu os levasse à biblioteca pública local. Eles adoravam ler e gostavam de freqüentar a biblioteca depois que as aulas terminavam. Eu não saberia como lidar com Whitney num lugar desses, mas eles me garantiram que não pretendiam demorar muito, e então fomos. Quando entramos, Whitney foi direto para uma exposição de marionetes e uma área especial onde algumas crianças se entretinham com bonecos e brinquedos enquanto seus pais procuravam livros. *Que bom*, pensei, *ele achou alguma coisa para fazer.*

Vanessa e William logo se dirigiram para uma grande estante de livros e entraram na fila dos consulentes. Dez minutos depois, dei-me conta de que a fila não andava. Nervosa, olhei para Whitney, mas ele continuava entretido com as marionetes. A bibliotecária falava ao telefone e parecia estar discutindo com o marido, o que atrapalhava seu trabalho e fazia aumentar a fila.

Quando a nossa vez estava quase chegando, Whitney apareceu com os braços cheios de marionetes. Contrariada, pedi para Vanessa guardar nosso lugar na fila e tentei levá-lo de volta ao local onde ficavam as marionetes para colocá-las em seu lugar. "É para brincar com elas só aqui na biblioteca", falei. "Não podemos levá-las para casa." Ele não entendeu. Agarrou as marionetes e tentou novamente entrar na fila onde estavam os irmãos. A tentativa seguinte foi de Vanessa. Ela falou com ele de um jeito muito dócil e, delicadamente, tentou tirar as marionetes de seus braços. Foi o que bastou para ele começar a rodopiar, chutar, bater na própria cabeça e tentar morder Vanessa. Corri na direção dele a fim de pará-lo. A essa altura, já estávamos oferecendo um espetáculo.

"Algumas pessoas deviam aprender a lidar com os filhos", disse a bibliotecária, ainda grudada ao telefone. Outros pais e mães que estavam na fila não paravam de cochichar, deixando claro que concordavam com ela.

"Tem gente que não devia vir à biblioteca se não consegue controlar os filhos."

"Também acho. Por que alguém viria a um lugar destes com uma criança que não consegue controlar?"

"Que absurdo! Que tipo de mãe faz uma coisa dessas?"

Enquanto esse blablablá prosseguia, nós três fazíamos o possível para tirar Whitney da biblioteca e levá-lo para o carro, enquanto ele chutava e mordia tudo sem parar. Eu estava ruborizada de raiva e vergonha. Queria voltar para procurar os livros que Vanessa e William pretendiam levar, mas eles insistiam em ir embora. Era constrangedor demais, e Whitney estava exaltado demais para continuarmos por ali. William ficou tão nervoso que vomitou novamente no carro.

Saímos dali arrasados. Eu estava certa de que, em algum lugar do cérebro de Whitney, ele havia concluído que, se o irmão e a irmã podiam pegar livros e levá-los para casa, ele podia fazer o mesmo com as marionetes. Não entendia que a gente pode levar algumas coisas, mas não outras. Eu estava preocupada por não conseguir explicar as coisas a Whitney, mas naquele momento preocupava-me ainda mais com Vanessa e William. Eles eram os melhores irmãos que Whitney poderia ter. Amavam-no, e eu não teria como lidar com ele sem a ajuda dos dois. Mas o que estava acontecendo com a infância deles? Por causa de Whitney, eles não podiam pegar livros numa biblioteca numa tarde de sábado.

Será que todo o mundo – profissionais, amigos, família, desconhecidos – estava certo? Será que eu estava prejudicando William e Vanessa ao fazê-los passar por tudo aquilo? Até hoje, as pessoas me perguntam como William e Vanessa reagiam a seu irmãozinho. Eles não viam Whitney como alguém diferente, talvez porque haviam praticamente crescido em uma clínica de fonoaudiologia, cercados por pessoas que não eram exatamente normais e convivendo com crianças do *Head Start*, gagos e outros tipos de pacientes. Nunca lhes disse que o irmão era doente ou diferente. Dizia-lhes coisas assim: "Vamos ver se conseguimos fazer Whitney brincar conosco." E era o que eles tentavam fazer. As pessoas acham difícil acreditar que eles nunca se queixassem, mas isso é a pura verdade. Talvez tenha sido assim porque, quando comecei a me dar conta das limitações que a vida com Whitney poderia lhes trazer, empenhei-me ao máximo em assegurar-lhes algum tempo separados de Whitney – na escola e desenvolvendo outras atividades fora de casa.

Num sábado, levei as crianças para um passeio na represa. Era uma das poucas ocasiões em que eu podia exercitar-me um pouco e respirar ar fresco, e esperava que o passeio cansasse Whitney e o ajudasse a dormir bem à noite.

Ele conseguia ficar horas a fio sentado, olhando fixamente para uma pedra ou para a folha de uma árvore. Era como se seu cérebro estivesse ocupado com a tarefa de entender alguma coisa – eu só não sabia exatamente o quê. Embora ele desse a impressão de comportar-se caoticamente, talvez obedecesse a uma ordem que fugia ao meu entendimento. Afinal, Albert Einstein, um pensador visual que encontrava ordem no caos, foi considerado mentalmente retardado na escola primária. Seria apenas otimismo materno pensar que talvez o cérebro de Whitney estivesse percebendo o mundo da mesma maneira visual?

Eu estava caminhando e mostrando várias flores silvestres às crianças, pensando que há muito tempo não tinha um dia tão relaxante, quando ouvi Vanessa gritar: "Mamãe!"

Olhei para trás e vi que Whitney havia pulado uma alta cerca e estava caminhando rumo à barragem.

"Fiquem aqui!", gritei para Vanessa e William. Corri para a cerca e, com muito esforço, consegui passar para o outro lado. Respirei fundo e caminhei o mais rápido possível na direção de Whitney, sabendo que correr poderia provocá-lo. Não podia usar minha voz para tentar chamá-lo ou acalmá-lo, nem gritar com ele para que tivesse cuidado. Eu sabia que ele não era surdo – na verdade, havia momentos em que reagia intensamente ao barulho, e outros em que não prestava atenção alguma a qualquer tipo de som. Mas o uso do som para entrar em contato com Whitney nunca funcionou do jeito que funciona com a maioria das pessoas. Eu não podia exigir que ele viesse até mim. Assim que cheguei perto dele, agarrei-o com toda a minha força e levei-o até a cerca. Claro que ele começou a espernear em meus braços, tentando escapar.

Finalmente, exaustos, caímos ambos no chão. Eu nunca havia me sentido tão impotente em toda a minha vida. Como você pode salvar um filho seu se ele é incapaz de ouvir o medo e a raiva em sua voz? Há um momento em que todos os pais gritam "*Não!!*", e esses gritos têm uma finalidade. Eles comunicam um sentimento de medo que serve de alerta à criança e geralmente faz com que ela pare de fazer alguma coisa perigosa. Whitney não parecia ouvir esse tipo de coisa — ou qualquer outra emoção.

Ele odiava ser interrompido. Eu odiava o fato de não conseguir explicar meus atos. Fiquei ali sentada, abraçada a Whitney, até ele ficar suficientemente calmo para eu conseguir convencê-lo a voltar para o outro lado da cerca.

Ele também parecia não reagir às expressões faciais — o rosto amedrontado ou apavorado dos pais geralmente assusta o bebê. Eu ficava me perguntando como ele via as coisas. Observava-o quando ele ficava se olhando no espelho durante horas, mexendo a boca, franzindo o nariz, tocando os olhos. Sentia fascínio por cada traço isolado, mas não parecia capaz de reagir à totalidade de um rosto humano.

Um fragmento do enigma que era Whitney revelou-se a mim certa noite em que deixei Vanessa e William com vizinhos e saí para comprar comida. Whitney adormeceu durante o trajeto. Fechei o carro, deixei-o ali e fui fazer compras. Minutos depois, quando voltei, o carro estava vazio. Enlouquecida, examinei o estacionamento, tentando imaginar o que poderia tê-lo atraído. Lembrei-me então de que, algumas semanas antes, estivéramos em uma loja que ficava na outra extremidade do *shopping center*, nos fundos da qual alguns brinquedos haviam chamado a atenção de Whitney. Ocorreu-me que de alguma forma ele saíra do carro, passara pelo restaurante, entrara no *shopping center* e encontrara aquela loja.

Quando cheguei, correndo e perguntando se alguém tinha visto um garotinho, o atendente me disse: "O garoto é seu? Ele está ali no fundo, vendo os brinquedos. A senhora não deveria deixá-lo ficar andando por aí."

Peguei Whitney e levei-o para casa. Depois que passou o pânico, senti uma ponta de orgulho e comoção. Tínhamos estado naquela loja uma única vez, várias semanas atrás. De alguma forma, porém, em sua mente ele havia criado alguns indicadores visuais sobre a localização dela, de modo que, ao acordar, identificara naquele estacionamento alguma coisa que sinalizava "brinquedos". Whitney havia demarcado aquele território em sua cabeça. Ele sabia que, se fosse de A para B e de B para C, acabaria encontrando os brinquedos novamente. Depois do hotel Hyatt, concluí que ele tinha uma memória visual imediata, porque havia conseguido encontrar o elevador e descer pela escada horas depois de termos chegado. Desta vez, fazia semanas que havíamos estado naquele lugar, e ele parecia saber exatamente aonde estava indo. Estaria criando conhecimentos, armazenando lembranças a longo prazo? Era como se estivesse usando todo um sistema paralelo de raciocínio não-lingüístico.

Agora eu não tinha mais dúvidas de que ele estava pensando. Encontrar aquela loja exigia atenção, solução racional de problemas, memória e algum tipo de análise. O problema estava em que seu pensamento era rápido demais. Não estávamos apenas tentando acompanhá-lo em seu desenvolvimento físico; procurávamos também segui-lo até onde seu cérebro o levasse. O pensamento visual de Whitney era uma Ferrari, e nós estávamos dirigindo uma minivan. Isso me ofereceu uma nova maneira de enquadrar seu comportamento. Talvez ele não estivesse sendo impulsivo quando corria para longe de nós – afinal, ele não se distraía facilmente. Talvez seu pensamento fosse associativo, e não seqüencial. Quando via água, saía correndo para mergulhar e brincar. Como não dispunha da linguagem, não havia lógica seqüencial – sem chance de ensinar-lhe que nem toda água serve para brincar, que certas águas são perigosas.

Comecei a questionar o que significava rotular uma criança de hiperativa ou impulsiva. Não teríamos interpretado mal o que algumas delas fazem, a velocidade de seu pensamento? Os gagos freqüentemente pensam mais rápido do que conseguem falar. Meu trabalho era sincronizar sua mente e sua boca. Whitney tinha uma mente rápida, mas não a linguagem para comunicar seus pensamentos. De que serve o pensamento visual se você não tem palavras para expressá-lo?

Se eu puder trazer isso à superfície, pensei, *se puder criar um sistema de pensamento visual, talvez consiga romper a barreira entre nós e ajudar o sistema lingüístico-auditivo.*

Comecei a pensar em como poderia treinar o sistema visual de maneira metódica. Como criar uma arquitetura do pensamento visual?

Eu estava desenvolvendo um programa chamado *Professor TV* para o *Head Start* e meus outros clientes, e comecei a adaptá-lo para Whitney. Comprei uma televisão portátil com videocassete que dava para ligar no carro. Assistir a vídeos às vezes o acalmava, e então resolvi ter essa ferramenta à mão para quando estivéssemos indo para o trabalho, ou caso ele tivesse um acesso de raiva no carro. Para cada vídeo, comprei brinquedos que representassem os agentes (os personagens), as ações (as coisas que os personagens faziam) e os objetos (as coisas que eles usavam para desempenhar suas ações). Para um vídeo chamado *O Pato Donald ensina matemática*, tínhamos Donald em um avião, Mickey em um caminhão e Minnie em um carrinho. Tínhamos também *Branca de Neve e os sete anões*, *O Ursinho Puff*, *Vila Sésamo* e outros.

O objetivo do *Professor TV* era fazer com que as crianças avançassem da observação dos vídeos para o entendimento da interação de agentes, ações e objetos, brincando com os brinquedos e dramatizando o que viam na tela. Eu havia passado um ano estudando isso para minha tese de doutorado, que tinha por temas centrais a fala, a audição e a psicologia. Era estranho e assustador que, anos atrás, eu tivesse optado por estudar o modo de aquisição da linguagem pelas crianças, e que agora tivesse de ajudar meu filho a resolver exatamente esse problema. Pensei que esse mesmo método poderia servir para desenvolver o pensamento seqüencial em termos visuais, e não verbais. Se Whitney começasse a perceber que os brinquedos do Ursinho acompanhavam o vídeo do Ursinho e os brinquedos da Disney, o vídeo da Disney, começaria também a aprender a armazenar informações e a lembrar delas apropriadamente.

Ele parecia capaz de fazer isso. Suas brincadeiras começavam a correr paralelamente às nossas, embora ele nada dissesse. A brincadeira paralela é usada para ensinar as crianças a falar. Repete-se uma frase e demonstra-se a ação paralela – "Mickey dirige um carro" – até que a criança comece a dizer "Mickey" ou "carro", ou "Mickey dirige", e assim por diante. Embora Whitney não usasse palavras, começou a dramatizar pequenas ações e histórias de nossas brincadeiras quando brincava sozinho.

Eu agora queria saber como levá-lo a construir essas idéias de causa e efeito sob a forma de parágrafos de pensamento. Primeiro, começamos a usar casas de boneca que acompanhavam os brinquedos da Disney e de *Vila Sésamo*, de modo que Whitney pudesse reproduzir suas próprias atividades cotidianas por ordem de ocorrência. Ele podia fazer o Mickey ou o Garibaldo irem dormir, acordar, comer na cozinha e brincar no quintal. Em seguida, passamos para os conjuntos de Playmobil, que tinham personagens e acessórios para criar cenas, como uma escola, uma pescaria ou *cowboys*. Usávamos os brinquedos para dramatizar diferentes histórias que nós mesmos inventávamos. Achei que isso lhe seria útil para começar a classificar objetos e ações, ajudando-o a criar o tipo de "classificação por agrupamento" que vínhamos ensinando às crianças do *Head Start*. Com elas, eu usava as palavras em canções rimadas para criar essa habilidade – levá-las a lembrar-se de grupos de palavras usando as rimas como dicas. Com os bonequinhos de Playmobil, eu tentava ensinar essa habilidade de arquivamento mental em termos visuais, e não verbais.

É difícil explicar o quanto é importante desenvolver essas habilidades básicas, porque a maioria de nós nasce com elas. A linguagem estrutura-se de modo que nos leve a pensar seqüencialmente – primeiro fazemos isso, depois aquilo; primeiro acontece isso, depois aquilo. Sem a linguagem, os pensamentos de Whitney pareciam não ter princípios organizadores temporais ou lineares. Eu tentava descobrir maneiras de fazê-lo brincar que levassem sua mente visual a funcionar de maneira verbal. Fazíamos os brinquedos de Whitney atuarem alternadamente: iam para a cama, alimentavam-se na cozinha, iam ao banheiro, andavam de bicicleta e brincavam no *playground*. Era como se imitassem a rotina diária dele. O ato de levá-lo a interiorizar essas rotinas e a percebê-las como padrões seqüenciais de comportamento talvez criasse um pensamento seqüencial sem a linguagem.

Eu sabia que as habilidades necessárias para brincar eram a base do aprender a se comunicar. A maioria dos bebês associa automaticamente sons a símbolos ou objetos, e é assim que adquirem a linguagem. Whitney, porém, estava aprendendo visualmente.

Meu trabalho era fazer seu sistema visual funcionar suficientemente bem para que ele conseguisse criar uma memória visual de longo prazo e um conhecimento aplicável à solução de problemas e ao raciocínio, normais para sua idade. Uma vez que isso funcionasse, será que eu encontraria uma maneira de ensiná-lo a falar? Eu sabia que o pensamento tem aspectos visuais, mas não sabia se há um pensamento visual que prescindia totalmente do pensamento verbal. Seria possível utilizar o pensamento visual para ensinar habilidades verbais ao cérebro?

5.
No limite da desesperança

Agora que Whitney brincava melhor, achei que ele talvez estivesse pronto para dar um salto do conhecimento: de como os brinquedos interagem entre si para como os seres humanos se relacionam. Eu tinha consciência de que isso seria muito importante, tanto para o desenvolvimento social quanto para o acadêmico, e sabia que as duas esferas eram bastante interdependentes.

Ele só tinha três anos, mas eu estava preocupada com sua incapacidade de relacionar-se com outras crianças e adultos e de separar-se de William, de Vanessa e de mim. Uma das terapeutas que cuidavam dele me disse algo sobre uma senhora, uma avó que mantinha em sua própria casa um programa informal chamado "Dia de Folga da Mamãe", e que morava a cinco minutos de meu consultório. "Ela tem um balanço no quintal, e inclusive serve almoço às crianças. É muito tranqüilo", explicou a terapeuta.

Resolvi fazer uma tentativa. No primeiro dia, levei Whitney para ficar somente uma hora e fiquei junto para ver como as coisas funcionavam. Whitney brincou sozinho, não teve nenhum acesso de raiva nem apresentou problemas de comportamento. Não demorou muito e ele começou a ficar ali por duas ou três horas. Não brincava com as outras crianças, mas não perturbava ninguém e era bem tolerado pelos demais. Eu estava achando ótimo.

Cerca de três meses depois, a avó me disse que precisava falar comigo. Achava que Whitney não devia mais voltar.

"Ele fez alguma coisa de errado?", perguntei.

Ela achava que não tinha a formação necessária para cuidar dele, e que ele não era normal – que precisava de um lugar onde as pessoas soubessem como fazê-lo melhorar.

Fiquei arrasada. Tentei convencê-la de que, para ele, era um passo gigantesco conviver com outras crianças e não se comportar mal. Mas ela se manteve firme; não queria que voltássemos. Fiquei preocupada com o fato de o comportamento anormal de Whitney deixar todos incomodados, ainda que ele não criasse confusões. Se não conseguiam aceitá-lo ali, num contexto tão informal, o que então aconteceria na escola?

Eu estava decidida a não permitir que Whitney ficasse para trás em sua capacidade de conviver com outras crianças. Em decorrência de meu trabalho no hospital, já fazia anos que eu visitava as pré-escolas da região à procura de crianças que apresentassem problemas de fala e audição, e uma de minhas favoritas era uma pré-escola da igreja luterana local. Era uma escola liberal, e eu adorava a diretora. Sabia que, havia pouco, eles tinham sido escolhidos para receber verbas do governo para fazer com que crianças com deficiências físicas ou mentais representassem dez por cento do total de alunos. Até então, nunca haviam lidado com esse tipo de criança. Achei que as coisas se encaixavam perfeitamente: eles gostariam de ter Whitney ali devido a seu novo projeto, e ele iria para uma das melhores escolas locais.

Falei com a diretora, que se mostrou muito receptiva. Ela própria era uma artista talentosa (fazia belas marionetes) e se interessava muito pela integração do meu trabalho com as artes. Ficou surpresa ao saber que eu tinha filhos, pois só me conhecia profissionalmente, e apoiou meus objetivos para Whitney.

"Tudo bem, traga Whitney para cá e darei um jeito de fazer com que as coisas corram bem", disse ela.

Whitney estava com três anos, mas o pusemos na classe das crianças de dois anos. Nessa idade, muitas crianças gostam de brincar sozinhas, e então esperávamos que ele não passasse a impressão de ser especialmente diferente.

De início, foi o que aconteceu. Ainda me lembro de quão nervosa ficava ao levá-lo para a escola naqueles primeiros dias, enchendo o carro com brinquedos para que ele pudesse brincar com coisas que já conhecia. Eu ficava sentada por perto para me certificar de que tudo correria bem, observando meu garotão de olhos castanhos brincar com seus personagens da Disney. Ele não parecia nem um pouco diferente das outras crianças. Acreditei que tudo correria às mil maravilhas. Ele ficava bem – desde que ninguém tentasse lhe dizer para fazer isso ou aquilo.

Ninguém, nem mesmo eu, conseguia pedir a Whitney que fizesse algo que ele não queria fazer. Não que ele fosse obstinado ou intratável, mas era impossível ensiná-lo ou discipliná-lo verbalmente. Eu tinha esperanças de que a estrutura e o padrão do dia passado na escola ajudasse Whitney a desenvolver um comportamento normal. Durante esse período, minha rotina matinal consistia em estar no carro às seis e quinze da manhã com Vanessa, William e Whitney. Pegávamos alguns amigos de Vanessa na vizinhança e os levávamos para o ponto de ônibus numa avenida movimentada (ao fim do dia, os pais desses amigos pegavam Vanessa na escola). O ônibus passava a cada vinte minutos, de modo que, para não perdê-lo, precisávamos esperar de um a vinte minutos. Em seguida, pegava os amigos de William e os levava para o jardim-de-infância na Academia Columbus – uma viagem de quarenta e cinco minutos na direção contrária. Durante o tempo que levava para pegar todas essas crianças e deixá-las em suas escolas, cantávamos, contávamos histórias e fazíamos jogos. Criávamos peças inteiras no carro, compúnhamos canções – as crianças gostavam tanto disso que me imploravam para eu participar de sua apresentação de *Show and Tell** na escola. Eu via isso como uma terapia da fala e da linguagem para Whitney – ele ficava em seu assento no banco de trás do carro, cer-

....

* Atividade escolar em que as crianças levam um objeto para a sala de aula e falam sobre ele para os colegas. (N. do T.)

cado por crianças que riam, conversavam e contavam histórias. As crianças gostavam principalmente das sextas-feiras, quando íamos comer doces no *drive-thru* da confeitaria O Pirata Bonachão. Eu entrava com o carro e parava ao lado do enorme pirata de plástico, fazia nossos pedidos e as crianças, rindo feito loucas, gritavam: "Vamos vomitar de tanto comer doce!" Enquanto isso, Whitney permanecia alheio a toda aquela algazarra.

Depois de dirigir por duas horas, chegava o momento de levar Whitney para a pré-escola. Depois de ter levado as crianças para suas escolas, eu já estava exausta quando tirava Whitney do carro e o levava ao edifício da igreja.

Whitney estava passando por uma fase em que só admitia usar suas botas de *cowboy*. De tanto insistirmos com ele para que representasse nossas histórias, ele agora queria ser um caubói. Mas isso era problemático, pois a pré-escola tinha piso de ginásio e exigia que todas as crianças usassem tênis. Era impossível explicar para Whitney que ele tinha de usar tênis, e não suas botas de *cowboy*. E isso se transformou numa gigantesca luta pelo poder entre nós dois. Dava para sentir sua frustração. Entendo perfeitamente que alguém resista se tentam trocar seus sapatos sem nenhuma explicação. Ele queria brincar no ginásio, onde ficavam os brinquedos grandes, nos quais ele podia montar. Eu tentava deixá-lo usar as botas de *cowboy* no carro para ver se o convencia a calçar os tênis quando chegássemos à escola, mas ele resistia. Se a professora tentava colocar-lhe os tênis, ele a mordia. Quando ficava realmente frustrado, urinava em nós. Tentava sair correndo do prédio e, quando o pegávamos, começava a esmurrar a própria cabeça e a convulsionar o corpo.

Eu estava começando a entender. Como ele não podia dizer "Me deixem em paz!", urinava em quem o estivesse perturbando. Era seu modo de comunicar sua opinião, suas idéias sobre o certo e o errado. Estava pensando e tentando "replicar". Era muito difícil explicar isso aos professores. A pessoa em quem ele tinha urinado não estava nem um pouco interessada em saber que aquele era um sinal de que meu filho estava pensando e tentando se comunicar.

Mas, na maior parte do tempo, seus acessos de raiva pareciam ocorrer sem uma provocação clara. Ele começou a ter acessos durante os quais parecia ter uma reação muito forte a suas roupas. Às vezes estava bem, mas de repente, sem qualquer aviso prévio, parecia que suas roupas começavam a rastejar por sua pele, como se ele ficasse subitamente sensível ao toque do material e quisesse tirar tudo, rasgar tudo. Podia estar muito frio, até mesmo nevando, mas ele queria tirar os sapatos, as calças e a camisa e sair correndo. Comecei a desconfiar que ele tivesse um cérebro hipo-hiper, isto é, que oscilasse entre a extrema sensibilidade e a absoluta falta de reações. Talvez fosse por isso que ele às vezes tinha crises que pareciam vir do nada – talvez um de seus sentidos, ou parte de seu cérebro, entrasse de repente em hiperatividade, deixando-o atormentado, e depois, como se o combustível se esgotasse, deixasse de funcionar por completo. David Caplan, importante neurologista de Harvard, tem uma teoria segundo a qual o cérebro tem uma certa quantidade de recursos de processamento auditivo e visual que se dispersa quando se faz necessária à conclusão de uma tarefa. Talvez o mecanismo de descarga de Whitney ficasse sobrecarregado e transbordasse, e ele então precisasse reabastecê-lo.

As quantidades de energia e trabalho para fazer com que ele freqüentasse a pré-escola eram inacreditáveis, mas eu estava decidida a acostumá-lo a conviver com outras pessoas além dos membros da família. Sabia que, se o mantivesse isolado, ele jamais seria capaz de levar uma vida normal. As horas de trabalho necessárias para que se vestisse, entrasse naquele edifício e se acalmasse valeriam a pena se ele pudesse estar com outras crianças em um ambiente escolar, mesmo que somente uma hora por dia. E foi isso que fiz, esperando que Whitney respondesse à rotina da escola e começasse a comportar-se de modo diferente.

Em confronto com meu otimismo de mãe havia a voz da cientista, e essa voz me dizia que Whitney não estava melhorando; dizia que ele, na verdade, estava piorando. Calei essa voz desagradável que insinuava que muitos de seus comportamentos indicavam um diagnóstico que eu não queria enfrentar: autismo. Ele tinha problemas de comunicação e de linguagem, não gostava do contato físico com outras pessoas, tinha acessos de raiva sem razão alguma, sofria de perseveração, não interagia com os outros nem os olhava nos olhos e não tolerava alterações de rotina. Eu disse a mim mesma que ele estava apenas tendo problemas de adaptação a uma nova escola.

Certa manhã, na confusão que se formava quando eu deixava as crianças no ponto de ônibus, uma delas fechou a porta do carro no braço de Whitney, que estava do lado de fora. Gritei feito louca quando vi isso acontecer. William e Vanessa começaram a chorar e as outras crianças ficaram apavoradas. Whitney ficou ali parado, como se nada tivesse acontecido. Abri a porta, com medo de que seu braço estivesse quebrado, e fiquei muito surpresa ao constatar que seu ossos jovens e maleáveis pareciam intactos. Num piscar de olhos, Whitney aproveitou a oportunidade para sair correndo pela estrada. Corri atrás dele, peguei-o e coloquei-o no carro.

Durante o trajeto até a pré-escola naquele dia, tive de conter um monte de emoções. Ver o braço dele preso na porta do carro foi terrível demais, mas o que realmente me abalou foi sua falta de reação à dor física. Além disso, ele não demonstrara nenhuma reação de medo ou ansiedade a toda gritaria e barulho que fizemos. Era impossível ignorar que havia alguma coisa muito errada com ele. Eu já vira muitas crianças com problemas graves, e sabia que o prognóstico geralmente não é bom. Muitos dos casos graves que eu havia conhecido iam terminar em asilos. A simples idéia de Whitney ir viver numa instituição desse tipo me revirava o estômago.

Eu estava apavorada e sozinha. Não sabia onde procurar ajuda. Sabia que as preocupações de meus familiares só serviriam para aumentar minha ansiedade, e por isso compartilhava com eles muito pouco do que estava acontecendo. Sem ter a quem recorrer, achei que só me restava persistir naquilo que já vinha fazendo: empenhar-me ao máximo para manter Whitney na pré-escola e esperar que, de alguma forma, todo aquele trabalho que vínhamos desenvolvendo com ele desse bons resultados.

Certa manhã, depois de ter deixado todas as crianças na escola sem que nada de especial acontecesse, cheguei ao estacionamento do hospital meia hora antes do habitual. Achei que teria tempo de colocar em dia alguns telefonemas e papeladas antes de o dia de trabalho começar.

Quando cheguei à minha sala, um de meus funcionários me cumprimentou com um olhar sério. "O hospital está com problemas financeiros. Tomaram a decisão de vendê-lo para uma instituição com fins lucrativos."

Não deu nem tempo de saber como ou por que isso havia acontecido. No dia seguinte, toda a minha equipe estava à minha porta, querendo saber o que seria feito deles. Eu precisava arrumar novos empregos para meus terapeutas. Precisava encerrar os contratos hospitalares com as pessoas de um modo que funcionasse para todos os pacientes. E o pior de tudo: como é que eu mesma iria ganhar a vida? Eu tinha a minha clínica, mas em grande parte nós éramos financiados por contratos com o hospital que nos permitiam negociar os pagamentos de muitos de nossos clientes. Eu poderia tentar associar-me a outro hospital, mas meus contratos atuais tinham sido negociados ao longo de doze anos, e eu não tinha tempo de passar por todo esse processo novamente. Os planos de saúde privados começavam a surgir por toda parte, e eu desconfiava de que estavam em curso grandes mudanças no modo como a assistência médica era administrada e paga; sabia que ser paga por meio de contratos com terceiros talvez não fosse uma alternativa viável.

Precisava refletir seriamente para decidir se procuraria um trabalho estável junto a alguma instituição, o que me faria perder a autonomia profissional de que desfrutava. Se, por um lado, isso me daria estabilidade financeira, por outro criaria um problema: de que modo eu cuidaria das crianças? Como dona de meu próprio negócio, eu era flexível. Se precisasse sair correndo para atender a uma crise de Whitney, nada me impedia de fazê-lo. Mas o que aconteceria se ele precisasse de mim e eu estivesse lecionando numa universidade ou participando de uma reunião empresarial? Estava claro que eu não poderia ter um trabalho com horários fixos.

Eu não sabia o que fazer. Tinha filhos e despesas. Não conseguia mais dormir. Durante a noite, vagava pela casa depois que as crianças iam deitar. Tentava anestesiar-me com trabalhos domésticos: lavava a roupa, preparava a comida para o dia seguinte. Por volta das duas da manhã, retirava-me para a escadaria do porão da casa, onde fazia meu exame de consciência. Enquanto a roupa girava na máquina, eu me sentava ao pé da escada e chorava. Não queria que meus filhos presenciassem meu desalento. Queria ajudar Whitney, educar William e Vanessa num ambiente saudável e salvar meu negócio – e simplesmente não sabia como fazer nada disso.

Certa noite, perguntei a mim mesma: *O que você quer fazer?* Fiquei ali, em silêncio, e ouvi a resposta. Naqueles degraus da escada do porão, pouco antes de o dia nascer, a resposta veio a mim. Era a imagem recorrente de Whitney com o braço preso na porta do carro. No meu leito de morte, pensei, não vou me preocupar com quantos artigos escrevi, quantas vezes apareci na televisão, quantos contratos de consultoria fechei ou quantos prêmios ganhei. Eu já provara a mim mesma que era capaz de conseguir essas coisas. O que me deixaria arrasada seria saber que Whitney estava vivendo em uma instituição.

Na essência de qualquer projeto teria de estar minha permanência ao lado de Whitney.

Eu tinha a obsessão de fazer o melhor possível quando tratava de problemas de comunicação. Por que não redirecionar a energia que vinha consumindo na tentativa de entender a mente visual de Whitney, colocando-a a serviço de meu trabalho profissional?

Seria possível fazer isso? Seria eu capaz de criar um método exclusivamente voltado para pacientes extremamente visuais com problemas de comunicação? A cientista e a pesquisadora que existiam em mim precisavam de algum tempo para atacar esse problema de um jeito até então desconhecido. Como mãe, eu queria que Whitney levasse uma vida normal, e estava disposta a aprender tudo que fosse possível para ajudá-lo. Como mãe de três filhos, sabia que precisava ganhar dinheiro para manter minha família.

As vozes da razão e da paixão lutavam dentro da minha cabeça. Bem lá no fundo, porém, alguma coisa me dizia: *Você não pode optar pela segurança*. Em toda tragédia existe mudança, e na mudança está a oportunidade de repensar alguma coisa, quem sabe para melhor. Lembrei-me da parábola em que o senhor distribuiu talentos entre seus três servos. Um deles tratou de enterrar seus talentos, pois tinha medo de que alguém os roubasse. O outro os aplicou de modo que não corresse riscos, e o terceiro os investiu na agricultura e no auxílio à comunidade. O primeiro levou uma vida mesquinha e egoísta; o segundo viveu bem, mas nunca alçou grandes vôos; o terceiro colheu o que semeou. Optar por um emprego tradicional seria como enterrar meus talentos. No escuro daquela noite, pedi que me fosse mostrado o caminho.

Poucos dias depois, recebi um telefonema de uma pediatra conhecida minha que havia insistido comigo para testar a audição de Whitney.

Ela era casada com um médico com o qual eu havia trabalhado em um de meus projetos de pesquisa com gagos, de modo que tinha conhecimento dos problemas com que eu deparava em meu trabalho. Recentemente, ela havia transferido sua clínica para um novo complexo médico em Dublin, um próspero bairro de Columbus. "Temos um consultório vazio em nosso prédio. Você não estaria interessada em usá-lo?", perguntou.

Quando ela me descreveu as instalações e os recursos – cinco pediatras, um centro nutricional para controle de peso e estresse, aulas de alimentação, exercícios físicos e estilo de vida saudável, terapia ocupacional e um grupo de dentistas para adultos e crianças –, vislumbrei ali a formação de uma nova prática clínica. Com todos esses recursos num mesmo edifício, eu poderia desenvolver um trabalho para pacientes ambulatoriais, atraindo crianças extremamente visuais, como Whitney. Talvez pudesse criar um questionário que os pediatras dessem a seus pacientes, para tentar identificar jovens pacientes visuais e começar a estudar esse problema.

Fazia muito tempo que eu não me sentia tão empolgada.

É claro que um paciente por vez, pagando do próprio bolso, em vez de uma empresa comprando meus serviços, era coisa arriscada. A vantagem do exercício liberal da profissão era que eu seria bem-sucedida ou fracassaria com base em minha própria capacidade. Era menos seguro a curto prazo, mas a longo prazo podia trazer muito mais segurança. Bem lá no fundo eu acreditava que, se tivesse oportunidades, os pacientes ficariam satisfeitos. Só não sabia se eu teria pacientes em número suficiente para que me fosse dada a tal oportunidade.

Respirei fundo e respondi: "Quando posso ver o consultório?"

Algumas semanas depois, assinei um contrato de cinco anos no complexo médico e comecei a rezar para que tudo desse certo.

Foram necessários seis meses de trabalho com advogados para desligar-me do hospital, fechar a clínica e pôr tudo em ordem. Durante esse período, viajei diariamente para lá e para cá – ficava alguns dias no consultório em Dublin, ajeitando as coisas e recrutando pacientes, e em outros dias trabalhava no hospital.

De algum jeito, Whitney conseguiu permanecer um ano na pré-escola luterana. Eu esperava que ele fizesse mais um ano na pré-escola, agora que estava finalmente se adaptando à rotina. Infelizmente, no fim do ano a diretora foi convidada por um teatro de Atlanta a trabalhar com marionetes. Fiquei contente por ela, que partia para ir atrás do sonho de sua vida. Ela me garantiu que tudo continuaria bem. Para substituí-la, a pré-escola havia contratado a diretora de uma escola especial para autistas.

Eu pensava muito em como aumentar esses benefícios para Whitney. Seria ele, de fato, deficiente e incapaz? O que eu preferiria, mesmo, seria colocá-lo numa escola regular. Refletia sobre isso certa noite quando, ao chegar em casa, pouco antes de entrar na garagem, nossos vizinhos, o dr. Richardson, que era nosso pediatra, e sua mulher, Rhonda, diretora de escola, acenaram para mim do outro lado da rua.

"Podemos conversar um pouco?", perguntaram. "É sobre Whitney."

Deus do céu, pensei. *O que será que ele aprontou desta vez?* Eles davam um apoio incrível a todo o meu esforço para com Whitney e sabiam que eu vinha lutando praticamente sozinha para criar minha família. Eu esperava que Whitney não tivesse feito nada que pudesse afastar aqueles vizinhos e aliados.

Já era hora de Tammi ir embora, e eu sabia muito bem o quanto ela precisava de um descanso ao fim do dia. Atravessei correndo a estrada movimentada e disse a eles que só tinha um minuto.

"Estivemos conversando, e você sabe o quanto nos preocupamos com você e com as crianças...", começou a dizer Rhonda, mas sua voz logo fraquejou estranhamente. Seu marido então prosseguiu: "Não sei como lhe dizer isso. Vou ser direto: Whitney é autista. Creio que, para você, seja muito difícil aceitar esse fato. Mas você tem de encontrar ajuda especializada em educação de autistas. Há uma escola..."

Dessa vez foi minha atenção que fraquejou. Não podia ouvir mais nada. Desculpei-me tão depressa quanto pude, atravessei a rua e voltei para casa. Parecia que as coisas estavam começando a se fechar ao meu redor. Ali estava eu, lutando para ajudar Whitney, para não deixá-lo afundar, e seu pediatra vinha me dizer que ele era autista. Eles tinham razão. Não era apenas difícil de aceitar: eu me recusava a aceitar.

Na semana anterior, eu havia passado muito tempo tentando ajudar pacientes internos a comunicar-se. No momento, estávamos envolvidos em um projeto conjunto com uma casa de repouso, no qual ensinávamos assistentes, enfermeiras e administradores a tornar os pacientes mais comunicativos e a fazê-los engajar-se em atividades produtivas. A partir do momento em que comecei a trabalhar com esse grupo de pacientes, achei muito estranho que, apesar de conviver com mais ou menos cem pessoas da mesma faixa etária, a maioria deles praticamente nunca falava. Em geral, essas pessoas eram colocadas numa instituição desse tipo porque estavam doentes, e não levavam consigo nenhum de seus pertences. Freqüentemente ficavam mudas e deprimidas. Levávamos um grupo de terapeutas e fazíamos os pacientes representar peças, compor músicas, trabalhar com artes plásticas ou ler alguns clássicos que depois eram discutidos em grupo. Eles não demoravam muito a interagir uns com os outros. O segredo, parecia, era descobrir o que eles mais gostavam de fazer em sua vida anterior e levá-los a retomar essas atividades no trabalho que desenvolviam conosco. O que acontecia nessas instituições era para mim a prova de que, quando você isola pessoas portadoras de alguma deficiência, a situação delas só tende a piorar. Eu queria que Whitney levasse sua vida do jeito mais normal possível. Estivera envolvida com atividades político-legislativas em defesa das pessoas com deficiências de comunicação já desde a década de 1970, empenhando-me em criar para elas condições de vida com o mínimo de restrições e levando-as, até onde fosse possível, a desenvolver atividades sociais e a freqüentar escolas em pé de igualdade com os outros. Também acreditava que as crianças imitam o que vêem e que, quando se põem crianças deficientes junto com crianças normais, ou crianças mais novas com crianças mais velhas, cria-se uma situação de imitação de modelos comportamentais positivos que favorece o aprendizado dos deficientes ou dos mais novos. Criei muitos programas de comunicação entre parceiros em que alunos mais velhos ensinavam os mais jovens, cônjuges ensinavam seus companheiros que haviam sofrido derrame e pais ensinavam seus filhos. A presença de comunicadores competentes estimulando e modelando comportamentos e aptidões para os menos capazes constitui uma das premissas mais importantes de meu trabalho. Portanto, a idéia de juntar só deficientes para atender às suas necessidades especiais não se encaixava no meu paradigma.

Era particularmente desagradável ouvir todos ao meu redor dizerem que Whitney precisava de um programa exclusivamente voltado para autistas. Eu participara de programas estaduais e federais que lidavam com questões clínicas ou de pesquisa e favoreciam a permanência de crianças problemáticas em ambientes com o mínimo possível de restrições. Portanto, segregar Whitney era algo que ia contra tudo em que eu acreditava.

Não que eu ache que as escolas especiais para crianças autistas sejam más em todos os sentidos. Simplesmente, não era isso o que eu queria para Whitney. Só queria uma oportunidade de ajudá-lo a ser igual aos outros.

Comecei a estudar um novo programa para deficientes que havia sido proposto para o distrito escolar de Dublin com o objetivo de ensinar um pequeno grupo de pré-escolares autistas com atraso de linguagem e, acima de tudo, de levá-los o mais rápida e plenamente possível ao nível de aprendizagem normal para a idade. O programa tinha vários aspectos que pareciam atraentes. Primeiro, era um programa novo e havia poucas crianças matriculadas. Segundo, eu agora trabalhava em Dublin, e havia aspectos dessa comunidade que me pareciam bastante positivos. Era um bairro de desenvolvimento recente, para onde as empresas de tecnologia de ponta mandavam funcionários para ser treinados antes de voltarem para seus escritórios regionais. Por esse motivo, muitos executivos internacionais de alto nível permaneciam por algum tempo na área, o que significava que muitas crianças bilíngües precisavam adaptar-se a novas escolas. E isso, por sua vez, certamente significava que os professores precisavam ser muito sensíveis aos problemas de comunicação.

O problema era que, para que ele pudesse freqüentar a escola, teríamos de morar no distrito escolar de Dublin. Quando procurei saber se Whitney podia candidatar-se a uma vaga, disseram que, em tese, ele parecia adequado ao programa, mas que teriam de submetê-lo a um teste. Isso, porém, só poderia ser feito se morássemos no distrito.

Era uma situação sem saída, mas alguma coisa me dizia que ali estava a esperança. Resolvi mudar sem saber se Whitney seria ou não aceito. Aluguei uma grande casa em frente à piscina pública de Dublin e da escola de ensino fundamental* Wyandot. Morar em Dublin seria mais fácil para minhas idas e vindas e reduziria o número de horas diárias ao volante para deixar as crianças na escola e ir para o con-

....

* No sistema educacional norte-americano, a escola primária ou elementar (*primary* ou *elementary school*) equivale aos primeiros anos de ensino formal e a escola secundária (*secondary school*) é formada pela *middle school* e pela *high school*. (N. do T.)

sultório novo. Significava também que William e Vanessa precisariam tomar um ônibus para sua escola particular, mas isso não era difícil em Dublin.

No mês de julho daquele verão, mudamo-nos para a casa nova, numa rua sem saída de um afastado bairro residencial. Era totalmente diferente de nossa pequena casa em Tudor, mais próxima do centro. Assim que nos instalamos, apareceram várias donas de casa das redondezas. "Só queremos que saiba que procuramos fazer nossos jardins absolutamente iguais", disseram. Olhei bem para a rua e vi que, de fato, eram quase todos idênticos. "Achamos que fica muito melhor assim", disseram. Eu respondi com um olhar inexpressivo e elas continuaram falando. "Ah, e você vai adorar nossos dias santos; fazemos toda a nossa decoração de Natal igualzinha, para que todos os que passarem por aqui achem linda a nossa ruazinha sem saída." Se houve algum momento em que cheguei a pensar que minha vida anterior se acabara por completo, foi esse.

Senti que estava recebendo uma advertência ou, no mínimo, que estavam me dizendo como eu devia decorar minha casa para o Natal. Nenhuma delas trabalhava fora, e não pareceram satisfeitas quando eu disse que trabalhava em tempo integral. Naquela noite, enquanto desempacotava um monte de caixas, foi impossível não ficar preocupada. *Espero não ter cometido um erro terrível*, pensei. *Se não posso ter um jardim diferente, como será a reação delas a Whitney?*

Por ser novo, o programa para deficientes em Dublin só começaria mais para a frente, no outono. Nesse ínterim, eu precisava colocar Whitney em alguma outra atividade. Havia uma escola Montessori no local, e eu admirava muito a filosofia de Maria Montessori, de ensinar as crianças visualmente. Sabia que não era solução suficiente para Whitney, mas achei que poderia funcionar por alguns meses.

Marquei uma entrevista com os professores da escola.

"Tenho um filho que aprende mais facilmente através da visão", expliquei. "Todos esses brinquedos visuais que vocês usam seriam perfeitos para ele. Seriam ótimos, sem dúvida. Mas, quando vocês tentarem conversar com ele ou lhe dizer algumas coisas, pode ser que ele não responda do jeito esperado."

Eles me garantiram que a abordagem Montessori consistia em ensinar através da experiência, e não verbalmente. "Pode trazê-lo", disseram.

Eu começava a me dar conta de que ninguém entendia de verdade minhas explicações sobre Whitney, e então respondi que o traria por uma hora e que ficaria com ele para ver como as coisas correriam.

Whitney não podia estar mais feliz. Corria por toda parte e brincava com tudo. Os professores ficaram entusiasmados com suas aptidões visuais. "Ele é tão inteligente!", exclamavam. "Pode deixá-lo aqui, e venha buscá-lo daqui a uma hora." Tenho certeza de que pensavam que eu fosse uma dessas mães superprotetoras. Saí e fui para meu consultório, deixando o número do meu telefone e assegurando que estaria a poucos minutos dali.

Menos de uma hora depois, o telefone tocou: "Por favor, venha buscar seu filho. Isso não está dando certo."

A derrocada acontecera quando puseram as crianças para tirar uma soneca. Ele até chegou a ir para sua caminha, mas pouco depois já estava de novo em pé, pronto para divertir-se com os brinquedos espalhados pelo quarto. Quando os professores tentaram fazê-lo voltar para a cama, ele começou a morder, girar os braços e rodopiar. "Esse tipo de ataque de raiva é inaceitável", disse-me a professora.

"Ele não compreende a rotina de vocês, e não entendeu o que você queria dizer", tentei explicar.

"O problema é que não estamos preparados para lidar com esse tipo de comportamento. Sinto muito."

Peguei meu filho e voltamos para nossa casa nova. Eu estava mais preocupada do que nunca com suas chances de adaptar-se ao programa escolar de Dublin.

Sem a opção da escola Montessori para o verão, não sabia mais o que fazer para manter Whitney ocupado sem me desgastar até a exaustão total. Ir ao cinema era uma das poucas coisas que podíamos fazer para mantê-lo atento — o que significava que eu podia descansar um pouco. Eu costumava levar as crianças ao cinema nas tardes de sábado, quando havia matinês com filmes infanto-juvenis, e dormia na poltrona enquanto eles se deslumbravam com Disney.

Certa tarde, no meio da semana, enquanto víamos *Branca de Neve* pela vigésima vez, Whitney de repente explodiu em gargalhadas quando viu os anões enchendo o rosto de espuma para fazer a barba, na seqüência em que eles chegam de um estafante dia de trabalho e vão tomar banho. William, Vanessa e eu quase caímos da poltrona. Ao longo de quatro anos, ele não havia emitido um único som. Tinham prendido seu braço na porta de um carro, ele tinha tido crises de nervos terríveis, mas nenhum som jamais saíra de sua garganta. E ali estava ele, rindo dos anões! Rimos com ele, cheios de alegria. As pessoas no cinema devem ter pensado que éramos loucos — a cena era engraçada, mas nem tanto. Depois disso, ele começou a emitir sons. Eu estava incrivelmente surpresa com o fato de suas cordas vocais funcionarem, e agora achava que ele poderia vir a falar.

Fiz todos os esforços possíveis para que Whitney fosse aceito para o programa de deficientes do distrito escolar de Dublin. Eles me haviam dito que ele parecia ser um candidato viável, mas nunca o haviam encontrado pessoalmente. Eu estava preocupada com o teste, e então escrevi longos relatórios com base nas observações e no trabalho que eu e outros terapeutas havíamos desenvolvido com Whitney em minha clínica. Para a escola, porém, isso não era o bastante para aceitá-lo como aluno. Hoje, quando releio esses relatórios, percebo neles o viés otimista da mãe. Eu fazia questão de afirmar que os grunhidos de Whitney e os sons que ele vinha emitindo eram palavras. Ainda que para nós, em casa, o progresso parecesse um milagre, para os outros sua capacidade de comunicar-se parecia gravemente prejudicada, como não demorei a descobrir.

A direção da escola foi muito atenciosa e prometeu levar meus relatórios em consideração, mas deixou claro que, para Whitney ser incluído no programa, teria de passar pela mesma bateria de testes à qual as outras crianças eram submetidas. Embora eu não fosse contrária ao fato de ele ser testado, sabia que aqueles testes tradicionais não avaliariam a inteligência visual de Whitney, pois eram todos aplicados por meio de instruções orais. As instruções eram passadas verbalmente e as respostas deviam ser dadas oralmente; ou se pedia à criança que copiasse desenhos geométricos ou escrevesse letras do alfabeto. Mesmo quando solicitada a construir alguma coisa ou a encaixar blocos, a criança precisava entender a orientação para fazer o que lhe pediam, e muitos desses testes eram cronometrados. Quanto mais rapidamente a criança entendesse as instruções, mais satisfatório seria seu desempenho. Avaliar as aptidões visuais de Whitney também era complicado devido ao fato de sua capacidade motora ser irregular. Ele sabia desmontar e montar blocos de Lego, mas não tinha o controle motor para usar um lápis. Eu estava preocupada com a possibilidade de Whitney ser totalmente reprovado em testes desse tipo. No dia do exame, levei comigo muitos dos brinquedos favoritos de Whitney – blocos de Lego e quebra-cabeças complicados. Se os testes tradicionais fossem um desastre, eu esperava que Whitney ainda tivesse uma chance; mas para isso eu teria de fazer os professores a perceber como eram avançadas suas aptidões visuais.

Eu não poderia ficar ali durante o teste. Teria de esperar em outro local. Eles me deram um questionário, que respondi nervosamente enquanto esperava. Guardei tudo dessa época e, quando releio as listas descritivas e os relatórios sobre os testes, fico admirada ao ver como o comportamento de Whitney parecia inadequado aos outros e o quanto eu tentava dourar a pílula. Hoje percebo claramente como eram divergentes os nossos pontos de vista e por que, com base naquelas avaliações objetivas, Whitney parecia refratário a qualquer ensino. Na época, porém, eu estava incrivelmente frustrada, sentindo que ninguém via as aptidões que eu via – a criança inteligente que eu conhecia estava presa dentro daquele menino silencioso e desequilibrado.

Veja-se, por exemplo, uma das listas que preenchi, e que mais tarde foi incluída no histórico escolar de Whitney:

- Parece "surdo" a alguns sons, mas ouve outros. *sim*
- Balança ou agita o corpo em movimentos rítmicos por períodos muito longos. *atualmente não*
- Às vezes olha para as pessoas sem vê-las e passa por elas como se não estivessem ali. *atualmente não*
- Tem um desejo incomum de comer ou mascar coisas. *atualmente não*
- Tem hábitos alimentares estranhos, como recusar-se a beber de um recipiente transparente, comer apenas um ou dois tipos de alimento etc. *atualmente não*
- Belisca-se ou bate em si mesmo deliberadamente? *muito pouco atualmente*
- Às vezes gira o corpo como um pião? *atualmente não*
- É hábil em fazer trabalhos delicados com os dedos ou brincar com pequenos objetos. *muito*
- Gosta de fazer girar coisas como tampas de recipientes, moedas e descansos para copos ou garrafas? *sim*
- Irrita-se com coisas que não estão "certas" (como buracos na parede, cadeiras quebradas etc.)? *sim*
- Tem rituais complicados que o deixam irritado quando não são feitos? (por exemplo, fazer exatamente o mesmo caminho entre dois lugares, vestir-se sempre do mesmo modo) *sim, mas muito menos atualmente*
- Irrita-se quando certas coisas com as quais está acostumado passam por mudanças? *sim*
- É deliberadamente destruidor? *atualmente não*
- É hiperativo, não pára no mesmo lugar, passa rapidamente de uma coisa para outra? *está melhor atualmente*
- Fica sentado por longos períodos, olhando para o vazio ou brincando repetitivamente com objetos, sem qualquer objetivo aparente? *atualmente não*

Escrevi vários "atualmente não" para que os professores percebessem que, embora esses comportamentos anormais tivessem existido, Whitney estava correspondendo a nossas tentativas de ajustar e moldar seu comportamento – mesmo que, na verdade, ele às vezes ainda fizesse muitas daquelas coisas. Quando a sessão de testes terminou e fui pegar Whitney, os professores disseram: "É praticamente impossível trabalhar com ele. Adaptamos nossos métodos de todas as maneiras possíveis, mas não chegamos a lugar nenhum." Disseram também que Whitney se arrastara pelo chão, tentara escapar pela porta e não prestara atenção às pessoas que lhe aplicaram os testes.

O ano letivo começou antes que soubéssemos se Whitney seria ou não aceito para esse novo programa pré-escolar. Enquanto eu aguardava os resultados finais dos testes e o relatório, apeguei-me ao fato de que a escola ainda não dissera não.

Certo dia, quando ia fazer minha ligação diária para a escola em Dublin, para saber se Whitney seria ou não aceito, o telefone tocou. Para minha surpresa, do outro lado da linha estava a nova diretora da pré-escola luterana que Whitney havia freqüentado no ano anterior.

Ela me disse que o caso de Whitney lhe havia chamado a atenção. Achava que ele devia ir para uma escola segregada, especializada em crianças deficientes, e não para uma escola de crianças normais.

Ela jamais se encontrara com Whitney ou comigo, ele não freqüentava a escola dela no momento e não pretendíamos voltar para lá no outono. "Muito obrigada por sua preocupação", respondi. "Mas não acho que um programa segregado seja a melhor coisa para meu filho. Espero criar um programa que lhe permita ficar em um ambiente minimamente restritivo, e que o prepare para uma escola de crianças normais."

"Acho que a senhora não entendeu." Alguma coisa em seu tom de voz me fez parar. Ela então me disse que, se eu não o matriculasse em um programa de educação especial em vinte e quatro horas, me denunciaria por negligência materna. Eu não sabia com base em que autoridade ela poderia fazer isso, e não fazia idéia do que a tinha levado a dizer uma coisa dessas.

Joguei-me numa cadeira. A sala parecia girar. "Negligência?" Isso estava além da minha compreensão. Desde o nascimento de Whitney, eu havia passado cada minuto de minha vida pensando nele e trabalhando com ele. "Mas a senhora não tem conhecimento do que tenho feito para trabalhar com ele! Ele passou a maior parte de sua vida em um centro de reabilitação!" Foi como se eu vomitasse uma defesa. Estava apavorada, e minha voz certamente tremia. "Por favor", implorei, "estou tentando colocá-lo no programa para deficientes do distrito escolar de Dublin."

Depois de desligar o telefone, fiquei ali sentada, atônita. Tinha certeza de que ela ligaria no dia seguinte para saber que decisão eu havia tomado. E não sabia o que fazer. Passei as vinte e quatro horas seguintes fingindo fazer alguma coisa, revolvendo-me interiormente de tanta angústia. Não dormi, passei a noite inteira vagando pela casa e tentando descobrir uma maneira de convencer aquela mulher a não me denunciar. Sabia que, em última instância, ela não poderia tirar Whitney de mim, e que eu teria a chance de mostrar quem eu era e como era meu programa para ele, mas ainda assim ela representava uma desagradável ameaça.

Tudo que eu mais desejava era manter Whitney fora de instituições e em um ambiente que fosse o mais normal possível, pois temia que, uma vez colocado nesse tipo de sistema e rotulado dessa maneira, a possibilidade de ajudá-lo se tornasse muito mais remota.

No dia seguinte, o telefone tocou exatamente à mesma hora.

"Estou ligando para saber qual foi sua decisão", disse ela, como se eu estivesse escolhendo a cor de um carro novo.

"Whitney foi aceito pelo programa escolar de Dublin." A mentira saiu-me dos lábios com toda a naturalidade.

Desliguei rapidamente o telefone e fiquei ali, querendo bater a cabeça contra a parede. Como podia ter mentido daquele jeito? Como podia ter deixado escapar tamanha mentira? Sabia que, naquele exato instante, ela podia estar ligando para Dublin para verificar se eu tinha falado a verdade. Eu estava arrasada. Ela poderia não apenas acusar-me de negligência, como também dizer que eu mentia sobre a ajuda que conseguia para Whitney. O que me levara a pronunciar aquelas palavras que, como eu sabia muito bem, só podiam servir para complicar ainda mais a minha situação?

Antes que eu conseguisse pensar em algum jeito de me livrar da confusão, o telefone tocou novamente. *Aí vem coisa*, pensei. Respirei fundo, preparei-me para o que desse e viesse e peguei o telefone.

"Aqui é Cathy, da direção do distrito escolar de Dublin. Acho que você gostará de saber que nos reunimos e resolvemos incluir Whitney no programa para pré-escolares deficientes na escola primária Chapman." O QI de Whitney revelado pelos testes fora de 50 pontos para verbalização e 46 pontos para desempenho, com valor 100 conferido à média, bem abaixo do percentual. Isso significava que, para cada cem crianças da idade de Whitney, ele era pior que todas as cem. O valor 100 é conferido ao êxito correspondente à média; a maioria das pessoas fica entre 90 e 110.

Whitney não deu uma única resposta certa, mas ainda assim eles avaliaram o teste de modo que permitisse sua participação no programa. Os resultados do teste foram baixos como eu temia que fossem, devido à sua incapacidade de ser testado, mas ironicamente levaram-no a ser rotulado de multideficiente – o que o qualificava para o programa. Já estávamos em setembro, mas Whitney podia incorporar-se ao programa assim que nos reuníssemos para discutir seus resultados e elaborássemos um "projeto de educação individualizada" para ele.

Quando olho para trás, vejo que os resumos daqueles testes descreviam uma criança com um grau de funcionalidade muito baixo. A psicóloga da escola escreveu que Whitney

> *teve muita dificuldade de concentrar-se por mais de 15 ou 30 segundos em qualquer das tarefas que lhe foram apresentadas, e freqüentemente é preciso oferecer-lhe reforços primários que o redirecionem à tarefa proposta. (...) Whitney tem dificuldade de perseverar em tarefas que considere difíceis, e tende a abandonar a atividade e sair da sala. (...) Com base em informações passadas pela mãe, ele geralmente tem dificuldade de interagir com pessoas que não conhece. Isso ficou muito claro, apesar dos grandes esforços feitos para atender às necessidades da criança. (...) Em termos cognitivos, com base na avaliação intelectual atual, Whitney deve receber a classificação de "muito baixo".*

A fonoaudióloga escreveu:

> Tentamos aplicar-lhe os testes-padrão, mas Whitney não olhou para o material dos testes, não reagiu às orientações verbais e não respondeu a nenhuma das questões propostas. (...) Whitney não queria entrar na sala de avaliação. (...) Sentou-se do lado de fora da sala e pegou seus pertences. (...) Whitney deu várias respostas enquanto mexia em seus pertences. (...) Eram respostas em forma de uma única palavra com que tentava nomear as coisas, incompatíveis com os estímulos verbais ou não-verbais [o que significa que eram balbucios e, na verdade, não nomeavam os objetos]. Whitney deu várias respostas ecolálicas [o que significa que podia ficar repetindo mickeymackey mickeymackey mickeymackey um sem-número de vezes]. Finalmente (10 minutos depois), Whitney entrou na sala de avaliação. (...) Whitney representou cenas de imagens de seus livros e conseguiu reproduzir sons, como o tique-taque de um relógio, sons de deglutição e de soprar uma vela. Interagiu não-verbalmente com a professora que lhe aplicava os testes, num contexto de brincadeira em que se utilizavam figuras de seus livros como objetos funcionais. (Por exemplo: tomou chá, mexeu o açúcar, soprou as velas de um bolo de aniversário.) (...) sem muito regularidade, Whitney entendia e seguia instruções e dava respostas verbais.

Hoje, esses relatórios parecem terríveis. Na época, porém, achei que ele ser aceito para o programa era uma imensa vitória. Acreditei que algum anjo vinha me guiando nas escolhas que fazia para Whitney. Meu cérebro racional de cientista jamais teria permitido que eu mentisse daquele jeito para a diretora da escola.

Alguma coisa me levou a dizer uma mentira, e no momento seguinte transformou-a em verdade.

6.
Malabarismos (ou: querer é poder)

Sempre que eu parecia ter transposto uma colina, abria os olhos de manhã e deparava com uma enorme montanha para escalar. Whitney finalmente estava no programa pré-escolar de Dublin e já havia começado a emitir sons, mas eu tinha a impressão de que mantê-lo sob controle se tornava cada vez mais difícil. Ansiava pelo primeiro dia de aula, para que ele tivesse um lugar para ir todos os dias. E rezava para que a estrutura escolar pudesse ajudá-lo.

No primeiro dia de Whitney no programa para deficientes pré-escolares, madruguei para preparar um maravilhoso café da manhã para as crianças e levá-las para a escola – e para ter tempo suficiente para contornar qualquer acesso de raiva. As coisas correram bem naquela manhã – pelo menos no que diz respeito a Whitney. Mas quase tive uma crise de nervos quando chegamos e havia uma professora substituta a cargo do pequeno grupo de cinco alunos. Ela apresentou-se como a sra. Ludwizac, explicando que a professora titular havia quebrado a perna naquela manhã, e que ela ali estava para substituí-la. "Pode me chamar de sra. Lud – vamos todos aprender juntos, ok?"

"Por quanto tempo a professora estará ausente?", perguntei, tentando manter a calma.

A sra. Lud não sabia, mas deve ter notado minha apreensão. Convidou-me para ficar e ver como Whitney se sairia. Conversamos um pouco e, quando eu lhe falei sobre minha profissão, ela insistiu comigo para que eu improvisasse algumas atividades com as crianças. Sentei-me no chão com as pernas cruzadas e comecei a cantar.

She'll be coming round the mountain when she comes
She'll be coming round the mountain when she comes

Quatro crianças começaram a cantar comigo. Whitney andava para lá e para cá, examinando atentamente os blocos de concreto da parede da sala, explorando a textura com as mãos e curvando-se para a frente e para trás para ver o que acontecia com sua sombra na parede.

She'll be wearing ketchup and mustard when she comes
She'll be wearing ketchup and mustard when she comes...

As crianças riam. Whitney continuava a andar e observar sua sombra na parede. A sra. Lud disse: "Whitney, venha cantar conosco."
Whitney ignorou-a.
A música acabou. "Hora do lanche!" A sra. Lud aproximou-se de Whitney para redirecionar sua atenção e ele a empurrou. Estava ainda explorando sua sombra nos blocos. Sei que para qualquer pessoa aquilo pareceria apenas um movimento aleatório para a frente e para trás, mas eu tinha certeza de que Whitney estava encantado com o fato de sua sombra mudar de forma conforme ele movimentava o corpo.
No dia seguinte, a diretora da escola me comunicou que a professora regular talvez se ausentasse por um bom tempo, e que haviam decidido que a sra. Lud ficaria em seu lugar. Fiquei arrasada. Eu me empenhara tanto em colocar Whitney nesse programa para que lhe fosse dada uma atenção especial, e eis que voltávamos à estaca zero. A sra. Lud era muito boa, mas ela própria estava convencida de que não fora suficientemente treinada em educação especial.
Naquelas primeiras semanas, levava Whitney para a escola e ficava por perto até perceber que ele estava a ponto de tornar-se incontrolável. No começo ficávamos meia hora, mas aos poucos esse

tempo foi aumentando. A sra. Lud e eu entramos em mútuo entendimento e, como o distrito escolar de Dublin estimulava a participação voluntária dos pais nas atividades escolares, logo eu estava levando meus materiais de "ginástica verbal" para trabalhar com Whitney e as outras crianças da sala.

Todas as quartas-feiras de manhã eu tocava violão, cantava ou lia histórias para o pequeno grupo. Deixava as atividades da semana com a sra. Lud – uma música para cantar, histórias para ler ou projetos artísticos para desenvolver, e ela fazia tudo isso com as crianças até que eu voltasse na semana seguinte. Basicamente, eu estava adaptando parte de nossas atividades do programa *Head Start* para aqueles alunos.

Aquele grupo foi, para mim, um laboratório de pesquisas. Uma vez por semana, criava novas formas de expressão artística, novas canções e atividades ligadas às histórias que líamos, novos jogos para ensinar o cérebro verbal-visual, e depois a sra. Lud trabalhava essas coisas com as crianças. Assim, a elaboração do currículo de Whitney ficava parcialmente por minha conta. Infelizmente, ao contrário das outras crianças, ele não vinha respondendo. Tentei convencer-me de que o fato de ver as outras crianças desenvolvendo aquelas atividades iria "contaminar" Whitney.

A nova turma de Whitney compreendia crianças identificadas como de alto risco e necessitadas de atendimento para deficientes pré-escolares. Para ser aceitas, elas precisavam ter problemas evidentes de desenvolvimento da linguagem que não lhes permitissem freqüentar escolas para crianças normais. Por exemplo, algumas das crianças da classe de Whitney apresentavam problemas de articulação que tornavam difícil entender o que diziam, ou tinham atrasos no desenvolvimento da linguagem que as levavam a ter bem menos vocabulário ou capacidade de expressão lingüística do que as crianças de quatro anos costumam ter. Algumas tinham falhas no desenvolvimento de seus sistemas de memória-atenção, o que significa que tinham problemas para aprender canções com rimas infantis, seguir instruções, realizar tarefas ou memorizar o alfabeto. Suas aptidões de pré-leitura estavam atrasadas e elas tinham pouco interesse em ouvir histórias ou explorar livros. Tudo me fazia lembrar as crianças do programa *Head Start*. Esse tempo que eu permanecia na classe de Whitney fez com que, para mim, ficasse mais difícil ignorar suas limitações. Já fazia cinco anos que eu trabalhava com ele, mas na verdade aquela era a primeira vez que eu dispunha de outras crianças para comparar com ele em um programa "acadêmico", estruturado como pré-jardim-de-infância – e elas tinham muito mais habilidades que Whitney.

Várias semanas depois, fiquei surpresa ao perceber que um dia, quando entrei na sala de aula com meu violão e um saco de guloseimas, os colegas de Whitney se aproximaram e me cercaram enquanto eu colocava as coisas sobre a mesa. Talvez fosse a expectativa das guloseimas, ou quem sabe a música com que pretendiam divertir-se, mas o fato é que fiquei emocionada ao ver que eles pareciam estar respondendo. A luz no rosto de uma criança quando você entra na sala é uma coisa preciosa – é difícil explicar o quanto esse olhar é ainda mais especial quando vem de crianças que raramente respondem a seu meio ambiente.

Talvez estivesse aí a razão de ser tão difícil, para mim, perceber que Whitney nem parecia se dar conta da minha chegada, e que, na verdade, tentava sair correndo da sala assim que eu entrava. A sra. Lud tinha de correr atrás dele e fechar a porta para que ele não fugisse de novo. Quando ela o pegava, ele descia as calças e urinava nela. Quando Whitney expressava seus sentimentos através de ações aos dois ou três anos, era mais fácil pegá-lo e não deixá-lo escapar. Agora, aos cinco anos, ele estava ficando grande demais. Era muito menos aceitável receber um jato de urina de uma criança que não usava fraldas. Quando Whitney era mais novo, era difícil descobrir a causa de seus acessos de raiva, pois não parecia haver nada que o aborrecesse a ponto de deflagrar as crises. Porém, quanto mais ele crescia, mais intencionais pareciam ser seus acessos. Naqueles dias, suas explosões tendiam a ser destrutivas. Quando ele mordia, chutava, urinava, rasgava livros ou arrancava desenhos das paredes, esses atos pareciam propositais, ao contrário da impressão que passavam quando ele ainda estava começando a andar. Nenhum castigo funcionava com ele. Tudo que eu podia fazer era agradecer à sra. Lud por ser tão paciente.

Nos dez minutos que levei para chegar ao meu consultório naquele dia, pensei: *Por que estou fazendo isso? Estou ajudando todos, menos Whitney.*

Enquanto isso, a vida na nova casa também não estava nada fácil. Eu achara ótimo que, pela primeira vez, meus três filhos teriam um quarto para cada um. Na casa anterior, para que Whitney pudesse ter seu próprio espaço, William e Vanessa dividiam o mesmo quarto. Deixei que as crianças escolhessem suas novas camas. Vanessa escolheu uma cama com dossel, e William preferiu uma cama com rodinhas, que se encaixava sob outra, o que lhe permitia convidar alguns amigos para dormir em nossa casa. Para Whitney, compramos uma cama de carro de bombeiro, pois ele adorava o carro de bombeiro de brinquedo que havia no parque em frente de casa.

Fiz da montagem dessa cama um grande projeto familiar. Colocamos decalques nela, e a enfeitamos com folhas de papel vermelho. Whitney nem tomou conhecimento. Na verdade, andou pelo quarto sem demonstrar o menor interesse pela coisa toda. E então ouvimos um grito e um baque no quarto ao lado. Corremos para lá e encontramos Whitney deitado no centro da nova cama de Vanessa, com o delicado dossel pendendo, solto, das armações de madeira que o sustentavam. Ele havia subido por uma das armações e soltara o corpo sobre o dossel.

Eu queria torcer o pescoço dele. Tínhamos passado tantas horas armando e enfeitando a cama dele, e tudo que ele fazia era destroçar a da irmã. Mas Vanessa e William se limitaram a gargalhar quando viram Whitney caído ali, com um olhar profundamente infeliz.

Whitney se metia em tudo nessa época. William e um amigo tinham descoberto um espaço por onde dava para entrar rastejando no sótão da garagem, e ali, com uma pilha de caixas, construíram uma torre de brinquedo pela qual podiam subir para brincar num pequeno forte que haviam construído na parte de cima. Whitney deve tê-los visto fazendo isso. Certo dia, ao voltar do trabalho, vi que ele estava perigosamente equilibrado sobre uma das caixas da torre, prestes a cair. Fiz William desmontar a torre e mandei fechar o espaço por onde podiam rastejar.

Eu ficava surpresa ao constatar que William e Vanessa não tinham suas próprias crises de nervos nem ficavam irritados quando Whitney destruía seus quartos ou acabava com suas diversões. Não sei por que não se aborreciam. Talvez fosse porque, àquela altura, estava muito claro que havia algo de errado com seu irmãozinho, e que seria errado irritar-se com ele. Mas eu estava cada vez mais preocupada com a necessidade de dar mais atenção aos dois e não permitir que o comportamento de Whitney destruísse a infância deles. William e Vanessa raramente traziam amigos para brincar depois das aulas. Quando o faziam, eu precisava me certificar de que Whitney teria alguém ou alguma coisa que o mantivesse ocupado. Tentei descobrir coisas que Whitney conseguisse tolerar e, quando era bem-sucedida, repetíamos freqüentemente a atividade em questão. Por exemplo, ele aparentemente gostava de ir a um lugar chamado King's Island, um grande parque temático com montanhas-russas, rodas-gigantes e pessoas vestidas como personagens de histórias em quadrinhos. Precisávamos ficar o tempo todo de olho nele e, às vezes, correr atrás dele, mas era um passeio que agradava a todos, e comprei um bilhete para toda a temporada.

Eu também estava tentando conseguir ajuda, para que não precisasse fazer tudo sozinha. Vivíamos nos revezando como babás, pois Tammi se casara e mudara com o marido para Minneapolis. Eu não encontrara ninguém para cuidar de Whitney depois que ele voltava da escola. Entrevistei um grande número de candidatas, tentando encontrar alguém que lidasse bem com ele, que se ajustasse aos meus horários e também pudesse dar algum apoio a William e Vanessa. Eu também queria alguém que pudesse ser útil no consultório, porque as três crianças ainda tinham terapia depois da escola e faziam suas lições de casa perto de mim. O fato de tê-los a meu lado no consultório me fazia sentir que estávamos juntos quando as atividades escolares chegavam ao fim e eu ainda podia trabalhar um pouco antes de ir para casa.

Eu sempre tentava dedicar um tempo especial a Vanessa e William, para que eles não se ressentissem da atenção extra que Whitney exigia. Eu não os havia matriculado na Academia Columbus somente pela qualidade do ensino – queria também que eles pudessem ficar um pouco distantes da pressão que sofriam em casa por causa de Whitney. Havia uma grande variedade de programas para o período pós-escolar, e matriculei-os em todos: teatro, artes, esportes. Entre as atividades depois da escola e a vinda para meu consultório para "trabalhar" e brincar, eu achava que eles tinham um distanciamento temporário de Whitney que os ajudava a lidar melhor com ele quando estivéssemos todos em casa. Um dos motivos pelos quais decidi dar atendimento privado depois que o hospital fechava se devia ao fato de saber que a maioria de meus pacientes gostaria de ter sessões à tarde ou no fim do dia. Depois que o trabalho terminava ou que as atividades escolares se encerravam, eles podiam se consultar comigo antes de irem para casa à noite. Isso me deixava com as manhãs livres para me preparar para as sessões ou fazer trabalho voluntário nas escolas de meus três filhos.

Naquele ano, alistei-me como mãe voluntária para trabalhar junto à sala de Vanessa. Como parte de minha participação, eu havia criado o "dia da mãe voluntária na sala de aula". Isso me permitia lecionar na classe de Vanessa uma vez por mês. A classe dela ficava ao lado da de William, e eu então podia observar ou desenvolver atividades em ambas as salas. Trabalhando em conjunto com as outras mães, eu criava eventos temáticos para várias festas escolares, além de desenvolver projetos especiais, relacionados ao que eles estivessem estudando no momento. Por exemplo, quando eles estavam lendo os livros de Tommy Paola ou William Steig, eu pedia que minha arte-terapeuta criasse máscaras dos personagens dos livros, ou que pensasse numa seqüência de figuras que as crianças pudessem colorir para criar murais, o que tornava as aulas mais interessantes e proveitosas.

No ano seguinte, trabalhei como mãe voluntária na sala de William. Ao atuar nas salas de aula de meus dois filhos, além de oferecer meu trabalho como mãe voluntária da escola por todos os anos que eles passaram na escola elementar, pude compartilhar com eles todas as suas experiências escolares, relacionar-me com seus professores e colegas de classe, compreender o ambiente escolar e adquirir a capacidade de formar expectativas.

Em janeiro, convidei as quarenta crianças das classes de William e Vanessa para passar uma noite festiva em nossa casa. Tudo correu bem, e consegui evitar que Whitney se metesse em confusões. Depois, quando Vanessa e eu começamos a servir o café da manhã, Whitney apareceu usando sua camiseta amarela favorita e mais nada.

Antes que eu conseguisse levá-lo para cima, as amigas de Vanessa começaram a dar risadinhas e a apontar para Whitney. A visão de um menino bonitinho de cinco anos andando por ali sem roupa de baixo foi um acontecimento. Enquanto eu subia com ele pela escada, ouvia as meninas provocando Vanessa.

"Que estranho!", diziam aos gritos.

Senti uma pontada de raiva. Tinha me empenhado ao máximo em preparar uma festa maravilhosa, e a única coisa que aquelas crianças sabiam fazer era ridicularizar Vanessa pelo comportamento de seu irmão. Senti vontade de gritar com elas, de dizer-lhes que estavam sendo mal-educadas, mas reprimi minha reação inicial porque sabia que elas não tinham consciência do que estavam dizendo. Aquelas crianças não sabiam que havia alguma coisa errada com Whitney. Nem mesmo Vanessa sabia.

Eu podia ouvi-la tentando minimizar o incidente. "Meu irmão é assim mesmo." Mas meu coração estava cheio de angústia.

Hoje, quando conta essa história, Vanessa ri e diz: "Quando Whitney era criança, acho que pensava que só devia usar uma peça de roupa por vez – ou cueca ou camiseta."

Todos haviam se divertido, mas eu achei que da próxima vez deveria planejar as coisas de outra forma. Em maio, quando se comemorava o aniversário da escola de William, em vez de levar doces e bolos para a sala de aula, eu organizei uma jornada de pesquisa científica sobre o cérebro em meu novo consultório no Metro Medical Park. Era como se eu precisasse provar a mim mesma que podia oferecer experiências especiais a William e Vanessa, para que eles não sentissem que sua infância estava sendo destruída devido à enorme atenção exigida por Whitney.

A Academia Columbus permitiu que as turmas de Vanessa e William fizessem, de ônibus, o trajeto de quarenta minutos até meu consultório. Nunca vou me esquecer do olhar de William quando o ônibus escolar chegou e ele viu, na frente do edifício, uma faixa com os dizeres "Bem-vindos à jornada científica do aniversário da escola de William". Ele ficou todo empolgado, sentindo-se muito especial.

Àquela altura, minha oficina de linguagem já estava pronta, com computadores, artes e material audiovisual para criar diferentes maneiras de desenvolver a capacidade lingüística dos alunos. Tínhamos quatorze laboratórios de simulação, entre os quais um laboratório de arte, espaço para terapia, sala de computadores, sala de leitura, oficina de redação, laboratório de excelência executiva, sala de exercícios mentais, salas de observação para os pais e salas para a simulação de aulas escolares. Esses laboratórios eram o ponto culminante das "oficinas sobre o funcionamento do cérebro" que eu já vinha desenvolvendo há algum tempo para as crianças do projeto *Head Start* e usando em casa com Whitney.

As crianças circulavam por estações diferentes, e em cada uma delas recebiam impressos sobre a "fala infantil", explicando o funcionamento de determinada parte do cérebro. Mary – que ficava na sala principal – e outras mães dirigiam as estações, e alguns pais e membros de minha equipe também se ofereceram para ajudar. Meu golpe de mestre havia sido conseguir que meu tio Don, um especialista em informática que trabalhava para os laboratórios Sandia, de Albuquerque, montasse toda a estação de computadores.

No laboratório de artes, as crianças brincavam com jogos de memória visual; em outra área, o tio Don fazia demonstrações de como os jogos de computador podem ajudar a fortalecer a rapidez de pensamento. Minha assistente administrativa, que era cantora de ópera, ensinava canções e pedia às crianças que completassem as letras, para trabalhar com elas a memória verbal e a rememoração verbal. Estava ensinando "Jelly Man Kelly", de James Taylor. Os alunos ficavam num pequeno palco, com porta-partituras, como se estivessem no Carnegie Hall.

A atividade mais popular era a Sala de Cinema e Dança. Um amigo meu havia criado a primeira grande tela de TV para ser usada em exercícios de barras, e instalou uma no teto de nossa oficina. Em seguida, pusemos em uma das paredes um espelho que ia do teto ao assoalho. Com essa estrutura, podíamos passar filmes na tela do teto de tal modo que suas imagens se refletissem no espelho. Eu dirigia essa estação, com um astro do rock e "Brer Rabbit" cantando "Zip-A-Dee-Doo-Dah" em uma fita da Disney. As crianças aprenderam a fazer *break-dance* e, quando olhavam para o espelho, era como se elas próprias estivessem no filme.

Eu cronometrava o tempo de duração das atividades em cada estação de modo que as crianças, divididas em dez grupos de quatro, sempre encontrassem uma estação livre para entrar e brincar. Os impressos explicavam a memória visual ou auditiva, a atenção visual ou qualquer outra aptidão que estivesse sendo trabalhada pelo laboratório. Quando a festa terminou, cada criança ganhou um doce enorme da "vovó de Will" (minha mãe), decorado com um grande "W", de William, e um livro que explicava o funcionamento do cérebro. Elas partiram alegres e saltitantes. A sra. Green, que era a professora de Vanessa e havia acompanhado as crianças por todos os laboratórios, disse: "Além de ter sido tudo muito divertido, foi a excursão de estudos mais instrutiva que já vi até hoje."

"Eu mesma sinto que mudei como professora depois de ter participado dessa festa", respondi. "Sempre tenho alguma coisa a ganhar quando observo de que modo o cérebro jovem aprende."

Fiquei muito feliz quando a sra. Green acrescentou: "Eu não havia me dado conta de como alguns de nós pensam por meio de imagens visuais, e alguns por meio de palavras." Depois de passar por todos os laboratórios e ler todos os impressos, ela percebera a diferença entre pensadores visuais e verbais.

Minhas idéias estavam sendo entendidas e bem recebidas! Eu precisava desse apoio – a nova prática era o resultado de tanta luta que foi maravilhoso ver tudo em que eu acreditava começando a ser direcionado para tão excelentes fins. Eu estava encantada com o sucesso que havia sido aquele dia, e muito feliz com a presença das classes de Vanessa e William, o que me permitira conhecer melhor todas as crianças.

Vanessa, William e eu tínhamos adquirido o hábito de fazer "conferências noturnas" antes de irmos para a cama. Levávamos alguns cobertores e nos instalávamos ao pé da escada, de onde eu podia observar as andanças de Whitney pela casa, quase sempre ocupado com alguma coisa ou, às vezes, terminando por vir juntar-se a nós. Revisávamos o dia, e, agora que eu já conhecia os colegas deles, era muito mais fácil incentivá-los a contar os acontecimentos.

Hoje, quando penso naquele primeiro ano em Dublin – lutando para fazer com que Whitney se adaptasse à escola, dando tudo de mim para garantir o bem-estar de William e Vanessa, sem falar do meu empenho para que tudo desse certo também no meu trabalho profissional, e de minha tentativa de dar pelo menos uma aparência de normalidade à loucura que era nossa vida –, quando me lembro de tudo isso, tenho a sensação de que eu estava afundando. Minha amiga, a pediatra que havia me convidado a instalar meu novo consultório em Dublin, era uma das poucas pessoas que percebiam o desvario de minhas idas e vindas o suficiente para se dar conta do meu desespero. Fazia anos que ela me conhecia, e tinha começado a perceber que eu vinha me transformando numa sombra da antiga Cheri. A jovem cientista, antes tão solicitada pela televisão e freqüentemente convidada a participar de congressos e conferências como oradora principal, já não parecia a mesma pessoa, empenhando-se apenas em impedir que seu consultório particular afundasse também.

Certa tarde, ela entrou na minha sala e insistiu em que fôssemos almoçar juntas. Enquanto trocávamos idéias sobre o trabalho, as crianças, o tempo etc., eu me dava conta de como era estranho estar ali, conversando amigavelmente com uma pessoa adulta. Percebi o quanto eu deixara de sair socialmente. Meus ombros começaram a relaxar, e fui me sentindo aliviada de uma tensão da qual eu nem tinha consciência.

Quando já estávamos no meio da salada, ela se curvou para mim e disse: "Cheri, você sabe que me importo muito com você."

A tensão voltou. Preparei-me, pois sabia muito bem o que viria a seguir.

"Você precisa pôr Whitney numa escola especial para autistas. Essa situação está acabando com você, para não falar dos efeitos sobre Vanessa e William."

Não respondi.

"Seus dois outros filhos não estão vivendo. Estão fazendo tudo que podem para ajudar o irmão. E isso não é uma infância normal. Você vai levar a família toda à ruína. Você é separada, seus filhos estão se transformando em terapeutas do irmão – eles são novos demais para esse tipo de responsabilidade, e você já não parece ser aquela amiga saudável, estimulante, provocante e espirituosa que eu prezava tanto. Se você desmoronar, tudo o mais irá também por água abaixo."

Meu sangue subiu à cabeça, e eu mal ouvia o som de sua voz. Disse a mim mesma que ela era minha amiga e só queria o melhor para mim. Mas não conseguia imaginar que ela soubesse, de fato, o que vinha se passando comigo. Ela estava ali sentada, magra, com um belo vestido de grife, e sua maior preocupação era saber se acompanharia ou não o marido cirurgião a um congresso no Havaí. E ali estava eu, gorda, com roupas amassadas que já não me serviam muito bem, mal sabendo em que dia da semana estávamos, preocupada com o buraco que vinha se abrindo à minha volta. Minha nova carreira mal dava para nos sustentar, embora eu tivesse esperança de que ela ainda pudesse deslanchar. Os prognósticos de melhora de Whitney eram quase inexistentes, e William e Vanessa precisavam de pai e mãe naqueles anos críticos de sua formação escolar. Ela tinha razão. O peso da responsabilidade que eu vinha trazendo em meus ombros era demais para uma só pessoa.

Eu sabia que ela estava tentando ajudar. Forcei um sorriso e tentei dar a impressão de estar muito atenta ao que ela dizia.

"Você vai ter dois filhos maravilhosos – desde que abra mão de Whitney. Se não fizer isso, acabará tendo três grandes problemas."

Eu não sabia o que dizer. Por que era tão terrível tentar fazer com que Whitney fizesse parte do nosso mundo? Por que isso haveria de ser alarmante e ameaçador para as pessoas? Eu sabia que Vanessa e William estavam perdendo algumas oportunidades, mas estava trabalhando muito para mantê-los na Academia Columbus, para que também pudessem viver uma parte de suas vidas separados de Whitney. Acreditava que o fato de ajudarem o irmão iria transformá-los em pessoas fantásticas e generosas. Será que estava errada?

Quando me lembro de incidentes como esse (embora naquele momento eu possa ter desejado fuzilar a pessoa em questão), percebo que eles serviram muito mais para fortalecer minha decisão do que para me fazer desistir de meus planos. Na ocasião dessa conversa em particular, eu estava começando a duvidar da minha capacidade de seguir em frente. Estava tentada a tomar o caminho mais fácil – minha vontade de continuar trilhando o árduo caminho desconhecido começava a fraquejar. Bastava apenas que alguém tentasse me convencer – só que o resultado não foi o que minha amiga esperava.

Ao voltarmos para o consultório, ela disse: "Você está aborrecida, não? Eu não quis ferir seus sentimentos, quis apenas ajudar."

Eu estava tão furiosa que a encarei e disse: "Se eu não for capaz de resolver os problemas dele com meus conhecimentos profissionais, vou *arrancá-los* dele à força."

Ela olhou para mim, chocada. "Percebe o que estou querendo lhe dizer? Você está perdendo o juízo! Não se pode *arrancar* o autismo de ninguém!"

Olhei fixamente para os olhos dela e disse, lentamente, deliberadamente e cheia de convicção: "Quer apostar? Pois espere e verá."

7.
Um exercício de prevenção contra incêndios

Eu já não falava de Whitney com ninguém. Em vez disso, levantava às cinco da manhã e me exercitava na esteira por uma hora. Nos primeiros trinta minutos, fazia uma "reunião mental". Li uma biografia de Charles Dickens, escrita por seu filho, que descrevia como Dickens discutia com seus personagens sobre seu comportamento e seus atos. Dickens só dava prosseguimento à narrativa quando sabia muito claramente o que seus personagens fariam ou deixariam de fazer, um conhecimento que adquiria por meio desse debate com eles. Dickens sentia que os livros por eles escritos não eram realmente dele; pertenciam aos personagens pelos quais se deixava tomar. Ele era simplesmente um canal para os que habitavam suas histórias.

Minhas reuniões mentais vinham assumindo as mesmas características: dentro de minha cabeça, o debate prosseguia dia após dia, e eu tinha a sensação de que as vozes vinham de outras pessoas, pois muitas das idéias sobre o que fazer em seguida se assemelhavam a coisas em que eu não teria pensado. "Afaste-se de todos." "Fique junto de seus filhos." "Não fale sobre Whitney com professores ou pacientes." "Desligue a TV. Não escute rádio no carro. Não vá ao cinema. Não coloque CDs. Fique calada." "Não leia revistas ou jornais. Sente-se na banheira e pense. (...) Nós lhe diremos o que fazer para ajudar Whitney. (...) Confie em nós – participe dessas reuniões e nós lhe mostraremos o caminho para a solução que está procurando." Sei que isso parece estranho, mas também sei que não eram alucinações auditivas, pois sabia comportar-me socialmente e controlar os sons que ecoavam dentro do cérebro. Sabia que as diferentes vozes eram uma maneira de escolher entre várias opções e percepções.

Apesar de minhas tentativas de "arrancar" o autismo de Whitney, ele continuava mordendo as pessoas e urinando nelas. Estava tendo crises durante as quais golpeava a cabeça e balançava o corpo. Tirava todas as roupas, destroçava livros e jogava coisas nas outras crianças de sua classe. Minha atitude absurdamente otimista não estava nos levando a lugar algum. Não havia muito de positivo em que eu pudesse me apoiar.

Estava achando que nosso tempo na escola Chapman havia chegado ao fim quando recebi uma ligação para ir pegar Whitney. "Não está dando certo", disse o coordenador, irritado. Corri para lá, imaginando o pior. Quando cheguei, Whitney estava sentado na mesa do diretor, comendo um cachorro-quente com fritas e sorrindo.

O diretor olhou para mim, cheio de orgulho. "A tempestade passou", disse. "Ele começou a ter uma crise na lanchonete quando estávamos tentando organizar a classe para o almoço. Coloquei esse lanche numa bandeja e consegui fazer com que ele me seguisse. Acho que o problema foi o barulho e o caos na lanchonete."

Como podia Whitney sentir-se incomodado pelo barulho se não ouvia nada? Eu vinha refletindo sobre isso já havia algum tempo.

Enquanto isso, o diretor estava tão encantado com o fato de ter conseguido mantê-lo sob controle que desculpou Whitney por toda a confusão.

Eu já estava exausta de tentar descobrir o que provocava a maioria dos acessos de raiva de Whitney. As causas das crises só ficavam evidentes para mim quando alguém estava tentando levá-lo a fazer algo que ele não "entendia" – isto é, quando eu acreditava que ele não estivesse entendendo o que lhe pediam – ou quando o pedido conflitava com a imagem mental do que ele previa que fosse acontecer em seguida. Por exemplo, quando fazíamos com que ele parasse de assistir a um filme, ou que saísse conosco em algum horário cujo porquê não conseguíamos lhe explicar, ou quando lhe pedíamos para calçar sapatos que ele não queria usar. Às vezes, parecia que ele já estava mergulhado em algum tipo de "plano Whitney", e que qualquer interferência nesse plano indecifrável levaria a uma crise. Mas eu diria que na maior parte dessas crises, que aconteciam várias vezes ao dia, não se verificava a repetição de nenhuma lógica que eu pudesse perceber. Eu não conseguia imaginar como o barulho podia ser uma causa. Afinal, eu podia berrar em seus ouvidos sem que ele movesse um músculo. Ele levantava o rosto em minha direção como se quisesse mais – como se quisesse sentir a vibração nos ossos de sua cabeça. Durante aquelas reuniões mentais, refleti muito sobre o que poderia estar acontecendo com seu sistema auditivo, mas não cheguei a resposta alguma.

Pouco antes do *Halloween*, a escola de Whitney instalou um novo sistema de alarme contra incêndios e começou a fazer exercícios de prevenção regulares. Assim que o alarme soou no dia do primeiro exercício, Whitney começou a arrasar com a sala de aula. Tirava os brinquedos de suas caixas e arrancava coisas das gavetas. Quando a sra. Lud tentou acalmá-lo, ele começou a agitar o corpo, mordendo e chutando qualquer pessoa que se aproximasse dele. As outras crianças já estavam em fila para sair, mas a sra. Lud não sabia o que fazer com Whitney. Os bombeiros tentaram fazê-lo sair da sala, mas, como não queriam pegá-lo à força, acabaram dizendo à professora que o deixasse lá dentro mesmo e trancasse a sala. Só fui saber disso anos depois, quando a sra. Lud me contou, numa época em que Whitney já estava muito melhor. Ela me contou a história para lembrar-me de quão longe tínhamos chegado, e tive de concordar com ela. Ela não me disse quantas vezes tiveram de recorrer àquele expediente, e eu não quis pensar no assunto anos depois, quando esse tipo de coisa já havia ficado para trás. O que Whitney pensava ou sentia durante aquelas crises de nervos continuará sendo um mistério. Hoje, ele não tem a menor lembrança de ter estado naquela escola.

A única coisa que a sra. Lud me contou na ocasião foi que Whitney ficou enfurecido quando o alarme soou. Devo admitir que fiquei mais fascinada que preocupada. Eu estava acostumada com os acessos de raiva de Whitney, e já havia presenciado muitos deles. Mas nunca uma dessas crises fora deflagrada por som alto. Como vim a saber mais tarde, ele enlouquecia toda vez que faziam um exercício contra incêndio.

Estaria aí mais uma prova de que Whitney tinha um cérebro hipo-híper – um sistema sensório que se superexcitava e arrefecia sob impulsos de momento? Eu já bombardeara demais seu sistema auditivo. Será que o fato de ele ficar balançando o corpo e golpeando a cabeça era resultado de excesso de estímulos? Quando ele se sentava num canto e ficava olhando para o nada, como se estivesse em coma, estaria também se fechando em reação a algum estímulo? Talvez nesse funcionamento hipo-híper estivesse o porquê de seu comportamento chegar a tais extremos.

As teorias eram abundantes nas minhas reuniões matinais. Minha cabeça fervilhava de idéias novas sobre como ajudar Whitney. Além de refletir sobre como esse funcionamento hipo-híper poderia estar causando seus acessos de raiva, comecei a pensar que ele estava destinando os recursos de processamento de seu cérebro unicamente para o pensamento visual, sem destinar quaisquer recursos à via auditiva. Em outras palavras, talvez seu sistema de processamento visual estivesse sobrecarregado, e seu sistema de processamento auditivo não estivesse trabalhando o suficiente. Supõe-se que esses dois sistemas funcionem conjuntamente para assimilar e processar relações som-símbolo para a audição, leitura, fala, escrita e pensamento. Se estivessem em desequilíbrio, não seria essa a causa dos problemas de Whitney com o desenvolvimento da linguagem?

Por volta de fevereiro de 1991, achei que as aptidões de Whitney haviam melhorado o suficiente para que ele pudesse ser novamente testado. Estava ansiosa por testar minha teoria sobre sua baixa capacidade auditiva e sua alta capacidade visual.

Resolvemos usar o Teste de Aptidões Psicolingüísticas de Illinois (ITPA). O ITPA era usado como instrumento para determinar a que as crianças podiam responder melhor: aos sons da linguagem ou aos símbolos da linguagem. Aprendi a aplicá-lo quando era pesquisadora na Universidade de Memphis e trabalhava em um projeto financiado pelo Ministério da Educação dos Estados Unidos, usando caracteres rébus para ensinar técnicas de leitura a crianças pobres de Tennessee, Arkansas e Mississippi.

Os autores do ITPA, John Paraskevopoulos e Samuel Kirk, desenvolveram o teste porque defendiam um ponto de vista contrário ao que então predominava – e ainda hoje é muito aceito –, isto é, que a inteligência geral era a soma das partes, a mesma filosofia que estava por trás do teste ao qual Whitney foi submetido pelo distrito escolar de Dublin.

Acho que Paraskevopoulos e Kirk defendem muito bem a necessidade de uma concepção diferente desse tipo de teste. Eles explicam que os testes de inteligência começaram com um francês chamado Alfred Binet, que criou um teste para avaliar as funções neurocognitivas que observava em crianças deficientes. Binet trabalhou na teoria de que, uma vez identificadas as áreas fracas nos quesitos pensamento, vocabulário, atenção, memória ou solução de problemas, seria possível criar experiências escolares capazes de treinar as aptidões e melhorar o QI. Nos primórdios do século XX, Binet criou uma escola de "ortopedia mental" para ajudar as crianças a melhorar seu desempenho cerebral. Contudo, quando os psicólogos norte-americanos importaram os instrumentos do teste de Binet para os Estados Unidos, eles não se interessavam pelos resultados individuais; pelo contrário, viam a inteligência como o somatório dos resultados de todos os testes. Acreditavam que as pessoas nascem com certo nível de "argúcia", e que a soma dos resultados refletia essa aptidão herdada. Além disso, achavam que o QI não pode ser alterado por meio de educação ou instrução – uma idéia que persiste até hoje. Os psicólogos norte-americanos combinaram os resultados dos subtestes a fim de obter um resultado composto, e isso era utilizado para colocar as pessoas em categorias como média, superior ou de baixo desempenho.

Para Kirk e Paraskevopoulos, porém, usar os testes dessa maneira não era útil para um professor ou terapeuta. Esses dois psicólogos estavam insatisfeitos com o uso de resultados compostos, pois haviam descoberto que muitas crianças classificadas como retardadas mentais revelavam amplas discrepâncias em suas aptidões. Várias crianças tinham deficiências bem específicas em algumas áreas, enquanto outras áreas eram normais ou fortes. Eles criaram o ITPA para avaliar os processos psicolingüísticos necessários para levar informação à memória, ajudando, assim, a pensar e a aprender. Eles se referem a esses processos como "rotas de comunicação", explicando que é melhor avaliar cada uma delas como sistemas de processamento distintos. As rotas de comunicação incluem o processamento da linguagem receptiva*, o processamento da linguagem expressiva e o processo mental interno de organização e interpretação.

Os autores do ITPA não aprovariam os testes aos quais Whitney fora submetido na escola em Dublin porque eles eram avaliados juntando-se todos os resultados e usando o resultado composto para representar um QI estático e unitário. O que eu aprendi foi procurar forças e fraquezas no interior e no cruzamento dos subtestes a fim de determinar um objetivo para o treinamento, assim como Binet havia feito com seu teste de QI original há cerca de cem anos.

Pedi a minha terapeuta que aplicasse alguns dos subtestes do ITPA em Whitney enquanto eu observava em nosso centro de monitoramento de vídeo. Ele estava com cinco anos e quatro meses e foi assim avaliado:

....

* Linguagem receptiva é o conjunto de símbolos lingüísticos que alguém é capaz de compreender; já a linguagem expressiva é o conjunto de símbolos lingüísticos que alguém é capaz de usar ativamente para expressar suas próprias idéias. (N. do R.)

SUBTESTE	OBJETIVO	IDADE MENTAL DE WHITNEY (EM ANOS E MESES)
MEMÓRIA SEQÜENCIAL AUDITIVA	Avalia a capacidade de armazenar informações na memória verbal do cérebro quando há um significado mínimo envolvido, pedindo-se à criança para lembrar uma seqüência de números (não de palavras).	3,5
RECEPÇÃO AUDITIVA	Avalia a capacidade de decodificar sentenças com vocabulário de dificuldade crescente, sem aumento da dificuldade gramatical, usando-se perguntas com resposta "sim" ou "não". Por exemplo: "Os cachorros comem?" "Os ponteiros de relógio bocejam?" "Os carpinteiros se ajoelham?" "Os pássaros sem asas voam a grande altura?"	3,5
ASSOCIAÇÃO AUDITIVA	Avalia a capacidade de perceber relações em analogias verbais; este teste requer atenção auditiva ao detalhe. Por exemplo: "A grama é verde. O açúcar é _____ (doce)."	3,3
CLOSURE* GRAMATICAL	Avalia a capacidade de utilizar universais lingüísticos para prever a forma gramatical. Exemplo: "Aqui está um cachorro. Aqui estão 2 cachorros _____ (latindo). Os cachorros gostam de latir. Aqui está ele, _____, (latindo)."	2,6
MEMÓRIA SEQÜENCIAL VISUAL	Avalia a capacidade de armazenar informações na memória visual do cérebro ao reproduzir séries de azulejos simbólicos em ordem seqüencial, de memória, depois que a seqüência foi mostrada.	6,2

continua

....

* O termo *closure* remete à capacidade de apreender rapidamente alguma coisa (por exemplo, adivinhar uma letra ou um desenho não plenamente esboçados, ou substituir uma estrutura percebida por outra, diferente da que foi anteriormente apresentada). (N. do T.)

SUBTESTE	OBJETIVO	IDADE MENTAL DE WHITNEY (EM ANOS E MESES)
RECEPÇÃO VISUAL	Avalia a capacidade de formar sentido a partir de imagens. Por exemplo, mostra-se à criança a imagem de uma lâmpada e, em seguida, uma imagem com quatro objetos: uma lâmpada (diferente da primeira que foi mostrada) e outros três objetos, e a criança deve apontar para a resposta certa (a lâmpada diferente).	5,0
CLOSURE VISUAL	Avalia a capacidade de identificar objetos como, por exemplo, tipos diferentes de peixes ou cachorros em uma imagem oculta, cronometrando-se a duração da atividade.	4,6
ASSOCIAÇÃO VISUAL	Avalia a capacidade de perceber relações em analogias visuais, como: "Uma raquete de tênis combina com uma bola de tênis, de modo que um bastão de beisebol combina com _____" e a criança tem quatro escolhas.	5,6

Quando as crianças submetidas ao teste apresentam grandes diferenças entre o resultado do processamento auditivo e do processamento visual, diz a teoria que para elas será difícil alcançar integração auditiva e visual. Em outras palavras, esses dois sistemas dificilmente trabalharão em conjunto, como se presume que devam fazer. Para ler de maneira eficiente, uma criança deve converter imagens visuais (os símbolos impressos) em imagens auditivas (os sons da língua), dando-lhes significado. Para fazer essa conversão, o sistema visual (que decodifica os símbolos gráficos) deve funcionar em conjunto com o sistema auditivo (que decodifica os sons da língua).

Para a maioria de nós, o significado de uma palavra vem do modo como ela *soa*, e não daquilo com que ela se *parece*. Vejamos, por exemplo, os seguintes conjuntos de palavras:

Xarope
Exame
Auxílio
Anexo
Hexâmetro

"Xarope" começa com a letra *x*, representando o som /x/. Em "exame", porém, o *x* tem som de /z/. Em "auxílio", onde também há um *x*, o som é de /ss/. Já em "anexo", o *x* vale por /ks/, e por /kz/ em "hexâmetro." Desse modo, só podemos pronunciar uma palavra ou decodificar seu significado depois de convertermos seu símbolo escrito em um som. A maioria de nós converte automaticamente uma palavra em seu equivalente auditivo (seu som) para poder pronunciá-la e saber o que ela significa. Nós "a dizemos para nós mesmos". É essa, pelo menos, a tendência dos indivíduos verbais ou das pessoas dotadas de um sistema auditivo-visual integrado. Tente ler sem "ouvir" as palavras em sua cabeça.

    O fato de Whitney se sair tão bem em seu teste de memória seqüencial visual foi muito estimulante para mim. Pelo menos pude perceber, a partir daí, que ele dispunha das aptidões visuais para codificar e decodificar informações. Eu sabia que essa era uma função importante para a leitura. Portanto, embora ele quase não tivesse condições de ser submetido a testes, pareceu-me significativo que tivesse ido bem nesse teste específico. E o fato de ter simplesmente conseguido fazer os testes significava que ele não era retardado, mas se desenvolvia de modo bastante peculiar. Sua memória visual funcionava, e aí estava a chave para ensinar-lhe coisas. A comprovação de suas aptidões visuais já não se baseava exclusivamente em meus relatórios. Aquele teste foi o começo do apoio de que eu necessitava para entender o sistema de pensamento de Whitney, um sistema totalmente destituído de palavras. Se eu conseguisse desenvolver aquele sistema, Whitney poderia encontrar o caminho para sair de seu mundo silencioso.

Enquanto tentava desesperadamente colocar Whitney naquele programa educacional para crianças deficientes, eu escrevia muitas coisas sobre sua "fala" nos relatórios que enviava à escola. Ele havia começado a emitir sons desde o dia em que gargalhara com uma das cenas de *Branca de Neve e os sete anões*. Vanessa, William e eu tentávamos nos convencer de que ele estava dizendo palavras quando imitava nossas brincadeiras. Para ser franca, ninguém identificaria palavras naqueles sons. Ele emitia-os quando tentávamos fazê-lo engajar-se em brincadeiras produtivas com bonequinhos de Playmobil. Achávamos que ele estava se comunicando, mas, infelizmente, era mais consigo mesmo do que conosco. Eu sentia que o significado não era indicado pelos sons, mas sim pelo contexto. Por exemplo, se estivéssemos brincando com um jogo da Disney e ele pegasse o pato Donald e emitisse um som, sabíamos que ele tentara dizer "pato"; se apontasse para o caminhão de bombeiros, achávamos que queria dizer "caminhão". Porém, se ele não estivesse brincando com esses jogos, tais "palavras" não eram identificáveis; não ficavam claras nem para seus professores nem para qualquer outra pessoa. Soavam mais como grunhidos ou balbucios.

Às vezes penso que uma das coisas que me levaram a escolher a fonoaudiologia como profissão foi minha antiga obsessão pela história de Helen Keller. A história de como Annie Sullivan trabalhou incansavelmente, sem jamais desistir, convencida de que encontraria um jeito de abrir caminho até a mente de Helen sempre me tocou profundamente. A passagem em que Annie consegue pela primeira vez ensinar a Helen a palavra "água" me fez sentir calafrios na espinha. E agora, aqui estou eu, tentando fazer a mesma coisa com Whitney – procurando descobrir um jeito de ensinar palavras a meu filho.

Ainda que eu estivesse convencida que Whitney estava dizendo "Mickey" quando pegava um boneco de Mickey e emitia um som, eu precisava encontrar um jeito de fazer ele usar a linguagem para se comunicar. Assim, além de trabalhar sua fala, já que ele era tão visual, resolvi descobrir maneiras de levá-lo a reconhecer os nomes das coisas visualmente. Em outras palavras, precisava encontrar um jeito de fazê-lo reconhecer nomes de coisas usando indícios visuais.

Resolvi começar com coisas que tinha certeza de que ele conhecia. Por exemplo, ele ficava alvoroçado ao ver lugares como Wendy's* ou McDonald's porque sabia que ali havia batatas fritas – uma das coisas que ele mais gostava de comer. Pensei que talvez pudesse levá-lo a associar a imagem da Wendy's ao logotipo correspondente, que aparecia no saquinho de batatas.

Comecei a criar os "Livros de Whitney" – quadros magnéticos, álbuns de fotos e adesivos cheios de imagens com os logotipos ou palavras correspondentes. Juntei logotipos e imagens de todas as coisas com que Whitney estava familiarizado em seu dia-a-dia: todos os membros de nossa família com os respectivos nomes ao lado; fotos das mercearias ao lado dos logotipos da Kroger's e do Big Bear; rótulos dos biscoitos Cheerios, caixas de leite. Em cada item havia uma imagem e uma palavra. Sempre que possível eu usava logotipos, pois achava que para ele seria mais fácil reconhecer imagens visuais, e não apenas palavras impressas.

Também coloquei rótulos em tudo que havia na casa, o que já havia feito com outros pacientes no passado. Vanessa, William e eu usávamos esses livros para fazer jogos de palavras com Whitney. Tentávamos fazê-lo nomear cada imagem do livro e dizer o nome de todas as coisas com que ele tinha contato em seu cotidiano: cama, sapato, calça, xícara. Durante o café da manhã, tentávamos fazê-lo escolher entre biscoitos Cheerios e cereais Cap'n Crunch. E fazíamos a coisa de um jeito que ele pensava tratar-se de um jogo. Ele emitia sons, mas as palavras ainda eram ininteligíveis. Durante esses "jogos", ele vocalizava mais que em outros momentos do dia; na maior parte, suas outras vocalizações eram aleatórias e pouco freqüentes.

Certo dia eu estava na cozinha, decidindo o que faria para o jantar, quando Whitney se aproximou e estendeu o cartão das batatinhas fritas Wendy's. Cravei os olhos no cartão, espantada pelo que estava acontecendo.

....

* Uma das mais importantes redes de *fast-food* dos Estados Unidos. (N. do T.)

"William! Vanessa!", gritei, e os dois vieram correndo.
"Whitney quer batatas fritas!" Eu ria feito louca. William e Vanessa olharam para mim preocupados, mas assim que viram o cartão com o logotipo da Wendy's entenderam tudo. Entramos correndo no carro, fomos para a Wendy's e pedimos montes de fritas e hambúrgueres. Sentados à mesa, saboreando alegremente nossas fritas, senti que nunca, em toda a minha vida, havia comido coisa tão deliciosa.

Mal podia esperar para saber até onde poderíamos levar aquela habilidade de Whitney. Lembrei-me de momentos cruciais de algumas pesquisas anteriores, nas quais se tentava ensinar chimpanzés a falar. Certo dia, depois de trabalhar neles com linguagem de sinais, os pesquisadores entraram no laboratório e um dos chimpanzés sinalizou: "Façam cócegas em mim." Naquele instante, souberam que o animal estava usando linguagem para pedir alguma coisa; estava em processo de comunicação intencional, e não apenas papagaiando ou imitando seus treinadores.

Feliz da vida, Whitney comia seu prato favorito, mas sua excitação não se comparava à minha: Whitney tinha pedido alguma coisa. Ele sabia que, usando seu logotipo, podia fazer com que lhe déssemos alguma coisa. Pensei: *Agora sei como ensiná-lo.*

Uma das quartas-feiras em que eu dava aula na escola de Whitney começou mal. Demorou mais que o normal para fazê-lo entrar no carro, e eu estava com os nervos em frangalhos. Entramos no estacionamento da escola no exato momento em que a sra. Lynch – diretora do departamento de educação especial das escolas de Dublin – saía de seu carro.

Por favor, hoje não, pensei. Eu sabia que Whitney ia ser avaliado para o próximo ano letivo, e tremi só de pensar que a avaliação poderia ocorrer exatamente naquele dia. Eu vinha implorando à sra. Lynch para deixá-lo permanecer no mesmo programa, tendo em vista a preservação de uma certa continuidade. Estava tentando convencê-la de que, depois de um ano, ele finalmente estava se habituando à rotina de uma sala de aula. Achava que, se Whitney ficasse por mais um ano na pré-escola, na mesma classe, isso seria realmente bom para ele. Mas sabia que ela via essa permanência com ceticismo. E também sabia que, naquele dia específico, eu estava com cara de quem não dormia há meses, e que minhas roupas pareciam mais inadequadas e amarrotadas do que nunca. Olhei para a sra. Lynch, com um penteado impecável e vestida com tamanha elegância que bem poderia estar na capa de qualquer revista de moda.

"Olá, dra. Florance", disse ela.

Sorri em resposta, acenei, respirei fundo e rezei para que Whitney saísse do carro e me seguisse sem resistência. Na época, eu estava com um carro velho do meu pai, e uma das únicas maneiras de Whitney entrar no carro era fazer uma brincadeira com ele. Eu o colocava no carro, deixava a porta aberta, saía da garagem assim mesmo e depois dava umas voltas para que a porta finalmente fechasse sozinha. Ele adorava isso. Infelizmente, a brincadeira não era nada boa para o carro, e não demorou muito para que a porta começasse a despencar quando estávamos na estrada ou parávamos em algum semáforo. Levei o carro para a concessionária e, mais tarde, para a própria fábrica, mas disseram que já estava fora da garantia. "Nunca vimos uma porta cair desse jeito, mas tentamos dar um jeito." Duas semanas depois, a porta quase se soltou novamente, e Vanessa ficou encarregada de segurá-la junto ao carro enquanto eu dirigia à procura de um posto de gasolina onde alguém pudesse colocá-la de volta.

Nesse ínterim, enquanto não a arrumavam definitivamente, a porta caía se não fosse aberta do jeito certo. E não preciso dizer que, assim que a abri para dar passagem a Whitney, ela despencou.

Olhei para a sra. Lynch e dei um sorriso amarelo. "Nos vemos lá dentro", disse. Ela fez que sim com a cabeça.

Passaram-se outros quarenta e cinco minutos antes de eu conseguir entrar com Whitney. Ele agora estava grande demais para que eu pudesse obrigá-lo pela força a fazer qualquer coisa que não quisesse. Ele me bateu, sacudiu a cabeça, não queria entrar na escola. Quanto mais resistia, mais angustiada eu ficava. E, quanto mais angustiada eu ficava, mais ele resistia. Eu sabia muito bem que, nesse tipo de situação, eu deveria me acalmar primeiro, para depois tentar acalmá-lo. Mas havia momentos em que a mãe angustiada e frustrada dominava a cientista racional, e aquele era um desses momentos. Eu só conseguia pensar que, quanto mais demorássemos para entrar, pior seria a impressão que ele causaria.

Quando finalmente entramos na sala de aula, vi a sra. Lynch tentando se equilibrar numa pequena cadeira no fundo da sala. Estava com uma prancheta nas mãos, observando tudo. As aulas começavam às oito, e já eram dez e meia. Whitney correu para um canto e começou a bater a cabeça no assoalho até que pensei que fosse sangrar. Quando a sra. Lud tentou acalmá-lo, ele escapou pela porta. Quando o trouxemos de volta à sala, ele começou a pegar livros de uma prateleira, arrancar as páginas e comê-las.

Meia hora depois, a sra. Lynch levantou-se, sorriu, despediu-se e saiu. Olhei para a sra. Lud e ela balançou a cabeça em sinal de solidariedade.

Alguns dias depois, a sra. Lynch me pediu para visitar uma classe que, segundo disse, seria "a solução ideal para Whitney".

"Ah, creio que já temos uma excelente solução para ele", respondi. "Ele adora sua sala de aula em Chapman, e vai indo muito bem." Esperei que minha bajulação surtisse algum efeito.

"Acho que tenho uma idéia melhor", foi tudo o que ela disse, e me pediu para encontrá-la durante uma aula na escola de ensino fundamental Indian Run – também pertencente à administração escolar de Dublin, porém um programa financiado pelo condado de Franklin e voltado para crianças portadoras de necessidades educativas especiais (CPNEE).

Fiquei consternada assim que entramos na sala de aula. Estava cheia de crianças de dez e onze anos que eram fortemente medicadas e gravemente retardadas.

"De que modo isso poderia ajudar Whitney?", perguntei, incrédula.

Ela insistiu: "Achamos que é o melhor para ele."

"O melhor?" Tentei manter a calma. Voltei-me para a professora. "Quais são seus objetivos para os alunos este ano?", perguntei.

"Identificar sinais de rua, ir sozinhos ao banheiro."
Estava ali minha oportunidade. "Bem, Whitney já faz essas coisas", respondi, olhando para a sra. Lynch. Além do fato de ele identificar um logotipo da Wendy's, aqueles não eram exatamente os objetivos de longo prazo que eu tinha para ele. Eu pensava mais alto. "Não quero que ele regrida, quero que ele aprenda a ler e a falar."
"Ler e falar?" A sra. Lynch mal conseguia disfarçar sua incredulidade. "Este programa será muito melhor para ele", insistiu. "Estes professores recebem treinamento especial. Isso vai ajudar."
Eu sabia que, se provocasse uma confusão, eles podiam transferi-lo para uma escola que exigiria uma longa viagem de ônibus e não me permitiria nenhuma participação. Por isso, não despejei sobre ela toda a raiva que fervilhava dentro de mim. Em vez disso, pedi-lhe novamente que reconsiderasse a questão e deixasse Whitney ficar por mais um ano no programa da escola Chapman.

Semanas depois, antes do fim do ano letivo, entrou em vigor um novo regulamento na escola. Se o aniversário de uma criança caísse em 30 de setembro ou depois, ela não poderia permanecer no programa pré-escolar da Chapman. Das cinco crianças que participavam do programa, a única que não podia ficar era Whitney.
Agora não havia mais escolha. Whitney teria de ir para a Indian Run. Teria de mudar de escola novamente, e dessa vez entraria numa classe com alunos de deficiências ainda piores que as dele.
Eu receava que a ida para a Indian Run representasse um grande retrocesso. Conviver com crianças mais velhas e mais problemáticas que as de sua pré-escola só serviria para piorar a situação de Whitney. *Agora estão querendo enquadrá-lo*, pensei em pânico. Precisavam colocá-lo em algum lugar, pois uma lei federal assim o exigia. Mas aquela sala de aula me parecera tão desoladora – era como trancar Whitney dentro de uma sala durante um exercício de prevenção de incêndios. Eles estavam desistindo de salvá-lo. Eu não desistira, mas estava numa corrida contra o tempo. Sabia que, se não continuasse com seu progresso naqueles anos cruciais – se não

aperfeiçoasse sua capacidade de identificar logotipos e não descobrisse um jeito de ensinar-lhe linguagem até ele completar sete anos –, suas chances de levar uma vida normal ficariam reduzidas a quase nada. O alarme estava soando alto e claro, e por um momento foi como se eu compreendesse a frustração de Whitney – também quis rasgar e destroçar coisas. Não sabia o que fazer com todos esses sentimentos, e, como o bombeiro, disse a mim mesma que o melhor era trancá-los lá dentro.

8.
Eu e a sra. Jones

No verão entre o ano que Whitney passou em Chapman e a classe CPNEE na escola Indian Run, contratamos um novo assistente para trabalhar em casa. Lee era alto, loiro e magricela – e queria ser o baliza da banda da Universidade do Estado de Ohio. As crianças o adoravam.

Pouco depois de começar a trabalhar conosco, ele ia para o gramado na frente da casa e se punha a praticar com seu bastão, usando as crianças como juízes. Marchava pelo quintal ao som de músicas marciais da Universidade de Ohio, girava o corpo em gestos acrobáticos, fazia piruetas, jogava o bastão para o alto e corria para pegá-lo. As crianças ficavam encantadas. Lee disse a Vanessa e William que eles o estavam ajudando a praticar, e que a competição seria tão dura que ele tinha de empenhar-se ao máximo para ser o melhor de todos. Eles se sentiam honrados com a importância desse papel, e levavam o trabalho muito a sério.

Certo dia, enquanto Will e Vanessa estudavam o desempenho de Lee com olhares críticos, as aventuras de Whitney levaram-no a outro lugar sem que ninguém percebesse. Whitney nunca parecia estar entediado; sempre dava a impressão de estar para cima, enquanto nós estávamos para baixo.

De repente, vários caminhões de bombeiro e carros da polícia apareceram em nossa rua sem saída, com as sirenes ligadas. Assim que os bombeiros e policiais se aproximaram, perguntaram-me onde era a emergência.

Lee, com o bastão na mão e o espírito da Universidade de Ohio a soar forte e estridente no gravador portátil, disse a eles que não sabia do que estavam falando.

"Recebemos um chamado de urgência deste endereço", explicou o capitão. Depois de olhar para Lee com seu aparato de banda militar ali no jardim, o capitão ficou um pouco desconfiado – aquele não era um típico cenário *yuppie* de Dublin. Eles insistiram em dar uma olhada em tudo. Lee estava aborrecido por terem questionado sua integridade, mas a polícia entrou na casa com ele, Vanessa e William nos seus calcanhares.

Lá dentro encontraram Whitney, brincando inocentemente com o telefone.

"Por que essa criança tentou nos chamar? O que está acontecendo?", perguntaram a Lee. Whitney já estava no primeiro ano, e parecia grande o bastante para saber o que estava fazendo.

Lee explicou que Whitney tinha problemas de desenvolvimento e devia ter discado os números por engano. "Ele não sabe o que faz", disse.

Quando cheguei em casa naquela noite, Lee estava desolado. "Sinto muito. Não percebi que ele havia entrado."

Eu estava cansada demais para me aborrecer. Mas, quando tudo aconteceu de novo uma semana depois, os policiais me disseram que eu precisava fazer alguma coisa para acabar com os alarmes falsos.

Tudo isso também foi bastante desagradável para William e Vanessa. Eles estavam no quintal da frente, tudo corria bem, de repente chegava a polícia, e, claro, lá vinham os vizinhos correndo. Mamãe não estava em casa, e a situação ficava embaraçosa e assustadora. Ainda era impossível fazer Whitney entender certas coisas, e não havia como lhe explicar que ele não podia discar no telefone. Descontadas as limitações de sua linguagem, para ele não havia lógica alguma em tal explicação: se todos nós usávamos o telefone, por que só ele não poderia fazer o mesmo? Algumas pessoas poderiam ter chamado a atenção de Lee, e tive medo que ele nos deixasse. A situação era muito estressante para ele, e dali a poucas semanas haveria o teste para o qual vinha se preparando há dez anos. As crianças e eu o adorávamos, e ele era perfeito para a vida meio cigana que levávamos – era maleável o bastante para ficar indo e vindo entre a casa e o consultório, o que me ajudava muito.

Simplesmente desliguei os telefones, e só os religava quando fosse preciso usá-los.

Hoje, imagino que Whitney tenha visto o número dos bombeiros na televisão. Aquele não foi um fato isolado. Ele queria que a polícia e os bombeiros viessem visitá-lo. Desde então, fez muitas coisas que indicavam que sua memória visual para números era bastante avançada. Na época, porém, isso fugia à nossa compreensão.

Apesar de todas as "belas" encrencas em que Whitney se metia, estávamos começando a nos sentir mais como uma família.

Foi doloroso deixar Whitney na Indian Run em seu primeiro dia de aula. Só havia quatro alunos: Whitney e outros três cujas idades variavam entre dez e doze anos. Todos recebiam forte medicação, eram gravemente autistas e ficavam olhando para o nada e balançando o corpo em suas carteiras. Tudo ali parecia estar errado. A sala de aula não era adequada; serviria melhor a crianças de mais idade, mas ali ficou meu filho de apenas seis anos, com os pés balançando a uma boa altura do chão, numa carteira grande demais para ele.

Eu acreditava que estávamos fazendo progressos, mas não era o tipo de progresso que as escolas queriam. Estávamos de volta à dura realidade.

Descobri que os professores e coordenadores estavam preocupados com a incapacidade de Whitney de seguir instruções ou de entrar na rotina de uma sala de aula, e por esse motivo passaram a considerá-lo mentalmente retardado. Whitney passara da condição de "ensinável" para a de "não-ensinável". Os professores achavam que ele não conseguia prestar atenção e seguir instruções; queriam que ele se sentasse na roda para ouvir histórias, mas ele preferia ficar com seus Legos. Embora sua sala ficasse em um edifício de uma escola de Dublin, fazia parte do programa do município de Franklin para crianças mentalmente retardadas e com atraso de desenvolvimento, de modo que ele teria de submeter-se a novos testes e avaliações pelo município de Franklin no início de setembro para garantir sua vaga e estabelecer os objetivos para o ano seguinte. Depois dessa avaliação, além de colocarem-no em uma sala CPNEE, encaminharam-no para sessões de terapias física, ocupacional e da fala. A escola rotulou-o de "multideficiente". Viram nele uma criança extremamente retardada, com deficiências múltiplas em suas aptidões físicas, em sua capacidade de comunicar-se e em sua inteligência; uma criança que mal conseguia andar de triciclo aos seis anos, que não conseguia segurar um lápis ou usar uma borracha sem rasgar o papel; uma criança que tinha tudo contra si. Meu lado mãe via um futuro engenheiro já em sua trajetória rumo ao MIT. Meu lado cientista via não apenas os altos escores visuais nos testes, mas também um sistema de raciocínio muito poderoso para a solução de problemas. Eu só precisava descobrir um jeito de fazer a via do pensamento visual ativar a via do pensamento auditivo.

Naquele momento, eu não estava interessada em discutir rótulos como "autista" ou "retardado mental" – meu interesse estava em encontrar comportamentos passíveis de treinamento. Queria descobrir o que Whitney podia aprender a fazer com segurança, e como poderia aumentar as chances de ele reter esses novos comportamentos adquiridos.

Em minha opinião, Whitney tinha dificuldade de seguir instruções porque a rotina simplesmente não fazia sentido para ele. A maioria das crianças do jardim-de-infância e da escola primária assimila suas rotinas escolares nas primeiras seis semanas de aula. O programa geralmente é apresentado em grandes cartazes afixados na parede: *Primeiro falaremos sobre a data de hoje, depois trabalharemos nossos grupos de leitura, e em seguida teremos aula de artes.* As crianças são facilmente treinadas para seguir essa rotina e, lá pela terceira semana, a maioria delas já memorizou a seqüência de atividades.

Eu imaginava que para Whitney, que não conseguia seqüenciar informações verbais, a rotina parecia arbitrária; talvez ele se sentisse discriminado por não conseguir entender as explicações verbais. Se ele chegasse ao ponto de aprender a rotina da sala de aula sem necessitar de informações verbais, seu desempenho seria bem melhor.

Quanto ao fato de ser desatento, esse também não era exatamente um problema para Whitney. Ele podia ficar horas e horas envolvido em atividades visuais – brincando de Lego ou Playmobil, por exemplo, ou mesmo examinando sua boca no espelho, como se tentasse entender seus movimentos musculares.

Whitney se entregava por inteiro a essas atividades visuais. Dizem que Einstein ficava horas sentado na fábrica de seu pai, observando o funcionamento das máquinas. Ficava tentando descobrir como elas funcionavam e o que suas partes móveis faziam. Um de meus pacientes, um anestesiologista, diz que visualiza os órgãos internos do paciente e o modo como os medicamentos que ele ministra atuam nesses órgãos durante as operações. Quando as máquinas que ele usa mudam, ele visualiza que mudanças estão ocorrendo nos órgãos em questão. Quando Whitney brincava com blocos de Lego, ele geralmente olhava uma vez para a figura estampada na caixa e então construía aquilo de memória, sem ficar revendo o que havia visto pela primeira vez. Nunca seguia as instruções. Trabalhava a partir de uma idéia da forma, ou do todo, e intuía as partes componentes. Às vezes, reproduzia exatamente o que havia visto, e em outros momentos fazia suas próprias invenções. Espalhava os blocos de Lego sobre a mesa da cozinha ou no chão e ficava ali trabalhando. Se fosse interrompido para fazer alguma outra coisa, ficava aflito e irritado. Era como se só pudesse parar depois que concluísse o que ocupava seus pensamentos.

Na sala de aula, porém, o aprendizado se dava em curtas sessões e, nas classes de crianças mais novas, a maioria das atividades durava de quinze minutos a meia hora. Eu acreditava que atividades mais breves funcionavam melhor com essa faixa etária – afinal, assim eu criara os primeiros jogos de linguagem para Whitney. Contudo, embora esses jogos funcionassem bem quando ele só precisava observar passivamente algumas das atividades mais verbais, nunca havíamos conseguido fazê-lo mudar de suas próprias atividades para outras rapidamente. Uma vez envolvido em alguma coisa, Whitney queria ir até o fim. E sempre havia problemas quando ele estava ocupado com algum projeto visual e alguém o fazia parar. Se seu pensamento fosse interrompido, nada mais se podia esperar dele. Era como se sua mente estivesse às voltas com um enigma e, se ele fosse interrompido antes de encontrar a solução, reagia com a frustração de alguém que tem sua televisão desligada no momento crucial de uma cena de suspense.

Imaginei que o domínio de uma rotina de sala de aula pudesse organizar o oceano de tempo em que Whitney aparentemente vivia. Seu sentido de tempo não parecia desenvolver-se normalmente. Muitas crianças de dois anos têm ansiedade com a separação porque não possuem sentido de tempo. Não sabem o que significa "Volto já", mas vão aprendendo à medida que amadurecem. Sem dúvida, aos seis anos já é possível estabelecer uma rotina da hora de dormir para a maioria das crianças. Depois do jantar, em geral uma criança dessa idade pode fazer um pouco da leitura que lhe foi passada como tarefa, ouvir uma história contada pelo pai ou pela mãe, brincar com um jogo, tomar banho, ouvir uma canção de ninar e ir para a cama. Durante o ano letivo, a maioria das crianças aceita isso relativamente bem. Elas podem ter algum problema para adormecer, mas a maior parte já estará cansada por volta de nove da noite. Mas, aos seis anos, Whitney ainda não desenvolvera um sentido de tempo. Ele parecia não ter o relógio interno que sinaliza noite e dia, manhã ou tarde. De vez em quando, ficava acordado à noite ou levantava e ficava vagando pela casa. Seu cérebro não vivenciava o tempo como a maioria das crianças de sua idade.

Eu sabia que Whitney precisaria se prender a uma rotina e seguir instruções para voltar a ser aceito como aluno regular. Richard D. Lavoie, especialista em crianças com dificuldades de aprendizagem, em seu vídeo intitulado *Dificuldades de aprendizagem e aptidões sociais com Richard D. Lavoie: um guia para os pais*, diz:

> Quando mil e quinhentos professores foram entrevistados a respeito do que uma criança deficiente precisa para ser bem-sucedida como aluno regular, responderam da seguinte maneira:
>
> 1. Boa capacidade auditiva.
> 2. Boa capacidade de seguir instruções orais.
> 3. Boa capacidade de seguir instruções escritas e permanecer ativa nos trabalhos verbais.
> 4. Boa capacidade de falar e pedir ajuda.
> 5. Boa capacidade de iniciar suas atividades.
> 6. Boa capacidade de terminar suas atividades no tempo previsto.
> 7. Capacidade de converter os símbolos gráficos em uma linguagem inteligível.

Lavoie observa que a primeira aptidão acadêmica de sua lista é a de número sete. As seis primeiras dizem respeito a ouvir e falar – aptidões que não são ensinadas em sala de aula, mas que se espera que sejam adquiridas intuitivamente e usadas numa esfera de conformidade apropriada a uma determinada faixa etária. A Secretaria de Educação do Estado de Ohio afirma que uma criança passa 76 por cento de seu dia escolar ouvindo. O dr. Ronald Goldman, meu orientador e amigo de longa data, autor de muitos dos testes de processamento auditivo mais amplamente usados, foi membro do Comitê Presidencial para a Educação, que acrescentou "audição" à leitura, escrita e aritmética, como a quarta aptidão básica que deve ser dominada por todo aluno nos Estados Unidos. E eu dei palestras e escrevi artigos sobre o fato de ser a incapacidade de comunicação – e não alguma doença – o principal motivo por que uma pessoa é internada em uma casa de repouso.

Eu acreditava que a capacidade de Whitney seguir instruções melhoraria em uma situação bem estruturada. E fiquei bastante preocupada quando, depois de algumas semanas em sua nova classe, observei que as exigências relativas ao tempo naquele grupo eram menos rigorosas do que o habitual nas turmas tradicionais de jardim-de-infância. Não havia atividades organizadas. Como isso era possível? O que se esperava que a professora fizesse com aqueles pré-adolescentes intensamente medicados, não-funcionais, e com meu filho de seis anos?

Quando conheci a professora que trabalharia com Whitney em sua classe CPNEE, a sra. Jones, ela me pareceu ser uma pessoa desligada, dessas que se deixam facilmente influenciar e levar pelos outros. Pensei: *Como ela vai ajudar Whitney? Ele precisa de alguém agressivo, estimulante, firme em seus princípios.* Senti meu coração se partir ao olhar para a sala de aula de Whitney. O que aquela professora estava fazendo além de pajear pessoas com graves deficiências e sem nenhuma esperança? Whitney conseguia fazer coisas, criar coisas, construir coisas – por que tinha de estar ali?

Pensei em apelar à sra. Lynch, a diretora de educação especial, mas uma amiga minha que a conhecia me advertiu que ela podia recomendar a transferência dele para outro distrito escolar, ou mesmo para um programa residencial. Assim, muito embora eu odiasse ter de aceitar aquela situação, resolvi que, pelo menos naquele momento, eu teria de agir com calma.

Inscrevi-me como "mãe voluntária" para trabalhar na turma de Whitney. Formalmente, esse tipo de atividade não existia para as classes CPNEE, embora fosse muito comum em outras classes da escola, mas a sra. Jones adorou a idéia de ter minha ajuda. Ela tinha a aparência de uma professora nata. Usava vestidos de algodão e sapatos confortáveis, era alta e magra, com os cabelos sempre muito bem arrumados, e trazia o tempo todo um lápis preso à orelha. Sua sala era bem organizada, com os materiais dispostos em ordem impecável.

Eu não demoraria a descobrir que ela era uma mulher ativa e decidida, porém gentil e calorosa, que se dedicava especialmente aos alunos mais difíceis de ensinar.

Na escola Chapman, Whitney havia sido o pior da sala. Aqui, era o melhor – e, de alguma forma, soube mostrar-se à altura da situação. Começou a perceber melhor o ambiente e a reconhecer as pessoas. Um de seus colegas de classe era Terry, um garoto japonês de treze anos. Sua família fora transferida para Dublin para trabalhar na nova fábrica Honda, e nenhum deles falava inglês. Terry tinha um problema físico que causava sua aparência anormal. Mesmo assim, era mais perspicaz que os outros alunos. Quando eu estava ali, Terry e Whitney eram os únicos que reagiam às minhas entradas e saídas da sala. Eu estava feliz por ver que Whitney me reconhecia e se mostrava animado com minha presença.

Comecei a ir duas vezes por semana, mostrando à sra. Jones meu método para tentar ensinar Whitney a ler. Tínhamos deixado de lhe mostrar apenas logotipos individuais, e agora escrevíamos seqüências de palavras sobre acontecimentos de sua vida. Recortávamos as palavras e as embaralhávamos para que ele as pusesse em ordem, recriando a história. Por exemplo, para a frase "Whitney comeu batatas fritas no McDonald's", a seqüência seria formada pela palavra "Whitney", depois por uma imagem das batatas com as palavras "batatas fritas" escritas e, em seguida, pelo logotipo do McDonald's com a palavra em letras grandes logo abaixo. Naquela altura, nosso propósito não era que ele dissesse as palavras. Queríamos apenas que ele criasse uma seqüência de pensamentos com as dicas visuais das palavras.

A sra. Jones não se mostrava apenas ansiosa por me ajudar; parecia gostar muito que eu a acompanhasse na classe tanto quanto possível. Ela realmente queria ensinar Whitney, e estava disposta a fazer isso de qualquer maneira que fosse benéfica para ele. Quando eu chegava, ela estava sempre pondo em prática meus exercícios, e muitas vezes introduzia neles um toque pessoal. Eu lhe trazia mais atividades de meu consultório. Era maravilhoso – a sra. Jones estava fazendo tudo que eu propunha, e fazendo bem.

Eu sabia que, em última análise, para entrar em uma escola regular de ensino fundamental, Whitney precisaria estar ouvindo e lendo. E eu sentia muito que a leitura era a habilidade crucial de que ele precisava para ter alguma esperança de estudar em uma escola para crianças normais. Embora a incapacidade de ouvir seja a principal razão pela qual as crianças são reprovadas, na idade dele a leitura é o grande indicador de capacidade intelectual. Naquele momento de sua vida, falar e escrever não eram tão importantes. Se uma criança não conseguia ler no fim do segundo ano de escola, seu programa escolar teria de ser muito diferente do de um aluno regular. E essa situação também criaria um grande risco de fracasso em seu processo educacional futuro. Uma vez que as unidades estruturais da leitura estejam dominadas, a criança passa para o aprendizado de história, matemática, gramática e assim por diante. Esse avanço depende de um nível suficiente de competência lingüística em todos os alunos da sala.

Além disso, o cérebro é mais flexível nas faixas etárias mais baixas, e é mais fácil ensinar essas habilidades a um cérebro em desenvolvimento do que reensiná-las a um cérebro que já cristalizou formatos básicos de aprendizagem. Em minha atividade profissional, aprendi que é possível ajudar a maioria das pessoas a adquirir aptidão lingüística em praticamente qualquer idade. Whitney estava numa fase de crescimento e desenvolvimento em que se aprende a linguagem facilmente.

Depois dos episódios de simulação de incêndio na escola Chapman, comecei a refletir sobre a possibilidade de o problema com o sistema auditivo de Whitney, qualquer que fosse, estar prejudicando sua aprendizagem – e por isso eu havia decidido usar logotipos para ensinar-lhe palavras, em vez de repetir tudo oralmente, o tempo todo. Eu ainda não sabia direito qual era o problema com sua audição. Suas reações ao barulho não seguiam um padrão fixo – às vezes ele parecia muito sensível ao barulho, quase hipersensível. Um trovão o punha em sobressalto como se fosse dez vezes mais forte do que havia sido, como se machucasse seus ouvidos. Em outras ocasiões, parecia surdo, indiferente a todos os sons à sua volta. Era incapaz de suportar os testes audiométricos a que o submetíamos, pois não reagia de modo consistente ao barulho. Nos testes de audição, a pessoa usa fones de ouvido e ouve bips em diferentes volumes e intensidades em ambos os ouvidos. Ela deve levantar a mão direita quando ouvir um bip no ouvido direito, e a mão esquerda quando o bip soar no ouvido esquerdo. Não havia meio de explicar a Whitney o funcionamento desse teste.

Se sua audição crescia e minguava, era possível que ele não conseguisse dar sentido àquela barulheira toda. Os pacientes de derrame, em particular aqueles com afasia de Wernicke, parecem "subir e descer" em atenção e processamento auditivo. Era evidente que tentar ensinar Whitney a dizer palavras não estava nos levando a parte alguma. Assim, resolvi ampliar a lógica de usar os logotipos para ensinar-lhe palavras e partir para uma nova abordagem: manter-me em silêncio, diminuir todo o barulho que pudesse distraí-lo e continuar usando somente os elementos visuais para ensinar os auditivos.

A sra. Jones queria pôr em prática essa abordagem, e resolvemos experimentá-la na sala de aula. No meu consultório, eu havia contratado uma especialista em programas que decompunham o processo de leitura em partes passíveis de treinamento, mas mantinham a pragmática da linguagem. As crianças aprendem a entender a letra impressa de um modo fácil, que parte de seus próprios interesses e experiências de vida, e, em vez de memorizar regras, elas criam unidades semânticas. Essa especialista era uma excelente professora do terceiro ano, e estava em busca de um dinheiro extra depois das aulas. Coloquei Whitney, William e Vanessa para trabalhar com ela no início da tarde.

Usávamos os mesmos jogos visuais com Whitney, mas paramos de falar. Já não repetíamos cada palavra, nem lhe fazíamos perguntas em voz alta. Durante as instruções para leitura, tentávamos fazer tudo apenas apontando ou indicando os logotipos visuais e as palavras e imagens dos livros e cartões que eu havia reunido.

A leitura começa ao se entender que um símbolo gráfico representa uma unidade sonora com significado. Para Whitney, criávamos o símbolo para que este representasse o significado sem as unidades sonoras concomitantes. Ele se lembrava das palavras como unidades integrais. Estávamos usando o código visual da leitura para ensinar a Whitney que as palavras eram palavras, algo muito semelhante a ensinar Helen Keller por meio de suas mãos. Ficávamos com palavras inteiras, evitando tanto decompor as palavras em unidades menores (letras ou sílabas) quanto quebrar as regras lingüísticas que parecem reger o modo de aquisição da linguagem pelas crianças. Por exemplo, as unidades semânticas de agentes, ações e objetos podem descrever a maior parte do que as crianças dizem quando começam a aprender a falar. Elas vão além do simples ato de nomear coisas e começam a fazer conexões mentais. A conexão de agente e ação seria "mamãe bebe", por exemplo; a conexão de ação a um objeto seria "bebe suco"; e a conexão de agente e objeto seria "mamãe suco".

Eu levava toneladas de material para a sra. Jones – o suficiente para um dia de seis horas. Muitos professores teriam me mandado "catar coquinho", ou teriam pelo menos ignorado ou adaptado o exigente cronograma que eu propusera. A sra. Jones supervisionava calmamente as atividades dos outros alunos enquanto punha Whitney para fazer esses exercícios, e quando eu voltava ela tinha sempre novas idéias para torná-los mais eficientes. Minha preocupação inicial, de que não se exigia que os alunos da turma CPNEE concluíssem suas tarefas dentro dos prazos estipulados, acabou trabalhando a nosso favor; Whitney podia demorar o tempo que quisesse quando trabalhava com seus jogos visuais e suas lições de leitura.

Como esses alunos eram difíceis de controlar, não se permitia que saíssem da sala; não podiam ir à lanchonete, como Whitney fazia em Chapman. Não podiam sair para o recreio com as outras crianças; tinham que trazer seu lanche e comê-lo na classe. Assim, a sra. Jones tornou-se nosso casulo – uma "oficina-refúgio". Durante a primeira parte do ano, Whitney não podia sair de sua sala de jeito nenhum. À medida que o ano avançava, porém, ele foi tendo cada vez mais liberdade para sair.

Em apenas dois meses, tornei-me a maior fã da sra. Jones. A professora "devagar" de quem eu achei que não gostaria havia se tornado nossa melhor amiga. O grupo que tentava instruir Whitney, até então formado por mim, William e Vanessa, agora também contava com ela.

No *Halloween*, fiquei acordada até tarde fazendo bolo de chocolate, que coloquei em copos de papel e recheei com confeitos que imitavam vermes viscosos, criando uma impressão de vermes na lama. Nojento... Achei que Whitney poderia dar boas risadas. Minha mãe, que era muito rápida para fazer roupas em sua máquina de costura, criou para Whitney uma fantasia de Super-homem. Na época, ele estava louco por brinquedos do Super-homem, e não tivemos problema algum em convencê-lo a usar a fantasia.

Quando criança, eu era louca por esses feriados, e, como mãe, adorava transformar o *Halloween*, a caça aos ovos de Páscoa e as tradições natalinas em grandes eventos da nossa casa. Eu sempre ficava chateada com o fato de Whitney não gostar de se vestir para o *Halloween* nem de brincar de travessuras ou gostosuras. Mesmo em seu primeiro *Halloween*, poucas semanas depois de seu nascimento, eu tivera um pressentimento de que as coisas seriam diferentes com Whitney. Ao levar William e Vanessa para brincar de travessuras ou gostosuras, agasalhei Whitney, coloquei-o em um saco de pano com a cabeça para fora e levei-o conosco como se fosse meu pacote de doces. Não convinha sair ao relento com Whitney nas suas seis primeiras semanas de vida, mas nosso pediatra havia nos permitido andar um pouco pelos arredores de casa. Geralmente, eu adorava ver como as crianças sempre ficavam extasiadas com seus trajes. Naquele ano, William estava vestido de diabo e Vanessa de gata negra, mas, em vez de curtir a alegria deles, lembro-me bem de sentir que levava em meus braços um boneco e não um bebê de verdade, o que me deixou muito triste. Tudo bem que ninguém poderia querer que Whitney, praticamente um recém-nascido, também participasse da alegria geral, mas dava para perceber que havia alguma coisa estranha em como ele não se aconchegava em mim nem balbuciava.

Os anos seguintes foram piores. Vanessa e William tocavam a campainha e as pessoas punham doces em seus sacos, como de praxe. Minha mãe sempre lhes fazia roupas maravilhosas, de modo que os vizinhos tiravam fotos delas, e suas exclamações de surpresa e encantamento diante de crianças tão lindas enchiam os ares. Whitney não conseguia entender o que estávamos fazendo. Não queria ir até a porta das casas, não gostava nem um pouco daquilo. Na pré-escola Chapman, no ano anterior, nós o havíamos levado a participar de seu primeiro cortejo de *Halloween*, algo que não se encaixava em nenhuma das suas atividades rotineiras, e ele se recusara a prosseguir. Eu ficava muito triste por ele não curtir essa brincadeira das crianças.

Portanto, eu não sabia bem por que estava levando aquela caixa com vermes de chocolate para aquela turma de crianças refratárias a qualquer ensino. Se alguma vez existiu um grupo menos receptivo ao meu travessuras ou gostosuras, sem dúvida era aquele. Mas era o primeiro ano em que Whitney aparentava gostar da idéia de sua fantasia. Estava ficando tão bom em brincar de faz-de-conta que aparentemente entendeu que estava vestido de Super-homem. E vinham mais coisas pela frente.

Na Indian Run a brincadeira de travessuras ou gostosuras acontecia até na escola, e as crianças podiam sair pelas outras classes pedindo coisas. A sra. Jones levou Whitney e Terry para dar uma volta.

Fiquei para trás, tomando conta das outras crianças do grupo. Sentei-me na frente delas com meu violão, como já vinha fazendo duas vezes por semana nos últimos dois meses. Apesar de toda minha vibração e estímulo, as crianças não cantavam – algumas nem mesmo acordavam.

Desanimada, guardei o violão, e de repente uma voz que eu não conhecia gritou: "Dra. Florance!" Olhei à minha volta e dei de cara com a sra. Jones de pé, à porta, em estado de choque. O grito havia partido de Whitney. Com sua fantasia de Super-homem e um enorme sorriso no rosto, ele gritou novamente: "Dra. Florance!"

Quando conheci a sra. Jones em minha visita, na primavera do ano anterior, lembro-me de ter perguntado quais eram suas expectativas para Whitney e os outros alunos ao longo daquele ano. Seus objetivos eram todos funcionais: identificar um sinal de parada, ir ao banheiro sozinhos, sair para o recreio e voltar para a sala de aula, tomar lanche com as outras crianças sem fazer bagunça. Nenhum aprendizado escolar – apenas habilidades práticas, o que me parecera uma deprimente falta de ambições.

Agora, eu e a sra. Jones nos entreolhávamos. Será que ele tinha falado mesmo?

"Dra. Florance", disse ele de novo, e me deu um grande abraço.

Ali estava, depois de apenas oito semanas desde o começo do ano letivo. E eu sabia que, a partir dali, nada poderia nos deter: iríamos velozmente para muito além de tudo que eu havia imaginado.

"Dra. Florance!", insistia Whitney. Olhei para baixo e ele me jogou um vermezinho de chocolate ao mesmo tempo em que levava outro à boca e mastigava, feliz da vida.

Fiz o mesmo com o que ele me jogou. Em seguida, ele deu outro à sra. Jones, e, enquanto eu e ela mastigávamos, extasiadas, começamos a rir e a chorar ao mesmo tempo.

Então a sra. Jones parou de mastigar e me perguntou: "Por que será que ele não te chamou de mamãe?"

Comecei a refletir sobre isso, mas de repente percebi que não tinha a menor importância. Se "dra. Florance" significava para Whitney o que "água" havia significado para Helen Keller, para mim estava ótimo. Uma porta tinha sido aberta.

9.
Reformando o cérebro de Whitney

Há uma discussão muito antiga sobre quão complexos podem ser os pensamentos de uma pessoa se ela for privada da linguagem. Whitney estava me ensinando que era possível lidar com solução de problemas e raciocínio complexo sem jamais recorrer a palavras. Ele estava realizando atividades visuais mais complexas que as de outras crianças de sua idade, e até mesmo que as de seus irmãos mais velhos. Os modelos que ele era capaz de montar com grande facilidade estavam muito acima do normal das crianças em sua faixa etária. (Mesmo hoje, ele supera seus colegas em *videogames* ou jogos de computador, e esses progressos não foram obtidos por meio de aprendizado ou exercício; ele parece ter uma habilidade inata nessa área.)

Mas, mesmo que Whitney estivesse vendo o mundo através de um sistema de pensamento visual que não precisava de palavras, a falta da linguagem o estava deixando frustrado. Na escola, martelava-se continuamente o código lingüístico. Ele tinha de possuir linguagem verbal para ser bem-sucedido em suas atividades escolares e levar uma vida normal. Como poderíamos levá-lo à aquisição de um sistema verbal?

A sra. Jones e eu achávamos que Whitney estava fazendo progressos. O relacionamento entre mim e ele vinha melhorando, e agora ele queria segurar minha mão. Embora o fato de ele ter dito "dra. Florance" fosse um marco muito importante para mim, por eu ter sentido que ele me reconhecia e se sentia ligado a mim como pessoa, não parecia que esse avanço lhe tivesse aberto as comportas da fala. Ele continuava a falar pouco. Tentava dizer uma palavra aqui e outra ali, mas a maior parte do que dizia era ininteligível. Ainda soava como uma algaravia – sons inarticulados e balbucios que não significavam nada de discernível.

Foi então que me lancei em uma luta para criar para ele um banco de palavras e aumentar seu vocabulário.

Temos uma equipe, dizia eu a mim mesma. Eu sou o presidente, a sra. Jones é o gerente e Vanessa e William são os terapeutas. Que professores melhores Whitney poderia ter? Meus dois filhos mais velhos estavam agora no segundo e terceiro ano do ensino fundamental, de modo que sabiam muito bem quais eram as aptidões necessárias a um aluno competente do primeiro ano.

Comecei a refletir sobre como Vanessa e William poderiam ajudar. Constatei, de início, que o modo como eles falavam com Whitney e o que diziam eram coisas cruciais. Todos nós tínhamos aprendido, desde cedo, que o raciocínio verbal não funcionava com Whitney. Normalmente, pode-se começar a argumentar com uma criança a partir dos seus três ou quatro anos de idade, quando elas já conseguem fazer coisas como ficar em fila, revezar-se em suas atividades e brincar com jogos – tudo isso requer capacidade de entender instruções que os outros lhe dão e de comportar-se de acordo com elas. Explicar as razões e os porquês era algo que não passava de um dilúvio de palavras que só deixava Whitney confuso e frustrado. Percebi que esse era um dos obstáculos com os quais os professores e terapeutas de minha clínica deparavam quando tentavam ajudar Whitney: instintivamente, começavam a falar mais alto, mais rápido e por mais tempo quando ele não entendia o que estavam tentando lhe dizer. Como havia passado por um treinamento de cinco anos no NIH sobre o uso de táticas de entrevista como recurso para estabelecer uma relação terapêutica, eu aprendera a parafrasear conteúdos, refletir sentimentos, interpretar, compartilhar e sintetizar, em vez de usar frases que deixavam implícita toda uma série de "você deve" e "você precisa". Criar filhos e educar crianças, por outro lado, são tarefas cheias de "você deve" e "você precisa": "Limpe seu quarto", "Coma seus legumes", "Você precisa fazer sua lição de casa." Acredito que a maioria das pessoas extremamente visuais sente que é má quando ouve um "você deve" ou "você precisa". Para um indivíduo intuitivo, visual, que não vive no universo da linguagem, o julgamento implícito é: "Você não gosta de mim, cometi um erro." As pessoas visuais geralmente não respondem a esses tipos de afirmações e, desse modo, não fazem o que lhes é pedido. Como resultado, elas então entram numa espécie de diatribe verbal sobre por que devem comer seus legumes ou fazer sua lição de casa. Para contornar isso, nós o convidávamos abertamente a falar e criávamos frases nas quais ele pudesse preencher os espaços vazios. Por exemplo, se ele estivesse pintando e derramasse água, as crianças diziam: "Opa, a água derramou, vou pegar uma toalha de papel, você pega uma toalha de papel." Ou parafraseavam alguma coisa que havia acontecido, inserindo palavras sem qualquer julgamento implícito: "Você está triste porque a água derramou."

Ao observarem como eu trabalhava com Whitney na clínica, Vanessa e William tinham aprendido a falar demonstrando apoio. Em decorrência disso, raramente recorriam ao raciocínio verbal para interagir com ele. Usavam suas palavras para criar um casulo ao redor das habilidades emergentes de Whitney. O modo de eles falarem com seu irmão tornou-se um aspecto crucial de nosso programa.

Suas habilidades visuais mostraram-me que seu pensamento ocorria fora do código verbal. Meu objetivo era ensinar a ele que existia um código de pensamento que dependia das palavras. Eu queria reformar seu sistema de pensamento, de modo que ele pudesse processar informações utilizando o código verbal. Para a maioria das pessoas, a melhor maneira de explicar isso consiste em dizer que eu queria ensinar a linguagem a Whitney – eu queria ensiná-lo a ser capaz de reconhecer e usar palavras, ler, falar e escrever. Na verdade, porém, o que eu estava fazendo era tentar encontrar uma maneira de usar o processamento visual, que eu sabia ser muito atuante no cérebro dele, a fim de ensinar-lhe o processamento auditivo. *Eu queria reformar o modo como seu cérebro processava informações.*

Resolvi que precisávamos criar uma arquitetura de aprendizagem para a sala de aula da sra. Jones, algo que ensinasse a Whitney todas as habilidades necessárias ao primeiro ano. Como nenhum dos outros alunos da turma falava, e todos tinham seus interesses centrados no cuidar de si próprios e no reconhecer os sinais mais comuns, sobrava-nos muito tempo para desenvolver um plano em que eu, Vanessa e William pudéssemos trabalhar na reforma do cérebro de Whitney. A sra. Jones entraria com a prática de laboratório, exercitando-o em todas as habilidades que estivéssemos trabalhando.

Sabíamos que ainda tínhamos muito chão pela frente até Whitney conseguir ler livros, mas eu estava convencida de que, para ensinar-lhe palavras, podíamos usar alguns dos jogos visuais com que ele brincava com o irmão e a irmã. A partir de nossa observação de Whitney, sabíamos que ele decodificava problemas facilmente desde que pudesse utilizar seu sistema visual para solucioná-los. Mas confundia-se, atrapalhava-se e mostrava-se incompetente quando se tratava de tentar codificar e decodificar por meio de palavras, a menos que facilitássemos a tarefa, tornando-a apropriada, por exemplo, a crianças de dois ou três anos.

Àquela altura, eu estava convencida de que Whitney estava entendendo e reconhecendo as palavras que lhe ensinávamos. Ainda que ele não dissesse as palavras em voz alta, eu acreditava que estávamos construindo seu vocabulário de agentes e objetos com os logotipos. Se eu dissesse "Encontre Wendy's" ou "Encontre Cheerios", ele podia pegar o logotipo correspondente. Quando queríamos que ele juntasse palavras de modo que formasse frases, não o fazíamos pronunciar as palavras ou usar os fonemas para decodificar as palavras em partes. Não falávamos enquanto ele estivesse pensando. Se você fala enquanto uma pessoa está pensando por meio de imagens ou palavras, pode fazê-la perder a concentração. Isso parecia ser particularmente verdadeiro no caso de Whitney. Portanto, nós lhe dávamos a oportunidade de refletir calmamente sobre os problemas que precisava resolver.

A dificuldade seguinte era levá-lo a reconhecer ações – ou seja, verbos. Ele precisava compreender os verbos para poder formar frases. Adorava os personagens da Disney e da *Vila Sésamo*, e então trouxemos casas de boneca com esses personagens em seu interior. Assim, podíamos fazer com que todos os personagens praticassem ações. Também usávamos seus conjuntos de Playmobil, dizendo coisas como: "*Cowboy* monta cavalo."

Entender verbos significava entender o seqüenciamento, ou o tempo. Para conseguir entender uma frase como "Whitney dirige carro" ou contar qualquer tipo de história sobre o que fazia em seu cotidiano, ele precisava ter algum senso de tempo, um senso de que as coisas se sucedem uma após a outra. Eu não estava convencida de que ele fosse capaz disso. Ele ainda não parecia seqüenciar seus pensamentos do mesmo modo que as crianças verbais. Por volta de seis anos de idade, a maioria das crianças já adquiriu todas as estruturas gramaticais necessárias à linguagem adulta. Falam por parágrafos, revezam-se durante suas conversas e conseguem expressar seus sentimentos, necessidades e opiniões. Para a maioria de nós, essas aptidões se desenvolvem automaticamente; em Whitney, tínhamos de construí-las uma por uma.

Se uma pessoa é capaz de ligar palavras de modo que criem uma história, ela pode prever partes que estejam ausentes do contexto. Ou seja, pode aprender a prever o que vai acontecer em seguida, uma habilidade a que se dá o nome de "*closure*". A *closure* é parte do sistema organizacional do cérebro que serve para o processamento de informações. Ajuda-nos a formular pensamentos antes de termos todas as peças ou de compreendermos todos os aspectos quando estamos aprendendo alguma coisa nova. A *closure* auditiva é uma função automática usada em várias situações da vida cotidiana: para compreender um discurso em um lugar barulhento, entender sotaques estrangeiros, transtornos de articulação ou ligações telefônicas com chiados e outros barulhos. A *closure* visual permite que você reconheça um objeto mesmo quando não consegue vê-lo por inteiro Seu cérebro preenche as partes ausentes. Esta capacidade permite que você preveja o todo a partir das partes. Whitney era muito bom para prever a imagem do todo visual, mas não do auditivo. Ao tentar desenvolver essas habilidades cerebrais subjacentes de *closure* visual – predição visual –, estávamos nos preparando para lidar, em seguida, com a organização auditiva do processamento cerebral.

Certo dia, quando nevava muito e as aulas foram canceladas, Whitney chamou Will e Vanessa para brincar fora de casa, e fizeram um boneco de neve. Uma equipe de televisão estava por ali com uma *van*, fazendo algumas filmagens para uma matéria sobre a nevasca, e parou para filmar as crianças. Disseram a elas que estariam na TV naquela noite, e elas voltaram correndo para casa, loucas para contar sobre sua fama iminente.

Quando assistimos ao programa naquela noite, Whitney pareceu especialmente animado ao ver-se na TV. Costumávamos fazer cartões com palavras que se referiam a coisas que ele pudesse reconhecer a partir de seu dia-a-dia, e, assim, fizemos um com as palavras "boneco de neve", "*van*", "câmera" e "TV". Fizemos com que as letras lembrassem o significado das palavras: acima de "boneco" desenhamos dois olhos, deixando a palavra o mais parecida possível com um rosto masculino, e acima de "neve" desenhamos uma bola de neve.

No fim daquela semana, estávamos trabalhando no consultório depois das aulas, e eu estava orientando um grupo de crianças que ensaiava para dançar "Jelly Man Kelly", de James Taylor, no estúdio de dança. William e Vanessa, junto a uma das terapeutas de meu consultório, estavam trabalhando com Whitney numa sala que dava para o corredor, tentando ensiná-lo a ler através do aspecto visual das letras, em vez de insistir nos sons, como os professores deles lhes haviam ensinado. Em outras palavras, queríamos que Whitney reconhecesse as palavras visualmente, em vez de torná-las foneticamente audíveis.

As terapeutas de meu consultório e eu estávamos tentando desenvolver as aptidões lingüísticas de Whitney por meio de exemplos de seu cotidiano. Ele dizia uma palavra ou uma frase, e nós a complementávamos com mais palavras. Naquele dia, Whitney contou a história do boneco de neve com seu jeito de falar que lembrava um telegrama: "Boneco de neve TV." Esse discurso telegráfico (usando agentes e objetos), que é típico da fase inicial de aquisição da linguagem, soava estranho em uma criança de seis anos e meio. É geralmente observado em crianças de um a dois anos. Para Whitney, porém, era um grande avanço.

Vanessa e William usaram as palavras de Whitney, mas acrescentaram algumas outras nas quais havíamos trabalhado a fim de tornar a gramática mais correta: *Nós fizemos um boneco de neve com um chapéu vermelho, um nariz de cenoura e olhos de balinhas. A TV apresentou um programa. Nós assistimos ao programa na TV. Estamos felizes.*

Agora tínhamos uma história completa que sabíamos ser do conhecimento de Whitney, e podíamos criar imagens visuais que o ajudassem a aprender mais palavras. Para tanto, Vanessa escrevia a história do boneco de neve e em seguida William recortava cada palavra em cartões retangulares. Feito isso, eles ilustravam as palavras. Por exemplo, Vanessa pintava a palavra "vermelho" com lápis vermelho; William desenhava uma cenoura no cartão em que estava escrito "cenoura". Depois, eles colocavam as palavras da história em sua seqüência lógica e, por último, embaralhavam todas elas para ver se Whitney conseguia colocá-las na ordem certa. Àquela altura, estávamos bastante convencidos de que ele era capaz de identificar palavras individuais, mas queríamos descobrir se conseguia reconhecer uma seqüência. "Não falem, nem tentem fazer com que ele pense nos sons", eu havia dito aos dois. "Apenas vejam se ele consegue se lembrar das coisas que se parecem com as palavras."

Pouco depois, ouvi William gritando na sala em que os três estavam: "Viva!"

Quando entrei na sala, William e Vanessa, excitadíssimos, apontaram para a mesa. "Ele conseguiu. Whitney 'escreveu' a história!"

Ali, sobre a mesa, estavam as palavras: BONECO DE NEVE CHAPÉU VERMELHO, UM NARIZ DE CENOURA, OLHOS DE BALINHAS.

Olhei para os dois e perguntei: "Whitney fez isso sozinho?"

"Fez!", responderam, agora um pouco mais calmos. Eles tinham percebido o quanto aquilo era sério. "Misturamos as palavras e ele as colocou nessa ordem."

Olhei para Whitney, que estava radiante – feliz por nos ver felizes, mas sem se dar conta da importância do que havia feito. Ele tinha feito uma associação de idéias e as colocara na seqüência correta. O boneco de neve havia sido agrupado com as idéias principais que a ele se ligavam. Esperávamos que a partir daí pudéssemos começar a ensinar Whitney a organizar seus pensamentos verbais.

Será que ele compreendia a sintaxe? Ele havia demonstrado, no Teste Illinois de Aptidões Psicolingüísticas (ITPA), que conseguia colocar figuras geométricas na ordem correta, de acordo com um padrão que tinha na memória. Era capaz de fazer isso com habilidade bem superior à que seria de esperar de sua faixa etária. O que estávamos fazendo era usar essa capacidade avançada de reconhecimento de desenhos para ensinar-lhe sintaxe, gramática e semântica. Já fazia um ano que ele vinha fazendo isso visualmente. Estávamos convertendo seu reconhecimento de padrões visuais em palavras, e destas passávamos para o significado por meio de histórias que giravam em torno de sua vida real – usávamos o poder de seu pensamento visual para moldar seu pensamento verbal.

Talvez seu conhecimento receptivo fosse superior ao que os testes mostravam. Meus pensamentos voavam – se assim fosse, poderíamos prepará-lo para o primeiro ano introduzindo palavras através de seus sistemas de processamento visual. Será que as coisas estavam realmente funcionando? Resolvi conceder a mim mesma um momento de comemoração. "Aleluia!", gritei bem alto, abraçando todos os meus filhos de uma só vez.

"*Aiuia, mamãe!*", respondeu Whitney.

Começamos a rir. As crianças que faziam aula de dança na sala ao lado vieram até nossa porta, atraídas por nossas manifestações de alegria.

"Ok, ok, agora todos de volta ao trabalho", disse eu com o tom de voz mais profissional que consegui encontrar. E todos retomaram suas atividades.

Terminadas as aulas daquele dia, levei as crianças para a lanchonete Max and Erma, nosso lugar favorito para jantar. Elas adoravam essa lanchonete porque ali podiam montar seus próprios sorvetes.

Enquanto eu observava as crianças criando a própria sobremesa e discutindo sobre quais coberturas usariam, meus pensamentos fervilhavam. Eu sabia que Whitney tinha consciência de que conseguia ordenar palavras para contar uma história, embora ele não fosse capaz de reproduzir oralmente a frase que havia criado. Para ele, as palavras não eram unidades de som – eram símbolos. Mas os símbolos representavam significados que eram corretos.

Estávamos usando o tipo de habilidade que Whitney demonstrava ter quando construía uma estrutura com os blocos de Lego ou um modelo para criar uma arquitetura para o emprego de palavras. Estávamos tentando descobrir de que modo uma trajetória de pensamento visual podia funcionar para resolver um problema visual, e usando isso para dar-lhe dicas de escolha e organização de palavras. Estávamos usando as forças de Whitney para desenvolver seu frágil cérebro verbal.

Ele estava reconhecendo grupos de palavras a partir dos logotipos, ou palavras impressas a partir da memória visual, e nós havíamos associado esses elementos gráficos a objetos significativos por tempo suficiente para que ele desenvolvesse uma memória dotada de significados. As palavras eram símbolos de significados. Ele agora possuía um vocabulário fundamental, um dicionário mental.

Fizemos jogos em que ele podia escolher cartões com imagens e palavras associadas a brinquedos ou a comida. Em seguida, tentávamos reduzir progressivamente as dicas visuais.

Em resumo, ele estava aprendendo a ler exclusivamente com reconhecimento de padrões. Estávamos saltando as regras de linguagem e usando as palavras como símbolos visuais de significados. Assim que ele aprendia um grupo de palavras muito familiares com os logotipos, como Wendy's ou Kroger's, passávamos a usar apenas o cartão impresso. Ele estava aprendendo cerca de vinte e cinco palavras novas por semana.

Ele não andava direito e não corria com segurança. Não ouvia bem. Não falava com clareza. Mal conseguia segurar um lápis, e sua escrita não passava de garranchos desordenados. Mas ele conseguia pensar! E seu pensamento era poderoso o bastante para superar todas essas enormes deficiências e processar o código lingüístico.

Depois de seu sucesso com o boneco de neve, começamos a criar seqüências de frases a partir de nossos cartões rébus. Rébus são dicas visuais que ajudam a decifrar uma palavra. Por exemplo, ao escrever a palavra "fogueira" num cartão, você pode fazer com que o pingo do "i" seja o desenho de uma chama avermelhada. Ele estava recriando frases que lhe havíamos mostrado antes, e que contavam histórias sobre sua vida. Depois que ele aprendia cada história, nós a colocávamos em um envelope e o entregávamos a ele, que devia então abri-lo e tentar remontar novamente a seqüência correta das palavras. Esses envelopes eram como os arquivos mentais em que a maioria das crianças verbais armazena suas lembranças ou histórias; para Whitney, eram arquivos que serviam para exercitá-lo.

Era desse modo que estávamos ensinando Whitney a *ler*.

Apesar de nosso sucesso, eu tremia de medo só de pensar no momento em que me veria diante das autoridades escolares para lhes falar sobre meus planos para a primeira série de Whitney. Como ele não conseguia falar e escrever bem, para os de fora seus avanços pareciam hipotéticos. Se uma dessas pessoas se sentasse ao lado de Whitney e dissesse: "O açúcar é branco, a grama é _____", a resposta dele seria ininteligível. Se alguém lhe pedisse para escrever o alfabeto, não conseguiria ler seus garranchos, que mais pareciam um monte de linhas rabiscadas ao acaso. Ele era incapaz de copiar um quadrado ou um triângulo, pois seu controle motor não lhe permitia levar o lápis a fazer o que ele queria. Não sabia contar nem colocar o alfabeto em seqüência. Isoladamente, as letras ou os números nada significavam para ele, porque o que nós lhe ensinávamos eram palavras inteiras com o auxílio de dicas visuais.

Sem o estímulo das imagens, ele parecia muito deficiente. Era incapaz de fazer o que as crianças normais fazem, como ler em voz alta *vovô viu a uva* ou cantar "Parabéns a você". Brincava mais sozinho que acompanhado. Gostava de brincar ao ar livre, nos balanços, ou de andar de triciclo. Devido a suas habilidades motoras incipientes, apertava as coisas com muita força e não conseguia desenhar nem pintar. Preferia ver filmes da Disney a folhear livros ilustrados. Gostava de marionetes, de bichos de pelúcia e de bonequinhos do Ursinho Puff, de personagens Disney ou de *Vila Sésamo*. Sentava-se tranqüilamente e ficava horas olhando para as coisas. Por exemplo, ele gostava de examinar cata-ventos de papel e, enquanto seu olhar se demorava sobre eles, eu imaginava que ele estivesse se perguntando o que é que fazia uma coisa daquelas girar daquele jeito e mudar de cor. Ele se aproximava de coisas ou pessoas e ficava parado, olhando fixamente para elas.

Whitney não tinha a maior parte das habilidades da pré-escola que são consideradas necessárias para uma criança poder cursar o primeiro ano. Portanto, minha insistência em que ele conseguia ler não era nada transparente para qualquer pessoa que não tivesse trabalhado com ele dia após dia, como era o caso da sra. Jones. E até mesmo ela via em Whitney uma criança com sérios problemas.

Hoje, quando penso nos objetivos estabelecidos para o projeto educacional individual de Whitney naquele ano que passou com a sra. Jones, no que ele fez e no que não conseguiu fazer, fico estarrecida ao constatar como era grande seu atraso em tantas áreas. Fico surpresa ao lembrar da insuficiência de suas habilidades motoras, principalmente quando lembro também de sua perícia nas construções com blocos de Lego.

Por volta de abril daquele ano letivo, quando Whitney estava com seis anos e sete meses, os registros de seus progressos em fisioterapia mostravam o seguinte:

> *Whitney tem feito grandes progressos no desenvolvimento geral de suas habilidades motoras. Os objetivos para o próximo ano letivo continuarão voltados para as habilidades de equilíbrio estático e dinâmico, bem como para as atividades que enfatizam o desenvolvimento da propriocepção.*

Para sua idade, ele ainda deixava muito a desejar na maioria das habilidades motoras:

HABILIDADE	OUTONO (nível de idade em anos e meses)	PRIMAVERA
FICAR DE PÉ	3,5	4,0
ANDAR	4,5	5,0
ESCADAS	4,0	5,5
CORRER	4,0	5,0
SALTAR	3,0	5,0
PULAR	2,6	3,6
CHUTAR	5,0	5,0
PLATAFORMA DE EQUILÍBRIO	0	4,0
PEGAR COISAS	4,0	5,5
ARREMESSO	2,6	3,0
VIVACIDADE	0	2,0

Hoje, quando relembro essas coisas, vejo ainda mais claramente por que tantos professores e diretores de escola que cruzaram meu caminho durante aqueles anos achavam que eu era exageradamente otimista.

Aqui estão alguns dos objetivos que a sra. Jones havia estipulado para Whitney no fim de outubro. Os objetivos foram revistos novamente em janeiro e março daquele ano letivo.

- Whitney nomeará letras em caixa-alta e caixa-baixa – *alcançado em janeiro, mantido em março*
- Whitney reconhecerá 20 palavras com 75 por cento de exatidão – *alcançado em março*
- Whitney demonstrará conhecer as funções de objetos comuns em 75 por cento do tempo – *não alcançado*

- Whitney seguirá a rotina diária com 90 por cento de confiabilidade – *ainda precisa de estímulo para seguir a rotina logo ao entrar na sala de aula; uma vez lá dentro, porém, ele melhora; fez progressos em janeiro, alcançou o objetivo em março.*
- Whitney contará até 50 – *em março, consegue contar até 12 e, a partir daí, confunde-se com os números de 13 a 19.*
- Whitney aprenderá a interagir bem, inclusive a compartilhar coisas e revezar-se em determinadas atividades – *fez progressos em março, mas esta continua sendo uma área muito problemática.*

Em seu projeto educacional individual, a terapia da fala incluía os seguintes objetivos:

- Whitney passará a ter aptidão conversacional em 50 por cento do tempo – *não alcançado.*
- Whitney reduzirá sua fala inarticulada ou incompreensível a 50 por cento do tempo – *não alcançado.*
- Whitney olhará nos olhos de quem interagir com ele, 50 por cento – *não alcançado.*
- Whitney aumentará o tamanho de suas frases para 5-8 palavras – *não alcançado.*
- Whitney aumentará sua fala espontânea – *alcançado* [ele vinha falando mais, mas era quase impossível entender o que dizia].

O relatório trazia esta síntese final:

Whitney tem dificuldades de articulação, linguagem e memória auditiva. Não consegue responder a mais de uma pergunta, e tem dificuldade para manter uma conversação com quaisquer palavras pertinentes. Consegue nomear alguns objetos.

Por mais que eu achasse que ele estava se comunicando, para os outros isso não era nem um pouco evidente. Nem mesmo a sra. Jones estava convencida de que Whitney era tão capaz quanto eu imaginava que fosse – e ela tinha algumas preocupações pertinentes. Afinal, ainda havia momentos em que o comportamento dele era muito autista. Saía perambulando e desaparecia. Não suportava o barulho do *playground* e da lanchonete, e nessas ocasiões tapava os ouvidos com as mãos ou golpeava a própria cabeça. Nunca tentou morder a sra. Jones – mas ela sabia quando ele havia chegado ao limite de sua frustração, e então o deixava ficar sozinho por algum tempo.

Quando conversei com ela sobre as chances de Whitney ir para uma escola normal no ano seguinte, com base em sua capacidade de pensamento visual, ela me respondeu muito delicadamente: "Por que não o levamos para fazer alguns testes com a sra. Fletcher, a terapeuta ocupacional, para vermos o que acontece?"

Em abril, a sra. Fletcher testou a capacidade de percepção visual de Whitney. Não é preciso falar nem ouvir para submeter-se a essa série de testes – basta resolver uma série de problemas visuais. Aos 6 anos e 7 meses de idade, eis os resultados que Whitney obteve:

Discriminação visual – 7 anos e 5 meses, 75.º percentil
Memória visual – 5 anos e 1 mês, 25.º percentil
Relações visual-espaciais – abaixo de 4 anos, 1.º percentil
Constância de forma visual – 7 anos e 6 meses, 84.º percentil
Memória seqüencial – visual – 5 anos e 7 meses, 25.º percentil
Distinção entre primeiro plano e fundo – 5 anos e 8 meses, 37.º percentil
Closure visual – 4 anos e 4 meses, 16.º percentil

Fiquei impressionada. Whitney estava adiantado um ano e cinco meses em dois testes visuais, e não ficava para trás em praticamente nenhum dos outros. Para uma criança que, um ano antes, apresentara um QI de 46, com todas as contagens bem abaixo de um percentil, achei que seu progresso era milagroso. Além do mais, ele havia tolerado o fato de o teste ter sido aplicado por uma pessoa que não sabia como chegar à mente dele para ilustrar as diretrizes, o que para mim era magnífico. O normal é o qüinquagésimo percentil, e quase todo mundo obtém uma contagem entre 40 e 60. Whitney teve contagens excelentes em áreas difíceis – eu já sabia que ele era capaz disso, mas agora achava que a escola teria de acreditar em mim a partir do teste proposto lá mesmo.

A sra. Fletcher escreveu em seu relatório: *Whitney está no 25.º percentil em percepção visual.* O modo normal de fazer a contagem desses testes consiste em somar a pontuação bruta e procurar a pontuação composta para a idade cronológica da criança, obtendo-se assim a pontuação estatística composta utilizada para uma pontuação resumida. *Ele é basicamente normal em aptidões perceptivo-visuais de acordo com sua faixa etária*, escreveu ela. Ver as pontuações dessa maneira não ilustrava suas pontuações altas e baixas. Existe uma certa divergência quanto às pontuações compostas. Binet não queria que elas fossem usadas desse modo, e tampouco o queriam os autores do Teste de Aptidões Psicolingüísticas de Illinois, porque pretendiam usar as pontuações do subteste como uma base para propor intervenções. A "média" não descrevia uma pontuação de 84.º percentil, nem uma pontuação de 16.º percentil. Talvez a utilização de pontuações compostas funcionasse quando todas as pontuações fossem semelhantes – se estivessem todas no 37.º percentil ou entre o 35.º e o 45.º, por exemplo, então as pontuações compostas descreveriam o desempenho. Contudo, poderia ser muito enganoso confiar na pontuação composta quando as pontuações dos subtestes variassem de 16 a 84. Whitney não tinha uma inteligência unitária, mas estava aprendendo a tornar-se inteligente em termos verbais e visuais.

Em minha pesquisa clínica com pacientes de derrame, eu utilizava um modelo que requeria o exame da variabilidade dentro de cada subteste. Esse método, proposto pelo dr. Bruce Porch quando desenvolveu o Índice Porch de Capacidade de Comunicação, exige que o examinador avalie a função de comunicação cerebral no processamento auditivo e visual, na audição, na fala, na leitura e na escrita. Há dez itens por subteste. Para prever quem tem o melhor prognóstico, o terapeuta usa um método chamado "declive HOPE": primeiro, você examina as pontuações em cada item, a variabilidade dentro de cada subteste e a variabilidade entre as modalidades. Procura as pontuações mais altas e mais baixas a partir da premissa de que, se o paciente pode cumprir a tarefa corretamente uma vez, tem maior chance de cumpri-la novamente do que o paciente que não for capaz de cumpri-la por inteiro. Como fui treinada pelo dr. Porch nesse tipo de procedimento, e por ter sido durante muitos anos diretora de um grande programa de recuperação de pacientes de derrame, eu via as pontuações de testes com maior amplitude do que a simples consideração da pontuação composta. A constatação de que algumas das pontuações de Whitney eram muito altas era muito importante para o planejamento terapêutico e para a previsão dos prognósticos.

Tentei mostrar como as habilidades visuais são importantes para o funcionamento do cérebro. "O teste mostra como o cérebro processa o pensamento visual. E esses processadores visuais precisam entrar em parceria com os equivalentes auditivos", expliquei.

"Estamos treinando seu pensamento visual dia após dia, em casa e na escola, e é por isso que ele vem melhorando. Estamos usando seu pensamento visual para ensiná-lo a ler."

"Ele ainda está nos vinte e cinco por cento mais baixos da população", disse ela. "Vinte e cinco por cento é uma média baixa."

Ele não é de jeito nenhum normal ou abaixo da média. É um gênio com alguns problemas, eu quis gritar.

Sem dúvida, Whitney tinha deficiências múltiplas. Ele precisava de terapia da fala, terapia ocupacional, fisioterapia e educação física adaptativa tanto no programa CPNEE do município de Franklin quanto em Dublin; tinha, portanto, oito terapeutas – dois para cada atividade, muitas vezes por semana. Esses programas de educação especial estavam funcionando – ele melhorava extraordinariamente a cada mês. Mas eu achava que o corpo docente não estava percebendo por que Whitney estava progredindo tanto – *era porque ele estava aprendendo a utilizar e a maximizar seu sistema de pensamento visual*. Comecei a tentar fazer com que vários terapeutas e diretores de escola (e quem mais estivesse por perto) entendessem que Whitney era um pensador visual absoluto, como Albert Einstein, e a dar exemplos de todas as coisas visuais que ele era capaz de fazer.

Todos devem ter pensado que eu era apenas uma mãe incapaz de aceitar a realidade. Havia momentos em que eu achava que só nós três – William, Vanessa e eu – acreditávamos em Whitney, dando-lhe o espaço necessário para explorar sua mente e levantando inúmeras discussões sobre o pensamento dele enquanto eu os levava para o ponto de ônibus às seis e meia da manhã.

Naquele ano, comemoramos o aniversário de Will com uma festa em estilo circense. Ann, minha secretária, era cantora de ópera. Ela e o marido, também cantor, criaram uma opereta sobre William e a encenaram diante da lareira. A dra. Cindy, uma das pediatras de minha clínica, fez caricaturas no estúdio de arte montado na garagem, Lee fez cachorros-quentes, hambúrgueres e outras coisas na churrasqueira. Pintamos o rosto de todos, fizemos jogos e várias outras atividades. Aluguei dois pôneis que as crianças puderam cavalgar em nossa rua sem saída.

Eu não sabia bem qual seria a reação de Whitney a esse grande acontecimento, porque toda aquela agitação poderia fazê-lo entrar no processo de balançar o corpo e bater na própria cabeça. Mas, para minha surpresa, ele ficou praticamente a festa toda parado diante de um pônei, examinando suas narinas e seus dentes como um escultor tentando captar a fisiologia exata da cabeça do animal a ser representado. Terminada a festa, uma das mães veio pegar seu filho e ficamos conversando por quase uma hora. Ela tinha um bebê que permaneceu em seu *baby-seat*, e durante toda a nossa conversa Whitney ficou sentado ao lado do bebê, olhando para seu rosto. A dra. Cindy, minha amiga que tinha feito as caricaturas e se expressava visualmente com grande facilidade, disse: "O rosto do bebê não é proporcional a seu corpo. É grande demais, e é possível que Whitney esteja avaliando isso."

Comecei a perceber mais claramente do que nunca que o fascínio de Whitney pelas tarefas visuais, suas criações a partir de modelos, seu apurado senso de direção, seus progressos no aprendizado da linguagem por meios visuais, suas altas pontuações visuais –

aquele fascínio em ficar examinando coisas por horas e horas —, tudo isso estava interligado. Ocorreu-me que eu talvez estivesse descobrindo uma nova síndrome da qual até então ninguém tinha ouvido falar — uma síndrome em que a alta aptidão visual e a baixa aptidão auditiva geram um conjunto de sintomas semelhantes aos do autismo, mas que podem ser corrigidos pelo tipo certo de terapia: uma terapia que use a alta aptidão visual para melhorar a baixa aptidão auditiva. Eu estava entusiasmada demais para pôr a idéia em palavras, mas, se estivesse certa, havia uma esperança para Whitney.

Continuei a testar essa teoria em nosso trabalho com Whitney. Agora que ele conseguia ler e formar frases visualmente, além de dizer algumas palavras, já era tempo de retomar o trabalho com seu sistema auditivo.

William e Vanessa podiam ajudar. Como eles sabiam ler, liam histórias para o irmão em casa e no meu consultório, quando as aulas terminavam. Ao mesmo tempo, retornamos para o universo dos sons, e comprei todos os vídeos e fitas cassetes de *shows* da Broadway e filmes da Disney que pude encontrar. Assistíamos e ouvíamos tudo isso em casa e no carro, e pouco tempo depois sabíamos todas as canções de cor. Aqueles alunos de segundo e terceiro anos sabiam cantar todas as canções de musicais como *Oklahoma*, *Gigi* e *My Fair Lady*, e as de qualquer filme da Disney.

Whitney adorava os vídeos, mas não nos acompanhava em boa parte de nossas danças e cantorias. William e Vanessa representavam e cantavam, mas Whitney não entrava para valer em nenhuma dessas brincadeiras. Acompanhava-nos durante algum tempo, mas depois se desligava e ficava olhando fixamente para as coisas ou entretendo-se com seus brinquedos. Não ficava tenso ou irritado com a música, pois parecia ter algum mecanismo dentro de sua cabeça que lhe permitia desligar o som e isolar-se de nós para brincar sozinho.

Tínhamos alguns filmes, como *Branca de Neve e os sete anões*, que eles haviam passado anos assistindo. Dessa forma, fazer-lhes perguntas sobre as canções desses filmes era uma maneira de testar seu conhecimento "cristalizado" – termo usado para designar coisas aprendidas e guardadas na memória. Teria Whitney guardado essas informações? Teria conhecimento delas? Para descobrir se ele conseguia criar novas lembranças, eu poderia usar filmes mais recentes, como *A pequena sereia*. Será que as crianças se lembrariam das letras? Eu dirigia o carro com a mão direita sobre o controle de volume do gravador, e, quando Sebastian cantava "No fundo do...", eu abaixava o som e as crianças gritavam: "Mar!" Às vezes, Whitney parecia estar nos ouvindo, e em algumas ocasiões tentava adivinhar trechos das letras. Quando ouvíamos *O mágico de Oz* e chegávamos ao trecho em que se diz "Leões, tigres e ursos, meu Deus!", fazíamos um estardalhaço com as duas últimas palavras, espichando-as – Meeeu Deeeuuusss! –, e nesse momento Whitney gostava de cantar conosco. Mas em geral preferia ficar olhando pela janela, como se estivesse examinando cada detalhe visual da paisagem. (Mesmo hoje, quando saímos de carro, ele percebe coisas que eu nunca veria.)

Também usávamos fitas cassetes que vinham com livros que contavam a história, e que traziam pequenos trechos das canções. Na gravação da fita cassete, um *bip* ou uma campainha indicava que a criança devia virar a página. Whitney olhava as imagens e esperava pelo sinal para virar a página, o que me dava a certeza de que seu sistema auditivo estava começando a reagir.

Eu me sentia extremamente esperançosa e aliviada agora que começava a chegar à parte da terapia que eu mais dominava. Ensinar crianças não-verbais a falar e ensinar crianças com sistemas auditivos fracos era muito mais fácil para mim do que fazer com que Whitney parasse com sua perseveração ou me reconhecesse como um ser humano. O ponto a que havíamos chegado era muito mais reconfortante. Agora havia esperança, e já sabíamos por qual caminho seguir.

Já era tempo de pensar no próximo ano letivo de Whitney. William, Vanessa e eu tínhamos certeza de que ele poderia cursar pelo menos uma parte da primeira série como aluno regular – a parte que envolvia a leitura. Eu estava começando a entender de que modo poderia harmonizar as diferentes etapas – utilizar seu conhecimento das palavras para torná-lo apto a ler, e depois, a partir da leitura, lidar com seus problemas de audição; a partir daí, ensiná-lo a falar, e depois da fala partir para a escrita. Eu também começava a compreender o grande poder do sistema de pensamento visual de um modo que nunca antes me passara pela cabeça. Estava convencida de que essa grande força motriz poderia ajudar a alimentar o pensamento verbal de Whitney – eu ainda não sabia exatamente *como*, mas trabalhava continuamente essa questão.

Pela minha definição, ele estava lendo porque conseguia atribuir sentido às unidades lexicais ao agrupá-las em categorias afins ou compará-las com as coisas em si. Era capaz de encadear palavras de modo que representassem pensamentos que incorporavam agentes, ações e objetos. Mas eu sabia que seria dificílimo fazer com que esses fragmentos de uma aptidão de "primeira série" parecessem lógicos aos olhos dos demais.

Portanto, eu sabia que precisávamos transpor o obstáculo dos testes. No hospital, é preciso informar o paciente sobre todos os procedimentos aos quais ele será submetido. Tudo que eu fazia ao testar um paciente era explicado antes. Na verdade, o paciente, a família e eu criávamos juntos a bateria de testes, de modo que todos pudessem ter consciência do que seria feito a seguir. Com os testes escolares, porém, era tudo diferente. A bateria era determinada segundo regras que eu não compreendia, e tampouco parecia haver algum documento explicando-as. Isso me fazia sentir que eu não tinha capacidade alguma de prepará-lo para os testes específicos exigidos – e ficávamos então à mercê de um sistema de testes que, em minha opinião, não mostrava bem as coisas que Whitney *podia* fazer – apenas mostrava quais eram suas limitações.

Perguntei à sra. Jones se podíamos desenvolver os testes com exemplos em sala de aula de tudo que ele era capaz de fazer, e ela procurou a coordenação da escola para informar-se sobre essa possibilidade. "Como a sra. pode afirmar que ele lê se ele não consegue ler em voz alta?", perguntaram. "Para podermos submetê-lo aos testes, ele tem de ser capaz ou de escrever as respostas às perguntas ou de dizê-las em voz alta."

Eu e ela nos reunimos para discutir a questão.

A sra. Jones havia explicado que Whitney podia colocar sentenças na ordem correta. Mas eles argumentaram que o simples fato de uma criança conseguir colocar palavras em uma determinada seqüência não significa que ela entenda o sentido das palavras.

"Você disse a eles que eu já o venho treinando há quase sete anos? E que tenho trabalhado arduamente a fim de desenvolver sua arquitetura cerebral para a linguagem?", perguntei. "Sei de tudo que se passa no cérebro dele."

"Eu disse que você acredita que ele entende", explicou a sra. Jones, acrescentando, como quem se desculpa: "Mas, como você bem sabe, para as outras pessoas é difícil ter certeza disso."

"Escute", respondi. "Se essas pessoas o testarem da maneira errada, pensarão que ele ainda tem um QI de 46. Acredito que, se o testarem corretamente, vão descobrir que ele pode ir para o primeiro ano de uma escola regular, e que não precisará ser isolado de todas as outras crianças, como vem acontecendo este ano."

Ela então me explicou que a coordenação da escola não achava que ele pudesse estar seguro em uma turma regular de primeiro ano.

"Como assim, seguro? O que é que o faria correr perigo? Confie em mim, eu sei que ele está lendo e pensando. Ele vai ficar bem. A maior parte das atividades do primeiro ano gira em torno da leitura."

A sra. Jones suspirou. Ela realmente estava entre a cruz e a espada, e eu me sentia mal por isso – mas nada me impediria de discutir meus pontos de vista.

Ela sabia que eu não ia gostar da decisão, mas explicou que eles planejavam tirá-lo do programa para crianças com retardamento mental e transferi-lo para a classe de autistas com desempenho funcional mais elevado, em Riverside. Eles também achavam que, àquela altura, Whitney já era uma criança mais receptiva ao ensino.

Portanto, pretendiam colocá-lo com crianças da mesma idade e prepará-lo para o ensino fundamental. Haveria apenas quatro ou cinco crianças em sua classe, com uma professora de educação especial e uma assistente em tempo integral.

Olhei para ela, irritada por saber que havia sido aquele o resultado. Eu sabia que não era culpa dela, mas minha impotência diante do sistema escolar me deixara furiosa.

Ela tentou me convencer de que era uma sorte para Whitney passar mais um ano com duas professoras em uma classe com cinco alunos.

Eu estava decepcionada. Havia trabalhado tanto para prepará-lo para cursar o primeiro ano como aluno regular, e eles ainda queriam vê-lo num grupo de educação especial.

Não é que eu não compreendesse o ponto de vista deles. Também me preocupava a possibilidade de Whitney ter uma recaída. Eu entendia que a coordenação da escola tivesse em vista uma situação mais controlável. Tinha consciência de que não era uma boa idéia pegar uma criança que precisava de intenso trabalho de educação especial, como Whitney, e colocá-la num grupo de vinte e cinco crianças com um só professor. A bem da verdade, Whitney não tinha nenhuma das habilidades necessárias para cursar um primeiro ano regular. Mal conseguia falar ou escrever. Tinha problemas de audição. Eu não esquecia nada disso. Por que, então, eu estava tão obstinada? Não estaria agindo como uma tola? Como mãe excessivamente protetora que houvesse perdido toda a objetividade?

Fui para casa e passei a noite inteira sem conseguir dormir. Depois de pôr todas as crianças na cama, servi-me de uma taça de vinho e sentei-me perto da lareira, por volta de meia-noite. Arrumei a cozinha e organizei todas as gavetas à uma da manhã. À uma e meia, preparei os lanches das crianças – minha mente fervilhava, e eu não conseguia pensar com clareza, só ficava pulando de um pensamento para outro. Depois, fui novamente para perto da lareira e tentei pôr em ordem meus pensamentos. Sentia que as coisas me haviam levado a treinar o cérebro visual de Whitney contra tudo e contra todos, contra tantas provas em contrário. Se Whitney fosse um paciente, eu já teria desistido dele há muito tempo. Se eu fosse uma mãe sem nenhuma formação científica, só teria visto o que todos viam: uma criança impossível de ser ensinada. Mas eu tinha vislumbrado o poder da mente visual, e toda a minha atenção se voltara para isso.

Ainda estou só começando a me dar conta de quão poderosa é a mente visual. Embora repita isso mil vezes, ainda assim não tenho um pleno entendimento do que estou dizendo. Não tenho um cérebro visual forte – muito pelo contrário, tenho o pensamento visual muito fraco e o verbal extremamente forte. Mesmo para o oftalmologista, minhas aptidões perceptivo-visuais estão abaixo do primeiro percentil. Mas eu havia testemunhado algo. Ainda numa idade tão tenra, Whitney era capaz de fazer coisas que não consigo fazer como adulta. Tinha dado um jeito de ligar o videocassete no quarto do hotel, sabia intuitivamente como montar quebra-cabeças que eu não conseguia entender logicamente. Era esse poderoso sistema de pensamento visual que me levava a achar que ele podia ser bem-sucedido no primeiro ano. Eu sabia que o primeiro ano consistia basicamente numa experiência verbal de ouvir, ler, escrever e falar. Sabia que isso poderia ser um problema. Minha intuição, porém, dizia que não, dizia que eu devia continuar tentando. Helen Keller só podia soletrar com os dedos e em braile, e aprendeu quatro idiomas. Quando o código chegou a seu cérebro em um formato utilizável, ela conseguiu pensar. Eu precisava garantir que o código chegasse ao cérebro de Whitney em um formato prático; depois, sua aptidão visual se encarregaria da parte relativa ao pensamento. O cérebro visual poderia dar conta do primeiro ano de uma escola regular se nós conseguíssemos levar os pensamentos a ele de modo inteligível. Eu precisava continuar tentando.

Estávamos no último dia do ano letivo. E que ano! Os progressos de Whitney haviam me convencido de que eu estava certa no trabalho que vinha desenvolvendo. Ele era a prova viva de que minha terapia de processamento visual e auditivo funcionava.

Whitney acrescentava novas palavras à sua linguagem receptiva a cada dia, e estávamos desenvolvendo isso em seu vocabulário visual e de leitura – criando seu "banco de palavras", seu léxico fundamental. Sua linguagem expressiva ainda era incipiente, mas eu tinha certeza de que ela podia progredir.

Levei Whitney para a escola, para seu último dia de aula como aluno da sra. Jones. Maravilhada, olhei para ele quando desceu do carro e dirigiu-se sozinho para a sala de aula. Eu mal podia acreditar nos progressos que havíamos feito nessa classe, que, de início, achei que não daria em nada. Mas Whitney ainda não podia ser considerado um aluno regular, e precisava ir para sua nova classe na Escola Riverside. Eu estava perdendo minha corrida contra o tempo, e era incapaz de aceitar isso. Considerava fenomenais os avanços que havíamos feito; afinal, agora ele lia, seguia instruções e era capaz de adaptar-se a uma rotina. Mas a coordenação me dizia que isso não era o bastante para uma criança cursar o primeiro ano de uma escola regular.

Inclinei o corpo e fechei a porta do carro – por mais que eu insistisse com ele, Whitney nunca fechava uma porta depois de passar.

No caso de William e Vanessa, lembro-me de minha angústia no dia em que eles entraram num ônibus pela primeira vez para irem sozinhos à escola, ou no dia em que passaram pelo portão da escola sem minha companhia. Eu podia sentir os laços maternos puxando-os, querendo que eles ficassem só mais um pouco, agoniada por eles estarem crescendo tão rapidamente e tornando-se independentes. Como eles sabiam o quanto eu odiava vê-los ir embora, diziam sempre "Eu te amo, mamãe" assim que saltavam do carro, e eu respondia "Eu também te amo, minha menininha", para Vanessa, e "Eu também te amo, meu ursinho", para meu ursinho Willie.

Enquanto olhava Whitney entrando sozinho na escola, senti um aperto em meu coração, mas de um jeito diferente: por mais que eu mesma tivesse insistido em que um dia ele conseguiria fazer isso sozinho, era difícil acreditar no milagre. Com sua mochila às costas e a lancheira na mão, ele acenou para as outras crianças quando se aproximou do portão principal. Quando já estava para entrar no prédio da escola, virou-se para mim e disse: "Eu t'aaammu, mamãe!" "Eu também te amo, Whitney-Pitney!", gritei para ele.

No carro, voltando para casa sozinha, eu ria e chorava ao mesmo tempo. Nossa vida com Whitney era um turbilhão de alegrias e tristezas!

10.
O triângulo

No verão que antecedeu a ida de Whitney para a Escola Riverside, fizemos um enorme progresso. Ele ainda voltava muitas vezes a apresentar um forte comportamento autista, mas agora havia muitas coisas que podíamos fazer como uma família.

Depois de um começo muito difícil, Whitney dera grandes passos participando ativamente do programa de acampamentos e recreação nos parques de Dublin. De início, nossa participação se resumia a vinte minutos por dia. Por volta de agosto, já fazíamos oito horas de interação social por dia, incluindo aulas de natação. Whitney realmente gostava de nadar. Depois que eu chegava do trabalho, arrumávamos nossas coisas para passar o fim de tarde na piscina, quando geralmente fazíamos um lanche e jogávamos cartas durante os períodos de descanso. Whitney estava sempre disposto a entrar na piscina para nadar e brincar na parte mais rasa. Tinha vários brinquedos aquáticos e diferentes tipos de bóias, e adorava brincar com essas coisas. Eu ficava sentada na beira da piscina, dando uma olhada nas crianças.

No dia seis de agosto, meu aniversário, os pais de todas as crianças foram convidados para uma exibição na piscina, e então mudei meu horário de trabalho para poder estar presente. Eu já participara de uma infinidade de programas desse tipo com Vanessa e William, mas aquele seria o primeiro em que todos os meus filhos participariam juntos. Eu estava nervosa e agitada.

O acampamento das crianças ficava na escola de ensino fundamental de Wyandotte, do outro lado do estacionamento da piscina. Quando suas apresentações na piscina terminavam, bastava atravessar a rua para estar de volta ao acampamento.

As crianças mais velhas foram as primeiras a se apresentar, demonstrando os estilos de natação que haviam aprendido. Quando Vanessa (que hoje participa da equipe de natação de sua faculdade) mergulhou e mostrou tudo o que sabia – nado de costas, de peito, borboleta e estilo livre –, eu não poderia ficar mais orgulhosa se ela fosse Esther Williams dando um *show* de nado sincronizado.

Em seguida foi a vez de Will, disputando na competição de sua faixa etária. Quando ele mergulhou, levantei-me e comecei a gritar, totalmente esquecida de meu senso de decoro bem ali, na frente de todos os outros pais. Meu pai tinha sido nadador profissional, e ainda hoje é recordista mundial em algumas categorias. Eu mesma participara de competições até a idade adulta, e fizera parte de equipes de nado sincronizado na faculdade, de modo que tudo aquilo significava muito para mim. Eu estava orgulhosíssima de ver meus filhos se divertindo e demonstrando suas habilidades.

E então chegou a vez de Whitney. Embora ele ainda estivesse sob intensa terapia física e ocupacional, vinha nadando muito bem durante todo aquele verão. Parecia que a água de alguma forma facilitava a coordenação de seus movimentos musculares. Eu estava ansiosa para assistir a sua exibição.

Sentia meu coração batendo mais rápido quando me coloquei ao lado da piscina com os outros pais. Devíamos jogar moedinhas na água, e as crianças do grupo de Whitney saltariam ou mergulhariam para apanhá-las. Jogamos as moedas e nos afastamos. A água espirrava para todo lado enquanto as crianças se lançavam atrás delas. Quando já estava encharcada, abri os olhos tentando descobrir em que parte da piscina estava Whitney. Não o localizei em lugar algum e entrei em pânico, pensando que ele talvez estivesse se afogando. Quando jovem, trabalhei como salva-vidas durante muitos anos, e essa preocupação nunca me abandonou. Então vi uma professora ao lado de Whitney, que estava sentado na beira da piscina e não queria sair dali. A professora tentava convencê-lo a mergulhar. Quando me aproximei, ele lhe deu um empurrão e saiu correndo. Desculpei-me como pude com a professora e corri atrás dele. Quando consegui alcançá-lo, ele já havia atravessado a rua e entrado em casa. Encontrei-o chorando e sacudindo o corpo em sua cama de caminhão de bombeiro. Tentei fazê-lo dizer alguma coisa. "Whitney, você ficou com medo de...?", mas ele não respondia. Finalmente, consegui acalmá-lo tocando algumas músicas no violão. Quando ele ficou mais calmo, pus o violão de lado e acariciei seus cabelos. "Que tal pegar William e Vanessa, ir ao cinema e comer pipoca?" Não sei bem se ele me compreendeu, mas, seja como for, pegou na minha mão e saímos.

Quando já estávamos sentados no escuro do cinema, comendo nossa pipoca, pensei: *Nossas dificuldades ainda não terminaram. O excesso de agitação pode provocar retrocessos.*

Por um lado, eu sentia que nosso intenso trabalho com Whitney vinha dando resultados; por outro, incidentes como o daquele dia me deixavam com medo de estar enganando a mim mesma – acreditávamos estar avançando até que, de repente, Whitney tinha uma daquelas desastrosas recaídas de comportamento autista. Seria possível fazê-lo avançar ainda mais no universo verbal? Será que algum dia conseguiríamos trazê-lo completamente ao nosso mundo?

Era frustrante não saber se ele entendia o que eu lhe dizia. Ele ainda não ouvia bem nem seguia instruções prontamente. Não deixava transparecer se me compreendia, e não havia como saber o que o levava a ter aquelas explosões. Naquele dia, a causa poderia ter sido a bagunça na água e as gargalhadas – teria sido aquela barulheira infernal? Ou, talvez, ser observado por todos os outros pais? Ou será que as exibições na piscina foram uma mudança radical demais em relação àqueles hábitos aos quais ele se adapta em nossos acampamentos? O mais frustrante de tudo era saber que não tínhamos como prever os acontecimentos – o que poderia funcionar e o que terminaria em desastre. Além do mais, agora que Whitney já estava bem maior do que quando tinha dois ou três anos, esses comportamentos pareciam muito mais atípicos aos olhos de estranhos. Quando ele era mais novo, era mais fácil os outros acharem que ele só estava tendo uma crise de nervos. Mas essas crises eram bem mais perturbadoras numa criança da idade dele.

Eu ansiava por encontrar maneiras de me comunicar com Whitney – saber se ele entendia o que lhe dizíamos e ter, assim, sua colaboração com nossas tentativas de comunicação.

Certa noite, depois de assistir a um episódio de *São Francisco urgente* no qual aparecia um mímico, Vanessa teve a idéia de brincar de adivinhação com Whitney. "Acho que ele consegue imitar coisas que nem aquele mímico!", ela me disse.

Adorei a idéia. Fui a uma videoteca e procurei filmes em que houvesse ação sem palavras – a primeira cena de *Amor, sublime amor*; os *cowboys* fingindo cavalgar nas seqüências de dança de *Oklahoma*; as cenas na Estrada dos Tijolos Amarelos em *O mágico de Oz* ou as crianças Von Trapp subindo a montanha em *A noviça rebelde*.

À noite, eu tocava violão e cantava enquanto as crianças andavam de patins, fazendo seus papéis. William e Vanessa usavam expressões faciais exageradas, mas não falavam nada. Whitney adorava a brincadeira.

Criamos um "teatrinho" em casa. Havia uma fileira de janelas em que podíamos nos ver refletidos à noite. Colocávamos um CD da Madonna para tocar. Eu fazia o papel da cantora, William e Whitney eram os músicos da banda. Eu fazia movimentos de dança simples e engraçados, e eles me imitavam. Vanessa dirigia o *show*. Eu fazia uma série de movimentos de mãos e de ombros, e às vezes usávamos chapéus e bengalas. Púnhamos Whitney para participar sempre que eu tocava a música "Me and My Cowboy", que tinha um som de galope e falava sobre andar a cavalo junto com um *cowboy* num dia muito quente. Eu tocava violão e as crianças montavam em seus cavalos (feitos com vassouras e panos de chão, com rédeas de barbante) e, galopando, subiam e desciam as escadas; depois, sempre ao som da música e enxugando as sobrancelhas, como se estivessem com muito calor, iam galopar ao redor da casa. Além da participação de Whitney, tínhamos também um bônus: a correria era tão cansativa que ele logo pegava no sono. Depois do jantar, exaustas de tanto representar seus papéis, as crianças iam para a cama e eu lhes cantava canções de ninar ou lhes contava histórias.

Dias depois, fomos comemorar meu aniversário na casa de meus pais. "No primeiro ano, os alunos precisam saber contar uma história, mamãe", disse Vanessa. "E Whitney não consegue contar uma história com começo, meio e fim." Ela tinha razão. Vanessa e William resolveram que havia chegado a hora de Whitney ir ao sótão.

O sótão de minha mãe é o lugar ideal para brincar de faz-de-conta. Tem uma área redonda no meio, cercada por pequenos torreões. Minha mãe foi harpista e clarinetista, e seu pai um estudioso da música, de modo que num dos torreões encontram-se diversos tipos de instrumentos, inclusive banjos, alaúdes chineses e a caixa da harpa, que usávamos em nossas brincadeiras como se fosse uma cabine telefônica. Quando crianças, eu e meus melhores amigos brincávamos muito nesse sótão, e meus filhos seguiram meu exemplo.

Muitos de nossos parentes foram atores de teatro ao longo de gerações; por isso se achavam ali muitos trajes cuidadosamente guardados em baús de cedro e muitas caixas cheias de boás e chapéus de fantasia. Meu bisavô inventou um tipo de flauta que ele mesmo fabricava para uso dos soldados na Segunda Guerra Mundial, e no sótão havia muitos protótipos de suas experiências. Além disso, meu pai havia sido comandante da Marinha e líder de esquadrão de aviões de caça, de modo que ali também encontrávamos uniformes antigos, pára-quedas, capacetes, chapéus cheios de insígnias e diários de bordo. Will achava o máximo vestir-se de comandante de navio pirata. "Vamos para o sótão", disse ele, "e ali ensinaremos Whitney a montar suas próprias peças em vez de ficar representando com a gente coisas que vê nos filmes."

Isso tudo me deixava um pouco preocupada. Minha mãe – Vovó Dotty, como a chamávamos – mantinha o sótão impecávelmente limpo e organizado, e Whitney podia bagunçar tudo num piscar de olhos. E não era só isso – muitos dos objetos e instrumentos que havia no sótão eram antiguidades que valiam muito e algum dia seriam dados em herança. O que aconteceria se Whitney passasse por ali feito um furacão? "Podem ir e divirtam-se à vontade", disseram meus pais. "Vá com eles também, Cheri, pois com você por perto não vai acontecer nada de errado."

Até parece, pensei. Bastaria um excesso de estímulo para Whitney arrasar com o sótão todo.

Felizmente, ele também adorou o sótão. Pegou várias roupas antigas e experimentou todas – principalmente os uniformes do avô. As crianças acharam um pára-quedas e uma caixa com fotos de seu avô pilotando aviões. Whitney ficou fascinado com o aparato de guerra.

Aquilo era um grande universo não-verbal – as crianças vestiam um traje atrás do outro. Eu e minha irmã tínhamos participado de tantas peças e espetáculos de dança que ali havia toneladas de roupas que podiam ser misturadas e combinadas. Vovó Dotty deixou Will, Vanessa e Whitney levarem para casa uma mala cheia daquelas roupas para continuarem com a brincadeira.

"Veja, mamãe, Whitney vai aprender que uma história tem começo, meio e fim, e também vai aprender coisas como 'E depois... E então...'", asseverou Vanessa. "É o que os professores querem de um aluno quando lhe pedem para escrever no primeiro ano, e isso também vai ajudar Whitney a ler melhor."

Quando acabou o verão, Vanessa, Will e eu achamos que, depois de todo o nosso trabalho diário, Whitney estava em condições de fazer o primeiro ano. Eu não havia desistido desse objetivo para ele, mas a coordenação da escola continuava insistindo em que ele precisava ser "promovido" para uma classe de autistas – o tipo de classe em que ele foi reprovado na pré-escola.

Na verdade, as escolas não fazem um diagnóstico das crianças; somente escolhem um programa que satisfará suas necessidades educacionais. Para a escola receber verbas destinadas a outras necessidades além da contratação de professores e auxiliares, a criança deve atender aos critérios estipulados pelas instituições que distribuem as verbas. Foi quando Whitney se saiu tão mal nos testes-padrão depois da escola Chapman que pudemos habilitá-lo ao financiamento pelo programa CPNEE do município de Franklin. Portanto, durante o período em que esteve com a sra. Jones, seu rótulo era "deficiente múltiplo".

Agora, ele estava prestes a ser transferido para Riverside e fizera progressos suficientes para ser colocado no programa para crianças especiais mantido exclusivamente pelas escolas de Dublin, sem auxílio para turmas CPNEE – certamente um avanço, mas nada que se aproximasse da escola para crianças normais na qual eu queria tanto vê-lo. "Autismo" é um diagnóstico feito por meio da observação dos sintomas que uma criança apresenta. De acordo com a Sociedade Americana de Autismo (www.autism-society.org), o autista pode apresentar algumas das seguintes características:

- Insistência na mesmice; resistência à mudança.
- Dificuldade de expressar necessidades; em vez de palavras, usar gestos ou apontar para objetos.
- Repetir palavras ou frases em vez de usar a linguagem normal e adequada.
- Rir, chorar ou demonstrar aflição por motivos não evidentes para as outras pessoas.
- Preferir ficar só; mostrar-se distante.
- Crises de nervos.
- Dificuldade em se misturar com os outros.
- Pode não gostar de dar ou receber carinho.
- Dificuldade em manter contato visual direto.
- Não mostrar-se receptivo aos métodos normais de ensino.
- Insistir em brincadeiras estranhas.
- Girar objetos.
- Apegar-se de maneira inadequada a objetos.
- Sensibilidade muito alta ou muito baixa à dor.

- Ausência de medo real do perigo.
- Excesso ou falta de atividade física.
- Desequilíbrio entre as capacidades motoras grosseira e refinada.
- Falta de reação a estímulos verbais; age como se fosse surdo, embora seus testes de audição dêem resultados normais.

(Reimpresso com permissão da Sociedade Americana de Autismo)

Whitney ainda poderia demonstrar todos esses sintomas e, portanto, ainda se encaixava na descrição da síndrome de "autismo". Eu compreendia que era necessário dar a ele um rótulo para habilitá-lo à educação especial e a todos os serviços adicionais que vinham junto com o rótulo, como Terapia Ocupacional, Fisioterapia e Terapia da Fala. Naquela altura de sua carreira escolar, eu tinha de aceitar que lhe colocassem esse rótulo a fim de conseguir para ele uma ajuda extra. Mas o fato de eu aceitar o rótulo para obter ajuda não significava que também aceitasse o prognóstico que o acompanhava. Para muitas crianças autistas, o prognóstico não é de recuperação plena de suas capacidades normais. Toda doença tem seu curso natural, e o curso natural do retardamento mental grave ou do autismo não é terminar livre de todos os sintomas. Eu ainda me apegava à esperança de que Whitney tinha algum outro transtorno, alguma coisa que nós *podíamos* ajudá-lo a superar, e que ele tinha chance, portanto, de recuperar-se daqueles sintomas semelhantes aos do autismo.

Eu também achava que rotular uma criança é uma coisa complicada. Se o rótulo leva um professor a acreditar que a criança tem um potencial limitado, que ela é não-verbal e incapaz de seguir instruções ou falar, então é muito fácil para ele concluir que, na melhor das hipóteses, ensinar tal criança será uma atividade desafiadora, quando não potencialmente impossível. Eu não queria que as pessoas pensassem que era impossível ensinar algo a Whitney porque ele era "autista". Qual a vantagem de aceitar o rótulo como uma ajuda se tal ajuda já chega com a crença preconceituosa de que ele não pode ser ajudado?

Embora eu ainda quisesse mais para Whitney, começava a pensar que já era bom que a coordenação achasse que ele havia feito progresso suficiente para ser promovido da classe de "deficientes múltiplos" da sra. Jones (onde estivera totalmente isolado do convívio com crianças normais) para a classe atual, cujo planejamento incluía prepará-lo para conviver com outras crianças como aluno regular numa classe normal.

Eu sabia que, para Whitney, seria um desafio ir para mais uma escola, adaptar-se a novos professores, novas regras e novas rotinas. Mudar de escola é difícil para qualquer criança. Para uma criança com problemas, como Whitney, poderia representar um enorme retrocesso. Fazer amigos e adaptar-se a novos padrões era algo extremamente difícil para ele. Toda vez que era preciso mudar e adaptar-se a outro grupo de colegas de classe e a outra escola era como ter de começar tudo de novo.

Quando fui para Riverside no primeiro dia de aula, fiquei pasma ao ver o sr. Niemie, o diretor, tocando violão do lado de fora e cantando para as crianças enquanto elas iam chegando. O sr. Niemie era um ex-treinador de basquete de um metro e oitenta de altura, bonito, forte e com o corpo em forma. Parecia mais um galã de cinema do que o diretor de uma escola de ensino fundamental. Desci do carro e peguei na mão de Whitney, que também parecia surpreso por ver uma coisa tão engraçada acontecendo numa escola. Whitney sorriu para o sr. Niemie, mas não soltou minha mão. Estava ocupado, esquadrinhando cada detalhe da cena que se desenrolava ao redor do edifício: crianças brincando no *playground* enquanto seus pais conversavam. Na frente da escola, dois garotos trocavam figurinhas de beisebol. Uma garotinha exibia seus tênis novos, que acionavam uma luz vermelha cada vez que ela dava um passo, enquanto duas de suas amigas davam gritinhos de animação. Whitney sorria enquanto seus olhos passavam de uma cena para outra – parecia muito interessado. Quando nos aproximamos, o sr. Niemie começou a cantar para nós. Ele sabia que Whitney era um dos alunos novos, porque eu estivera presente em muitas reuniões com a coordenação da escola por trás dos bastidores. O histórico escolar de Whitney já tinha passado por sua mesa, com fotos dele incluídas nas pastas relativas a cada ano. Ele pôs o violão de lado, ergueu Whitney no ar e deu-lhe um grande abraço, dizendo: "Muito prazer em conhecê-lo, Whitney! Você vai adorar isso aqui!"

Pois não é que topamos com um ser humano maravilhoso?, pensei. Sempre achei que quem determina a "cultura corporativa" é o chefe, e naquele instante tive certeza de que moveria o céu e a terra para não perder contato com o sr. Niemie.

Quando Whitney e eu chegamos à sala de educação especial, perdemos um bocado do nosso entusiasmo. A sala era pequena, como se a tivessem preparado para mais ou menos cinco crianças. Boa parte dela era formada por uma área destinada a ensinar as crianças a escovar os dentes e lavar as mãos. De resto era bem sem graça. Whitney começou a agitar as mãos e tentar sair. Não queria ficar ali.

A sra. Meyer, a professora, aproximou-se e nos cumprimentou. Tentou convencer Whitney a tirar o casaco e sentar-se à carteira que trazia seu nome. Mas ele tentou fugir da sala. Parecia querer voltar para fora, onde havia tanta coisa para ver.

Enquanto eu tentava acalmá-lo, ouvi a professora dizer a outra mãe que o principal objetivo ali seria a segurança, e não a insistência na aprendizagem.

Isso parecia um enorme retrocesso. "Posso ajudar na sala de aula?", perguntei, tentando melhorar aquela situação. Talvez eu pudesse participar, como havia feito com a sra. Jones.

Ela me disse para verificar na coordenação da escola quais eram as regras, pois o programa em Riverside era novo. Deixei Whitney em sua nova sala de aula e fui tentar descobrir o que eu poderia fazer para mudar a situação.

Quando perguntei a Alice, a secretária do sr. Niemie, sobre a possibilidade de ajudar na sala de aula de Whitney, ela me respondeu: "Não sei se podemos ter mães ajudando nas turmas de crianças com deficiências. É melhor conversar com o sr. Niemie, que estará aqui em breve."

Enquanto eu esperava, chegou uma mulher. Ela trazia uma caixa de sapatos e segurava a mão direita de um menino que agitava sua mão esquerda sem parar e parecia estar muito sedado. Ela colocou a caixa no balcão e disse a Alice: "Estivemos num médico em Akron, e ele foi maravilhoso. Mudou todo o tipo de medicação que nosso filho vinha tomando. Preciso conversar com a enfermeira da escola." Ela levantou a tampa da caixa e vi fileiras de frascos de remédios com anotações sobre como aplicá-los. Alice nos apresentou.

"Ouvi dizer que seu filho vai ser colega de classe do meu", disse ela. "Você deveria procurar esse médico. Tenho certeza de que ele pode ajudar seu garoto. Ele mudou tanto depois que começou a tomar os novos remédios. Usamos este aqui para comportamento, este estimulante para concentração e agilidade, este para ele dormir logo, este para autocontrole – e estes aqui são vitaminas", explicou ela enquanto ia me mostrando uma série de frascos e cartelas.

Pensei na ironia de os Alcoólatras Anônimos terem sua sede original em Akron, e ali estava um garotinho de seis anos que passara por lá e saíra com uma caixa de sapatos abarrotada de substâncias altamente controladas, mostradas pela própria mãe como um modo de adquirir bom comportamento.

"Ele não tenta mais subir nos armários da cozinha, dorme melhor e não é mais incontrolável ou impulsivo."

"E quais são as coisas que ele *sabe* fazer?", perguntei, mas, antes que ela respondesse, o sr. Niemie apareceu e convidou-me a entrar em sua sala. Eu estava enfurecida porque Whitney tinha de ficar numa classe de crianças com graves deficiências e apavorada com a possibilidade de ele retomar comportamentos dos quais o havíamos livrado à custa de um trabalho tão árduo. Fui direto ao assunto.

"Whitney sabe fazer coisas que vão muito além dos requisitos para a classe de autistas. Quero que o transfiram para o primeiro ano regular em tempo integral."

"Você tem objetivos para seu filho, gosto disso." O sr. Niemie sorriu e reclinou-se na cadeira. Ele parecia mais descontraído do que todos os outros diretores e coordenadores de escola que eu conhecera em toda a minha vida. Tinha um jeito direto e impositivo, e ao mesmo tempo gentil. Senti um lampejo de esperança.

Ele curvou o corpo para a frente e me mostrou um documento escolar oficial no qual fez um ponto com a caneta. "Sabe, aqui em nossa escola temos a abordagem do triângulo, e a criança fica no vértice superior."

Olhou para mim para ver se eu o estava acompanhando. Forcei um sorriso, sem saber direito aonde ele queria chegar.

O sr. Niemie pegou a caneta e fez outros dois pontos abaixo do primeiro. "Os *pais* e o *professor* ficam nos vértices da base." Uniu os pontos de modo que formasse um triângulo, e em seguida sublinhou com força os dois pontos na base do triângulo. "A senhora é nossa parceira aqui."

Dava para ver que ele já havia feito esse discurso centenas de vezes, mas não me importei. Estava adorando.

"Apreciamos muito o envolvimento dos pais. Com a ajuda deles, podemos oferecer muito mais às crianças. Por exemplo: uma de nossas mães vai dar um seminário sobre linguagem de sinais depois das aulas, outra vai ensinar digitação, outra dará um curso de ciências, outra vai trabalhar com arte. Venha comigo, vou lhe mostrar a escola."

Ele levantou-se e, poucos minutos depois, ia eu atrás dele pelas dependências da escola, bastante entusiasmada com os muitos modos de participação e envolvimento dos pais que havia ali. Ouvi todas as suas explicações e concordei com ele: aquela abordagem era fantástica.

Depois de nosso *tour* pela escola, ele me entregou um formulário com uma lista de opções de trabalho voluntário para os pais e me pediu que o devolvesse assinado depois de refletir bem sobre o que pretendia fazer.

"Estarei aqui sempre que necessário. Farei tudo que o senhor precisar ou quiser que eu faça", assegurei. Peguei a lista, assinalei tudo com um X e devolvi a ele.

O sr. Niemie olhou para a folha de papel: secretária da Clínica da associação de pais e mestres, serviço voluntário na classe do filho, comissão de parceiros na aprendizagem, comissão de aplicação de procedimentos de avaliação, comissão de quermesses, comissão de limpeza do pátio, comissão editorial... Ele olhou para mim como se eu estivesse brincando.

"Estou falando sério; faço qualquer coisa que for preciso", disse a ele. "Mas... E quanto a colocar Whitney no primeiro ano?"

Naquele instante ele percebeu que eu podia ser agradável, mas que era também obstinada.

"Vamos começar pelo seguinte", disse ele com firmeza. "Não podemos simplesmente mudar as coisas desse modo. Whitney deve cumprir um programa de educação individual, e somos obrigados por lei a fazer o que nele se determina." Agora, ele era todo profissionalismo.

Aquele era um assunto que eu conhecia bem. "Já escrevi programas de educação especial para o país inteiro; esse tipo de programa pode ser mudado a qualquer instante", disse a ele.

O sr. Niemie colocou-se novamente em posição defensiva. "O programa de educação individual não é assunto da minha área. Mas... Vou conversar com a administração da escola e prometo trazer-lhe uma resposta."

Achei melhor parar por ali. Antes de sair, porém, fiz mais um pedido. "E chega de testes, por favor. Whitney não fala com clareza e, para ele, ser testado é um tormento. Ele não ouve direito as coisas e não entende o que as pessoas lhe dizem. Mas consegue ler, e isso é o que mais interessa ao primeiro ano – leitura.

Eu sabia que ser incapaz de falar ou de seguir instruções era muito preocupante quando se tinha em vista o êxito no primeiro ano – mas tinha esperanças de que a capacidade de leitura poderia ajudar a resolver parte dos problemas de Whitney, e que poderíamos usá-la para complementar o que faltasse nas outras áreas. Sabia também que aquilo que eu chamava "capacidade de leitura" de Whitney seria recebido como uma interpretação forçada pela coordenação e pelos professores. Ele ainda não lia livros. Conseguia selecionar palavras em cartões impressos, a partir de sua memória visual, e tinha um repertório de mais ou menos duzentas palavras que conseguia identificar quando eu as pronunciava. Conseguia colocar algumas palavras em seqüência de modo que formasse frases, mas isso era tudo que eu tinha para lhes mostrar. Mesmo convencer as pessoas de que ele tinha essas aptidões era difícil, uma vez que Whitney raramente respondia a palavras faladas e dificilmente dizia alguma coisa por iniciativa própria. Às vezes ele falava, mas suas frases eram telegráficas, com uma palavra aqui e outra ali. Outras vezes o que produzia era mero ruído – sons como os de uma metralhadora ou balbucios sem sentido algum.

Contudo, sua habilidade de fazer os exercícios com logotipos e sua capacidade de resolver problemas visualmente demonstravam – para mim, ao menos – a existência de um grande potencial, e eu tinha um plano para continuar aperfeiçoando essas aptidões. Assim como Annie Sullivan soube que Helen entendeu que água era água ao soletrar em sua mão, eu sabia que as aptidões que Whitney já tinha eram o primeiro passo para ensiná-lo a dominar um sistema de processamento verbal e então ler, escrever, ouvir e falar. A partir da perspectiva de um currículo escolar tradicional, porém, devo admitir que essas aptidões dele não pareciam grande coisa. Minha posição era totalmente vulnerável, mas eu sabia aonde podia chegar desde que fizesse a escola me acompanhar naquela empreitada.

Alguns dias mais tarde, depois de deixar Whitney no portão da escola, procurei o sr. Niemie, que queria falar comigo em particular. "A senhora assinou a lista para trabalhar como mãe voluntária na classe da sra. Moore."

Sorri e concordei com a cabeça.

"Mas Whitney está na classe da sra. Meyer."

Então eu lhe disse que a sra. Meyer não estava trabalhando com pais ou mães voluntários, e que Whitney devia ser preparado, tanto quanto possível, para poder acompanhar uma escola regular.

Eu disse a ele: "O senhor se recorda de que estamos trabalhando para colocar Whitney no primeiro ano regular? Calculo que esse trabalho deve estar concluído por volta do Halloween, e então achei que seria excelente estar familiarizada com a classe da sra. Moore. Isso me dará condições de ajudá-lo a fazer a transição."

Ele parecia não saber ao certo se devia rir de minha audácia ou ficar irritado. Respirou fundo e explicou-me pacientemente que a coordenação da escola gostaria muito de testar Whitney para ver se ele podia passar uma parte de seu dia escolar como aluno regular, mas que, uma vez iniciados os testes, eles teriam noventa dias para concluí-los. Minha cabeça começou a trabalhar rapidamente, tentando arranjar um jeito de lidar com aquela situação à medida que ele me apresentava as etapas: reuniões, testes, relatórios, mais reuniões de planejamento.

"Nada poderá acontecer antes do Natal", concluiu ele.

Àquela altura, eu já estava furiosa e pisando duro, enquanto ele caminhava tranqüilamente ao meu lado. De repente, parou e olhou para mim.

"Sabe, a senhora não nos está dando muito crédito. Está agindo como se ignorasse que temos experiência e sabemos trabalhar com crianças com necessidades especiais. Está tentando fazer as coisas a seu modo, sem nos dar uma chance de mostrar o que podemos fazer."

"Whitney vai fazer faculdade no Instituto de Tecnologia de Massachusetts. O ensino fundamental fornece as bases da escolaridade; ele não pode mudar no meio do ano letivo, vai se sentir perdido!", falei sem pensar. Percebi o erro assim que as palavras me saíram da boca, mas não pude evitá-las.

O sr. Niemie respirou fundo outra vez. "Acho que há um grande salto entre a primeira série e a faculdade."

Eu sabia que havia um imenso salto, mas em minha opinião havia maiores chances de dar esse salto numa primeira série regular, quando os professores trabalham sistematicamente para acrescentar novos elementos à leitura. Whitney ganharia mais impulso numa classe de vinte modelos do que numa classe de autistas em que o objetivo era aprender a usar o banheiro e cuidar da higiene pessoal.

"Também penso assim." Eu estava tentando não perder terreno.

Ele percebeu que eu estava confusa e prosseguiu, lembrando-me de que eu é que havia aprovado e assinado o programa de educação individual de Whitney quando ele começara a participar do programa da escola Chapman aos quatro anos de idade. O programa era válido por três anos e não havia obrigação de refazê-lo até que Whitney estivesse no segundo ano.

Expliquei que ele tinha progredido tanto que não fazia o menor sentido trabalhar com base em um programa de educação individual escrito quando seu estado era muito pior.

Ele tentou mudar o curso da discussão. "Talvez possamos chegar a um meio-termo."

"Não vamos chegar a meio-termo algum!" Apontei para a sala de aula e para Whitney, que naquele momento estava sentado num canto. "Daqui a dez anos essas crianças ainda vão estar na classe de educação especial. Whitney não."

O sr. Niemie ficou me olhando rigidamente e então disse: "Já que a senhora insistiu tanto em que repensemos o caso de Whitney, falei com a direção e eles concordaram em reavaliá-lo daqui a dois anos em vez de três."

Achou que eu ficaria emocionada, mas não fiquei. *Ah, não, lá vem ele com a história do triângulo outra vez*, pensei. *Agora já virou um hexágono*. Eu tinha forçado demais as coisas. Já era difícil o bastante manter minhas convicções e defender a ida de uma criança não-verbal para o primeiro ano regular. Sabia quão mais difícil seria convencer os outros, mas achava que com o sr. Niemie havia uma chance. Sabia também que isso implicaria mais uma bateria de testes. Whitney tinha melhorado, mas ainda estava muito longe de se destacar nos testes-padrão. A experiência passada me deixava apavorada diante da idéia de retomar todos aqueles testes e reuniões com mais uma nova equipe de educadores. Fiquei com medo de ter perdido meu aliado e agora ter de enfrentar e convencer todo um grupo de terapeutas e psicólogos que eu nem sequer conhecia.

Talvez o sr. Niemie estivesse certo – mas minha intuição me dizia que Whitney tinha condições de ir para o primeiro ano, e que valia a pena dar-lhe uma chance.

"Achei que a senhora ficaria satisfeita com o que consegui."

Dava para perceber claramente que eu estava testando a paciência dele. "Veja bem, o senhor é um ser humano e um diretor diferente de todos os que existem por aí..."

Ele me interrompeu bruscamente. "Estou apenas fazendo meu trabalho. Não há nada de especial nisso, e meu ego não precisa de bajulação." A irritação em sua voz era evidente.

"Não se trata de bajulação fútil", afirmei. "Nunca vi um diretor de escola entrando e saindo das salas de aula, tocando violão e contando piadas. O senhor sabe o nome de todas as crianças, e os pais... os pais são aqui uma segunda força de trabalho, trabalhando às vezes quarenta horas por semana sem remuneração." Eu aprendera rapidamente tudo sobre o sr. Niemie e suas conquistas para a escola. "Estou profundamente grata por Whitney estar aqui, mas ele é um caso especial, e é preciso lidar com ele com muito cuidado."

Expliquei como havíamos trabalhado dia e noite, durante seis anos, para extrair de Whitney o que ele tinha de melhor. "No fim do ano passado, ele parou de agitar as mãos e de balançar o corpo. Aprendeu a trabalhar sentado em sua carteira e a ler sem ajuda de ninguém." Estávamos no início daquele ano letivo na classe de autistas, e ele já vinha retomando esses antigos comportamentos autistas na escola e em casa. Balançava o corpo e isolava-se na sala de aula. Ficava acordado a noite inteira, sentado, olhando para as coisas fixamente e por muito tempo. Estava mais uma vez voltando a fechar-se em seu próprio mundo. Apresentei todos esses argumentos ao sr. Niemie. "Não sei como faremos para trazê-lo de volta se ele reincidir. Fiz oito anos de pesquisas sobre reincidência para o governo federal, e é como a morte para alguém que tem problemas de comunicação. Não queremos que isso aconteça com ele!"

Ele cravou os olhos em mim. Minha explosão chocou a ambos. Tirei da bolsa todos os relatos sobre minha atividade profissional que tinha conseguido encontrar. Respirei fundo e entreguei tudo a ele – pesquisas, publicações, reportagens, resenhas e tudo o mais. "Sei muito bem como corrigir transtornos cerebrais. Por favor, confie em mim."

Eu podia ver que ele lutava para achar algum sentido em meu palavreado intenso e frenético. Não lhe passara pela cabeça que iria deparar com a mãe de uma criança autista de seis anos dizendo-lhe quantas vezes fora entrevistada pela CBS ou quantos programas escolares havia criado por todo o país.

Com a sua voz mais calma, ele me perguntou o que eu achava que poderíamos fazer.

Apelei a seu senso lógico. "O modo como vocês vão conduzir os testes pode prejudicar Whitney em vez de ajudá-lo. Ele vai parecer retardado porque não consegue falar. Pensar e falar são duas coisas muito distintas."

Ele percebia claramente a intensidade de minha paixão por meu filho e por meu trabalho. A essa altura já estávamos na sala dele.

"Sei que seu maior interesse é dar às crianças o melhor possível. Mas eu estou lutando por meu filho. E não vou desistir. Vou voltar dia após dia, até as coisas darem certo. Não sou de ficar criando caso. Faço o possível para não criticar profissionais. Não gosto de me ater ao lado negativo das coisas nem de ficar criticando as pessoas. Mas não vou permitir que o senhor ou seu sistema prejudique Whitney. Ele já chegou longe demais para deixar que um sistema o esmague."

O sr. Niemie fez um gesto de assentimento, e vi que sua mente estava trabalhando. Depois de um silêncio que pareceu ter durado horas, ele disse:

"Diga-me o que pretende fazer e eu a ajudarei."

Para meu próprio espanto, meus olhos se encheram de lágrimas e comecei a chorar incontrolavelmente. Depois de falar sobre toda a minha qualificação profissional eu estava fazendo a coisa menos profissional do mundo – chorando! Tentei recuperar meu autocontrole e disse:

"Existem normas federais para preparar crianças como Whitney para uma educação normal. Quero apenas que o senhor me ajude a fazer com que a administração da escola também se engaje nessa luta."

Ele sorriu com o alívio de um técnico que vê seu time marcar o gol da vitória.

"Então estou certo de que tudo vai ficar bem."

Descobri que aquele distrito escolar era tão exigente com o cumprimento das leis que havia acabado de contratar um funcionário apenas para cuidar dessa questão. Ele descobriria um jeito de resolver o problema.

Marcamos uma reunião para preparar nosso encontro com a administração.

Quando saí, recriminei-me novamente por ter chorado na sala do sr. Niemie. Ainda que estivéssemos discutindo, ele era a primeira pessoa com quem eu podia falar livremente sobre o problema que enfrentava com Whitney e com as escolas. Disse a mim mesma que, em vez de ficar constrangida com meu extravasamento emocional, devia me concentrar nos preparativos para a nossa reunião.

Cheguei à reunião com um grande estoque de videoteipes, livros e folhetos, e também levei nossa televisão com videocassete. Antes de qualquer outra coisa, mostrei um vídeo ao sr. Niemie. Suzy era uma antiga paciente que me havia sido recomendada por um dos pediatras de minha clínica. O vídeo começava com a mãe dela explicando que era uma especialista em leitura e que conseguira ensinar milhares de crianças a ler, mas não Suzy. Agora, a filha estava aprendendo em casa, pois a escola deixava Suzy tão mal que ela se recusava a sair da cama. Suzy estava se transformando numa pessoa reclusa já aos sete anos de idade, e era potencialmente suicida. "Com exceção de Suzy, somos uma família de leitores", explicou a mãe. "Ela soletrava s-a-p-o e depois dizia 'cavalo'; parecia que ela esquecia o som das letras antes de chegar a dizer a palavra." Ela então explicou que, depois de seis meses de terapia, Suzy, que não conseguia ler "a pata nada", passara a ler livros apropriados à sua idade. Quando lhe perguntei se havíamos trabalhado a leitura, ela respondeu:

"Não, vocês trabalharam os sistemas de memória auditiva e visual, que são o aspecto biológico subjacente à leitura. Quando esses sistemas passaram a funcionar adequadamente, todas as habilidades de leitura que vínhamos ensinando durante todo o tempo começaram a ter um bom desempenho."

"Pode desligar a televisão", disse o sr. Niemie com delicadeza. Olhei para ele.

"Tenho uma pessoa em minha família com um problema igual", disse ele, "e sei bem como são essas coisas." Eu mal podia acreditar naquela coincidência. Não sei o que me levou a mostrar ao sr. Niemie um vídeo para explicar o problema de Whitney. Hoje, quando me lembro dessas coisas, acho que eu talvez tenha pensado que aquele atleta, músico, treinador e diretor dotado de uma intuição tão forte para entender as pessoas pudesse ser também um pensador visual, e por isso reagiria melhor ao vídeo do que a qualquer coisa que eu pudesse lhe dizer.

É claro que isso não me impediu de lhe explicar algumas coisas. Contei-lhe que Suzy era uma criança extremamente visual. Ela conseguia pensar bem, mas não compreendia a codificação verbal necessária à leitura. Whitney já superara isso; ele já possuía o código verbal a ponto de conseguir ler muitas palavras. Nem Whitney nem Helen Keller podiam aprender a linguagem por meio da audição. Eu vinha ensinando a linguagem a Whitney através de seus olhos, assim como Helen Keller havia aprendido através de suas mãos. Embora Whitney não conseguisse falar, ouvir ou escrever, era evidente que sabia que as palavras faziam parte de um código lingüístico. Era capaz de reconhecer logotipos e palavras, o que significava que sua linguagem receptiva vinha progredindo bastante.

"A linguagem expressiva de Whitney está atrasada, mas aprendemos a linguagem receptiva primeiro, e por isso acredito que possamos desenvolver essa habilidade. As crianças da turma dos deficientes não têm linguagem. As crianças do primeiro ano têm. Quero que ele conviva com quem faz uso da linguagem. Dá para entender?", perguntei, parando um pouco para respirar.

"Perfeitamente", disse ele.

Peguei o manual da Secretaria de Educação do Estado de Ohio. Os especialistas da secretaria haviam desenvolvido um sistema que era perfeito para Whitney, e expliquei-o em detalhes ao sr. Niemie. Os professores preenchiam uma série de formulários: um para audição, um para leitura, um para escrita, um para fala. Usando esses formulários, poderíamos elaborar um plano para dar conta das coisas que Whitney não podia fazer.

"Whitney não precisa receber nenhum rótulo. Isso não vai custar nenhum dinheiro para a escola. Precisamos apenas ensinar à sra. Moore de que modo ela pode ajudá-lo. Posso ensiná-la a fazer isso e ajudá-la em cada etapa do processo."

Um tanto exaltada, eu falava cada vez mais alto. Esperei, imaginando qual seria a resposta do sr. Niemie. Lentamente, ele pegou o manual.

"Passe-me os formulários e pedirei à sra. Moore, ao fonoterapeuta, ao especialista em deficiência de aprendizagem e à professora especial que os preencham."

Apertei a mão do sr. Niemie, e por um momento achei que fosse arrancá-la. Como era bom ter aquele homem trabalhando a meu favor!

O sr. Niemie logo convocou os administradores escolares que deviam participar de nossa reunião para decidir sobre o caso de Whitney. Ao chegar, vi que eles ocupavam toda a sala, presididos pelo sr. Niemie.

Decidi entrar direto no assunto.

"Eu gostaria de ajudar no processo de reavaliação de Whitney. Notei, no prefácio do manual da Secretaria de Educação do Estado de Ohio, que as escolas de Dublin estão representadas na comissão geral que redigiu o texto, que considero excelente. Podemos usar esse método?"

Eles concordaram, dizendo que zelavam muito pelo cumprimento das leis no distrito de Dublin.

"Muito bem. Então, já que vamos seguir o que se estipula no manual, podemos passar Whitney para o primeiro ano amanhã?"

"Como?", perguntaram dois administradores ao mesmo tempo. "Por que a senhora acha isso? Precisamos fazer os testes."

Abri o manual e apontei para uma parte do texto. "Não é o que se diz aqui. O manual afirma claramente que somente os formulários são necessários, e não também os testes."

"Não, a senhora está interpretando abusivamente o manual. Precisamos fazer os nossos testes. É o que sempre fazemos..."

Então eu disse: "Whitney não ouve bem e não fala corretamente. Por isso, é realmente difícil submetê-lo a testes. Especialmente os testes da bateria-padrão. No manual diz que os testes que dependem da linguagem não são apropriados para crianças como Whitney e não refletem corretamente sua inteligência devido a seus problemas de comunicação."

Eles começaram a ficar irritados.

"Veja bem, sabemos como adaptar os testes a fim de contornar a deficiência lingüística, e podemos escolher testes que não dependam tanto assim da linguagem."

"Que testes? Como podem fazer isso sem audição, leitura, escrita e fala?" Testar pessoas não-verbais era exatamente o que eu fazia em meu trabalho, e eu sabia que a elaboração e aplicação desses testes era uma coisa bem complexa. Não estava convencida de que eles soubessem como fazer isso. Tudo indicava que eu iria entrar em choque com a administração.

Por sorte, o sr. Niemie assumiu o controle da situação.

"Cheri, as coisas não estão caminhando como eu queria. A senhora precisa confiar no sistema." Ele me tranqüilizou e dirigiu-se ao grupo de administradores: "Muito obrigado por terem vindo. Estou certo de que Cheri concordará com todas as decisões que tomarem."

Eles olharam para o sr. Niemie com um ar de solidariedade, como que penalizados só de pensar no que o pobre homem teria de fazer para lidar com aquela mãe agressiva e dona da verdade.

"Queremos que se sinta bem aqui, dra. Florance. Mas as escolas são muito diferentes dos sistemas hospitalares e acadêmicos com os quais está acostumada. Se nos deixar fazer nosso trabalho, verá que cuidaremos de Whitney da melhor maneira possível. Pense no quanto ele progrediu nos últimos dois anos."

Ele progrediu apesar dos testes e graças ao trabalho duríssimo que desenvolvi junto com os professores dele, pensei. Fui para o carro, encostei a cabeça no volante e comecei a chorar, sentindo-me derrotada mais uma vez.

Mas o sr. Niemie tinha um plano. Alguns dias depois, enviou um memorando em que descrevia, em linhas gerais, seu plano para fazer Whitney freqüentar a sala de primeiro ano regular da sra. Moore algumas horas por dia. Whitney deveria passar as manhãs com a sra. Moore e as tardes na classe de educação especial. Muito me agradou constatar que o sr. Niemie estava dando um passo rumo à normalização da vida escolar de meu filho, mas eu sabia que esse arranjo seria problemático. Adverti o sr. Niemie de que seria difícil adaptar Whitney a uma rotina complexa – melhor seria deixá-lo o dia todo na sala da sra. Moore. Porém, estava claro que eu não devia tentar forçar as coisas.

Só muito tempo depois fui saber que, em seu primeiro dia de aula com a sra. Moore, Whitney desapareceu depois do recreio. Procuraram-no durante duas horas sem encontrá-lo. Os professores e mesmo o sr. Niemie vasculharam a escola e o *playground* à sua procura. Finalmente o encontraram embaixo de uma moita, chacoalhando-se todo. Mais tarde o sr. Niemie me disse que achou melhor não me alarmar desnecessariamente, uma vez que Whitney havia sido encontrado e nada de grave lhe havia acontecido. Imagino que não tenham querido me deixar ainda mais estressada. Mesmo assim, quando soube do fato tempos depois, não deixei de ficar angustiada.

Hoje me dou conta de que eles poderiam ter usado esse incidente para argumentar que Whitney não tinha condições de freqüentar o primeiro ano regular. Mas o sr. Niemie percebeu que o fato de Whitney ter fugido era um exemplo da advertência que eu lhe fizera. Whitney não tinha nenhuma rotina a que pudesse agarrar-se, e por esse motivo o sr. Niemie saiu em defesa dele. Garantiu a seus professores que se tratava de um retrocesso menor, que Whitney se vira perdido sem um padrão identificável. O sr. Niemie concluiu que um padrão era fundamental para Whitney, e começou a tentar descobrir de que modo ele poderia ficar mais tempo na sala da sra. Moore e ainda assim obter a ajuda de que precisava.

Enquanto isso, Whitney começou a freqüentar uma fonoterapeuta que se pôs a trabalhar intensamente a questão da articulação, em particular o modo como ele pronunciava o "L". Embora ele claramente precisasse de ajuda nessa área, a terapia da fala praticada na escola para crianças da idade de Whitney concentra-se nos problemas de articulação. Os problemas de fala de Whitney iam muito além da articulação.

Quando ele começou a fazer fonoterapia na escola, passei a receber bilhetinhos, que a terapeuta mandava a todos os pais. Neles se diziam coisas como: "Por favor, pratique isto em casa: *Little Lillie. Little Lillie likes to lick lime lollipops*."

Considerando que o cérebro envia cerca de cento e quarenta mil mensagens para todo um conjunto de partes do corpo para que a boca diga "Little Lillie", achei que a terapeuta estava pedindo algo difícil demais para ele. Whitney não conseguia dizer palavras isoladas de modo compreensível. Os trava-línguas são difíceis para qualquer pessoa. Tentar ensinar Whitney a articular o som do "L" como parte da fonoterapia era o mesmo que tentar ensinar a um patinador principiante como executar um salto mortal. Ele ainda não dispunha dos recursos básicos da fala.

Pouco tempo depois, ela mandou um bilhete nos seguintes termos: "Whitney realmente parece ter uma boa aptidão para a aquisição de vocabulário, e dá sinais de possuir conhecimentos gerais durante suas atividades livres. Parece ter mais dificuldade para responder a perguntas, quando então usa um jargão desconexo ou diz 'não sei'... Suas tentativas precisam de reforço."

Em seguida, recebi um telefonema do sr. Niemie: "Whitney tem tentado fugir da fonoterapeuta. Arrastou-se para debaixo da mesa e, quando ela tentou pegá-lo, agrediu-a no nariz."

Eu sabia que isso representava um enorme retrocesso para o caso de Whitney. Reuni-me com o sr. Niemie e a terapeuta, e ela me disse que, em sua opinião, Whitney estaria melhor se voltasse a freqüentar o programa de educação especial em tempo integral. Fiquei extremamente decepcionada.

Frustrava-me constatar que, para ela, os problemas de Whitney tinham a ver com seu empenho. Como era possível ela não perceber que ele tinha um problema de processamento da linguagem? Além disso, ela nos disse que os formulários da Secretaria de Educação do Estado de Ohio não eram apropriados para uma criança como Whitney. Ela escreveu "não aplicável" nas partes relativas a ler e escrever. No meu entender, ouvir e falar constituem a base da leitura e da escrita e, se você não estiver pensando em como todas essas funções se inter-relacionam, não será capaz de desenvolver um plano de tratamento das deficiências da fala e da linguagem.

Tínhamos avançado tanto, e a articulação da fala era um componente tão pequeno em todo aquele quadro geral! Ele não era fluente em seu pensamento verbal, e estava usando seu entendimento conceitual panorâmico das situações para tentar lidar com as coisas de sua vida diária. Reduzir o ato da fala ao enfoque em um único som poderia interferir na fluência do treinamento pensamento-palavra que lhe vínhamos aplicando.

Sem dúvida, as habilidades de Whitney não estavam à altura das que as outras crianças demonstravam possuir. Mesmo assim, ele estava progredindo. Sentava-se em sua carteira, fazia suas leituras e dava conta de suas tarefas escritas. Estava começando a fazer desenhos para ilustrar histórias simples. Estava aprendendo a sair um pouco com um acompanhante para "relaxar" quando se sentia sobrecarregado. Tinha aulas de terapia ocupacional, fisioterapia e educação física adaptativa, e os professores dessas disciplinas viam que ele estava apresentando melhoras. Whitney precisava aprender um enorme repertório de capacidades que as outras crianças adquirem intuitivamente. Era incapaz de controlar seu sistema motor da fala para dizer trava-línguas, mas essa não era uma habilidade essencial em sala de aula. Segundo a Secretaria de Educação do Estado de Ohio, ouvir ocupa cerca de 76 por cento de um dia escolar, e a leitura é uma forma de aperfeiçoar a audição. Ambos são sistemas de linguagem receptiva. Eu estava interessada em fazer seu sistema de linguagem receptiva funcionar apropriadamente, de modo que a fala e a escrita pudessem desenvolver-se a partir de uma base sólida.

Como aquela terapeuta podia dizer que ele precisava voltar para uma classe de educação especial em tempo integral? Eu pensava que a fonoterapeuta seria minha aliada, mas ela estava se tornando a causa de mais problemas.

"Acho que Whitney devia parar com a fonoterapia", eu disse.

No dia seguinte, o sr. Niemie chamou-me à sua sala. "A terapeuta de Whitney está ofendida porque a senhora não quer que ele faça fonoterapia, embora ele precise desesperadamente disso. Ele não consegue falar corretamente, e a senhora está excluindo a fonoterapia de seu pacote de serviços. Na verdade, nenhum de nós entendeu muito bem por que a senhora fez isso." Parou, respirou fundo e olhou-me nos olhos: "Ela diz que a senhora vem causando problemas, e que muita gente não gosta de você. O que aconteceu para deixá-la tão aborrecida assim?"

Eu estava vermelha de raiva.

"A senhora precisa nos dar uma resposta, ou não saberemos o que fazer a seguir."

"Eu não sabia que as pessoas não gostavam de mim. Que resposta o senhor daria se alguém lhe dissesse isso? Sempre tive um relacionamento profissional maravilhoso com todos os professores dos meus filhos."

"Não sei, mas esse não é um problema pequeno. O supervisor me pediu para não me relacionar mais com a senhora porque a senhora não tem os pés no chão. Se eu continuar a defender sua causa, posso perder meu emprego."

Senti como que um soco no estômago. Respirei fundo e disse: "Vamos tirar Whitney da fonoterapia e continuar com nosso plano. Essa terapeuta é que está provocando todo esse falatório."

Eu sabia que estava parecendo defensiva e acusadora, mas isso não me importava mais. Se as pessoas não gostavam de mim, pouco me interessava. Eu não estava nem aí se pensavam em mim como mãe superprotetora. Depois dessa cena, sempre que eu andava pela escola, ficava imaginando os mexericos daquela gente. "Ela é orgulhosa demais." "A doutora não suporta o fato de não conseguir curar o próprio filho." "Ela não consegue aceitar a realidade. Ela só queria que ele fosse normal." Talvez eu estivesse ficando paranóica, mas ouvir dizer que não gostavam de mim era desconcertante. Mais uma vez, senti-me solitária – que fim tinha levado o triângulo? O que eu estava fazendo de errado? Eu via a mim mesma como uma pessoa calma, tranqüila. Mas também sabia que, como mãe, podia ser uma leoa – avançaria sem piedade se tentassem ferir meu filhote. Enquanto Whitney recebesse a educação a que tinha direito e a ajuda de que precisava, pouco me importava o que os outros pensassem a meu respeito.

Em nossa outra grande reunião, a sala estava cheia de gente: o pessoal da terapia ocupacional, da fisioterapia, da terapia adaptativa, a secretária de educação especial, a sra. Moore, assistentes, administradores, a fonoterapeuta de Whitney, o sr. Niemie e outros. O constrangimento que eu havia sentido ao imaginar o que diziam de mim enquanto andava pela escola não era nada comparado à sensação de desamparo que senti quando me sentei naquela sala de reunião. Tinha certeza de que todos estavam ali para me explicar o que havia de errado com Whitney – e com minhas tentativas de ajudá-lo. Estava com tanta raiva que tudo o que queria era que todos vissem que eu estava tentando seguir as normas escritas. O sr. Niemie, porém, me havia dito para ficar quieta.

E então ele começou.

"A dra. Florance é como alguém que recebeu um maravilhoso presente de Natal, mas pretende devolvê-lo. Nosso distrito escolar ofereceu-lhe um serviço do qual seu filho necessita, e ela o está rejeitando."

Tive vontade de gritar, de sair quebrando tudo pela sala – senti-me traída pelo discurso de Niemie. Depois, à medida que a reunião prosseguia, fui percebendo que, mais uma vez, ele tinha um plano. De alguma forma, ele estava tentando passar Whitney para aluno regular do primeiro ano em tempo integral antes que se concluísse a aplicação dos testes. Era preciso muita coragem para fazer isso por Whitney num momento em que todos diziam que eu era uma encrenqueira.

Ele disse à administração que continuasse a aplicar os testes necessários, mas explicou que, enquanto isso, colocaria Whitney na sala da sra. Moore durante a maior parte do dia. Se ele precisasse voltar para a classe de educação especial depois que eles concluíssem os testes, faria isso. Mas até lá o sr. Niemie pretendia fazer o que havia dito.

As pessoas levantaram objeções sobre quão perturbadoras as coisas seriam se Whitney fracassasse. E se ele começasse a regredir para comportamentos antigos? E se tivesse um acesso de raiva? E se começasse a morder as outras crianças, ou fugisse? E se começasse a golpear a própria cabeça e a chacoalhar o corpo? Não havia como prever se ele sofreria ou não todo esse retrocesso – suas habilidades eram ainda muito recentes, e todas aquelas mudanças o estavam deixando extremamente frágil.

"Quando ele entrar em crise, podem trazê-lo para a minha sala", disse o sr. Niemie aos professores. E insistiu: "Não importa o que eu esteja fazendo no momento, ou com quem esteja me reunindo; ele sempre poderá entrar e vir para o meu colo."

"O senhor não pode fazer isso. E se não estiver aqui? E se estiver em reunião em outro lugar?", perguntaram.

"Nesse caso, ele pode conversar com um dos orientadores, ou com Alice, ou com Peggy, nossa enfermeira." Ele se manteve firme. "Vamos criar um porto seguro para Whitney nesta escola."

Todos nós assinamos um memorando em que esse plano provisório era esboçado em linhas gerais. Assinei um formulário para abrir mão da fonoterapia de Whitney, mas a terapeuta continuaria sendo um dos membros da equipe que trabalhou com ele durante todos os seus anos em Riverside.

Terminada a reunião, continuei na sala. Eu sabia que o sr. Niemie estava em apuros, e que eu tornara as coisas mais difíceis ainda. Atrapalhei-me com as palavras ao lhe agradecer.

Ele me interrompeu e disse: "Temos muito trabalho pela frente para prepará-lo para o Instituto de Tecnologia de Massachusetts."

Quando Whitney fez sete anos, no dia 30 de setembro, o sr. Niemie o transferiu para a classe de primeiro ano da sra. Moore, onde permanecia durante a maior parte do dia.

Em outubro, fui a uma reunião de pais e mestres. Esperei ansiosamente pelos dez minutos de que eu dispunha para ver os trabalhos escritos de Whitney e conversar com a sra. Moore.

Enquanto esperava, reli pela milésima vez o texto de um livro que Whitney havia escrito com sua garatuja quase ilegível:

A ESTRELA
Eu e Ben. Nós brincamos com Mark, Cody e Terry. Eles são nossos amigos. Nós brincamos no recreio. Nós brincamos de Power Rangers. *Você tem um dinossauro. Você tem uma coleção. Você precisa ficar com o grupo. Divirtam-se.*

Quando chegou minha vez de falar com a sra. Moore, sentei-me à sua frente e ela imediatamente derramou-se em lágrimas.

Ah, não, pensei. *Que más notícias ela terá para me dar?* "O que há de errado?", perguntei tensa, preparando-me para o pior.

Ainda chorando, ela respondeu: "Whitney adaptou-se à nossa turma." Ela tentou recompor-se. "Ele consegue ler os nomes das crianças em seus cadernos. Escrevemos juntos aquela história sobre Terry, seu amigo do ano passado, e a colocamos em seu caderno de redações. Ele tinha a idéia de uma história... e eu acrescentei as frases necessárias para completá-la." Os olhos dela se encheram de lágrimas novamente. *Hum, agora vem a coisa*, pensei. *Ela está abalada demais para me contar.* "Ele precisa de um reforço em matemática. Já conseguiu contar até vinte e oito, mas com muita dificuldade e precisando de dicas toda hora. Tem dias em que ele não conclui seu trabalho da manhã, mas isso podemos resolver com a tutora dele, a sra. Cleveland. As crianças o tratam como qualquer outro colega."

Ela se recompôs, olhou para mim e sorriu. "É um milagre. Whitney é um milagre. Muito obrigada por me deixar fazer parte disso."

Um pouco sem jeito, peguei sua mão. "Vai dar certo, não vai?", perguntei. Precisava tanto que outro adulto compartilhasse aquela viagem comigo, que me dissesse que tudo acabaria bem. Eu não conhecia a sra. Moore muito bem e, com boas razões, ela havia ficado com um pé atrás a meu respeito depois de eu ter criado tantos problemas para colocar Whitney na sua turma. Mas agora ela estava diante de mim, comovida até às lágrimas com os progressos do meu filho. Naquele momento, precisei desesperadamente que ela me dissesse que tudo terminaria bem.

"Vai sim. Acho que vai", respondeu, sorrindo.

Durante aquele ano letivo, a equipe principal dos educadores especiais reuniu-se periodicamente para analisar o caso de Whitney. Recebiam relatórios da sra. Moore, da sra. Cleveland, dos profissionais que cuidavam diretamente de suas deficiências de aprendizagem, dos que faziam fonoterapia, terapia ocupacional e fisioterapia com ele, e dos especialistas em educação física adaptativa. Os professores nos informavam se Whitney vinha fazendo progressos e se suas habilidades estavam abaixo do que seria de esperar em sua faixa etária. Em novembro, por exemplo, uma das professoras escreveu em seu relatório que o comportamento de Whitney era impróprio para a sua idade, que ele era indisciplinado e precisava melhorar seu trato social e suas habilidades verbais. Ela sugeriu que eu fizesse um curso de disciplina positiva, e que Whitney precisava aprender a respeitar os professores. A sra. Moore também relatou que ele apresentava um comportamento inadequado em sala de aula. Fazia barulhos perturbadores e, quando tinha dificuldade para terminar uma lição de classe e ela tentava ajudá-lo, ele se recusava a olhar para ela e dizia estar com dor de cabeça. Ela também afirmava que Whitney conseguia narrar uma história em seqüência, mas que era incapaz de escrever ou reler a história. Suas habilidades locomotoras e seu controle sobre objetos eram medianos; suas habilidades motoras estavam abaixo do esperado para sua faixa etária.

Ele podia estar abaixo de sua faixa etária em todas as aptidões, mas eu só via os progressos que ele vinha fazendo no aprendizado da língua. Ele já conseguia narrar uma história.

Por volta de fevereiro daquele ano letivo, Whitney estava começando a escrever palavras. Sua caligrafia ainda era difícil de entender, mas vinha melhorando. A sra. Moore escreveu no relatório dele:

> *Whitney às vezes regride e deixa a gente desanimada. Às vezes não comparece à aula de artes ou de ginástica, nem escreve em seu diário. Sua carteira é desorganizada.*

Por volta de março, o grupo de profissionais que trabalhava com ele apresentou o seguinte relato:

> *Whitney lê em voz alta de modo insatisfatório para o primeiro ano. Trava uma luta com a escrita e se recusa a copiar palavras da lousa. Não aceita correr riscos. Todo o seu traquejo social é imaturo.*

Uma vez mais, porém, eu só via seu surpreendente progresso. Para mim, Whitney ler em voz alta e lutar com a escrita já significava um imenso avanço. Eu não concordava quando diziam que ele não queria correr riscos. Correr riscos foi sempre um dos maiores poderes de Whitney. Ele vem correndo riscos gigantescos desde que era um bebê – na medida em que o risco dependesse de seu sistema de pensamento visual. Quando lhe pediam para usar seu sistema verbal precário e incompleto, ele geralmente não sabia o que fazer – o que parecia medo de correr riscos no terreno verbal.

Acho que foi em maio que o distrito escolar concluiu sua avaliação de Whitney. Eis o que foi escrito em seu relatório:

> *A capacidade de Whitney – que medimos do modo não-verbal recomendado para alunos com dificuldades de linguagem – situa-se em nível médio. Os resultados da avaliação da fala e da linguagem apontam para uma discrepância significativa na área de expressão oral. Embora os resultados das conquistas acadêmicas sejam proporcionais à sua capacidade [tudo girava em torno de 8 a 19 por cento, uma faixa de baixo desempenho, de acordo com os escores compostos] em sala de aula, seu desempenho indica uma luta com a maioria das atividades relacionadas à linguagem. Nosso grupo discutiu o comportamento aparentemente autista de Whitney em comunicação e interação, que foi observado na sala de aula no começo do ano. À medida que Whitney foi se sentindo mais à vontade e confiante, esse comportamento perdeu intensidade em um ambiente especificamente moldado para lidar com suas dificuldades de ajustamento...*
>
> *Whitney dá mostras de dificuldades com a linguagem na sala de aula regular, o que se evidencia no que tange à expressão oral, às dificuldades de articulação e a alguns problemas de compreensão receptiva.*

Com toda a minha formação e experiência, e com sua própria observação dos extraordinários progressos de Whitney como resultado do plano pelo qual eu havia lutado tão arduamente, o grupo de profissionais não demonstrou interesse algum pelo que eu estava fazendo ou pelo que eu tinha a dizer. Continuaram seguindo o protocolo-padrão que haviam estabelecido para todas as crianças. A fonoterapeuta da escola continuou a emitir opiniões sobre Whitney até o quarto ano, o último dele em Riverside. Quando lhe perguntei por que achava que Whitney havia melhorado tanto, ela respondeu que o processo de desenvolvimento dele tinha "um perfil inusitado".

Eles decidiram que Whitney podia freqüentar o curso regular em Riverside, e ele foi "promovido" de "criança com deficiências múltiplas" a "criança com deficiências de aprendizagem". Sem dúvida, isso agora se aplicaria ao segundo ano, uma vez que, graças ao sr. Niemie, meu filho passara quase todo o primeiro ano numa classe regular, enquanto a avaliação para a mudança de classe vinha sendo feita.

11.
Aprendendo com os Mavericks

Durante o verão entre o primeiro e o segundo ano, Whitney voltou a fazer progressos incríveis. Tudo estava melhorando. Profissionalmente, eu estava adquirindo maior estabilidade. Whitney participou de um acampamento de verão e foi matriculado em um programa de atividades teatrais de uma semana intitulado "Branca de Neve e os Sete Esportes". Eu tinha pensado que, com sua experiência em brincar de mímica e com o prazer que sentia em brincar de faz-de-conta, ele gostaria de participar de uma peça representada por crianças. Afinal, ele agora já brincava de *Power Rangers*. Minha dissertação de mestrado tinha sido sobre o uso da dramatização criativa e da terapia musical para aumentar a capacidade de comunicação e a facilidade de aprendizagem de crianças de jardim-de-infância. Tinha escrito as peças e as partituras para o projeto de pesquisa, e dividira as crianças que participaram da experiência em três grupos. Comparadas às crianças do grupo de controle, as que participaram dos grupos de teatro e música tiveram ganhos significativos em articulação e habilidades de linguagem. Esse meu trabalho inicial tornou-se a base para meu trabalho com o *Head Start*. Nessa oportunidade com o teatro, eu via uma maneira de melhorar a comunicação e a interação social de Whitney.

Lembrei-me de que, quando estivéramos no festival irlandês de Dublin, uma mulher chamada Candace Masur, que fazia mímicas e jogos dramáticos criativos, me dissera que Whitney devia participar de seu acampamento de verão. Era uma dessas pessoas de personalidade exuberante – uma mistura de Shirley MacLaine com dançarina cigana cheia de véus esvoaçantes –, e apareceu no primeiro dia de atividades teatrais no acampamento com seu "teatro ambulante", um caminhão cheio de figurinos, cenários, textos e canções originais. Em vez de fazer com que as crianças se encaixassem numa peça teatral definida de antemão, ela fazia com que suas peças se adaptassem ao talento das crianças.

Quando lhe apresentei Whitney, não disse nada sobre seus problemas. Candace percebeu de imediato que não dava para entender tudo o que ele dizia. Apesar de ter ampliado bem seu vocabulário, Whitney ainda não tentava conversar muito, e era difícil entender suas palavras e frases. Isso não foi problema para ela, que simplesmente lhe deu o papel de Atchim*. Ensinou Whitney a espirrar de várias maneiras diferentes. Ele adorou, e imediatamente sua nova missão ficou sendo a de inventar outros "cinqüenta atchins". Candace agia como se cada novo espirro que Whitney lhe mostrava fosse uma jóia rara. Para ela, mesmo que Whitney estivesse meio perdido no fundo do palco, seus espirros continuavam sendo obras-primas. Whitney se entregava de corpo e alma a cada novo "atchim!".

Quando chegou o grande dia da apresentação, Will, Vanessa e eu ficamos na platéia, nervosíssimos. Eu tinha medo de que acontecesse alguma coisa parecida com o desastre do ano anterior, na piscina. Sentei-me ao lado do palco, para correr atrás dele se ele fugisse. Mas eu estava me preocupando à toa. Na hora certa, com total domínio de sua presença em cena, Whitney seguia perfeitamente a direção de Candace. Cada espirro era um acontecimento, e a platéia vibrava. Para nós, Whitney roubou o espetáculo.

Depois, as crianças presentearam Candace com rosas e os atores nos deram seus autógrafos enquanto saboreávamos ponche e biscoitos. Candace aproximou-se de mim. "Podemos repetir tudo na

....

* Um dos anões de *Branca de Neve e os sete anões*. (N. do T.)

próxima semana? Vamos ter um novo acampamento em Delaware, no Arts Castle."

Minha mãe tinha ajudado a criar o Arts Castle em Delaware, Ohio, e meu pai ajudara a construí-lo. O neto de Jack e Dotty Florance fazendo o papel de Atchim diante de todos os seus amigos artistas? Podia ser a pressão que faltava para fazer pender a balança. Se eu me sentisse pressionada para que Whitney fizesse um bom trabalho para agradar minha mãe, Whitney talvez percebesse isso sem que eu me desse conta. Ao longo de minha experiência profissional, vi esse tipo de coisa acontecer muitas vezes entre pais e filhos. Vanessa e William são muito sensíveis e conhecem meu estado de espírito mesmo quando tento disfarçá-lo. O contato de Whitney com as outras pessoas ainda não era tão desenvolvido, mas eu não tinha como saber com certeza o que provocava seus retraimentos, e não estava disposta a correr riscos. Por que arriscar quando as coisas estavam correndo tão bem?

Mas Candace insistiu – agiu como se não houvesse percebido que Whitney tinha limitações verbais. Comecei a me perguntar por que ela e Whitney pareciam capazes de manter um relacionamento tão bom. Será que o ato de representar é visual? Talvez uma peça seja uma imagem – uma história visual – e as palavras nela sejam uma espécie de "colagem". Lembro-me de ter ouvido Meryl Streep dizer que lê um roteiro uma única vez e o visualiza. Tom Cruise lê um roteiro uma vez e sabe exatamente onde estão as falhas do filme e o que se deve fazer para resolvê-las. Será que Whitney e Candace eram duas mentes visuais comunicando-se em sua primeira língua?

E assim Whitney foi para Delaware fazer o papel de Atchim. No primeiro dia, percorri de carro os cinqüenta quilômetros para levá-lo ao acampamento, e tudo correu bem. Meus pais moravam perto do Arts Castle e se ofereceram para hospedar Whitney durante a semana, para que eu não precisasse ficar indo e vindo todos os dias. Eu estava nervosa, sem saber como eles lidariam com Whitney; não tinha certeza se eles realmente conheciam a profundidade dos problemas de seu neto. Eles sabiam que Whitney estava no grupo de educação especial para crianças com deficiências graves, mas não havia ninguém, em nenhum dos lados da família, que já tivesse passado pela experiência de ter um filho num programa para crianças com problemas de desenvolvimento e retardamento mental. Meus pais queriam ser bons avós para todos os netos, mas nunca haviam passado muito tempo com Whitney. Além do mais, Whitney nunca passara uma única noite fora de casa!

Mas ele estava se saindo tão bem que resolvi fazer uma tentativa. Fiquei com eles na primeira noite e, quando perguntei a Whitney se ele queria ficar na casa do vovô e da vovó sem mim, ele sorriu. Com alguns gestos, mostrei-lhe que ele ficaria, e eu iria embora. Ele pareceu não se importar. Eu não sabia se ele tinha entendido, mas nossa casa ficava a apenas meia hora dali, e eu sabia que poderia voltar rapidamente se houvesse problemas.

Naquela primeira noite, insisti com meus pais para que mantivessem os rituais tradicionais a que as crianças estavam acostumadas em casa. Por exemplo, pedi a minha mãe que passasse um filme que eu havia escolhido para a "noite da picoca" (que é como nos referíamos a nossas sessões de cinema com pipoca), e a meu pai que, na manhã do dia seguinte, fizesse umas panquecas parecidas com aviõezinhos para o café da manhã de Whitney. No dia seguinte, eles me disseram que Whitney estava ótimo, e então resolvemos que ele ficaria durante toda a semana.

No fim da semana, fomos todos assistir à "versão Delaware" de "Branca de Neve e os Sete Esportes", e Whitney foi novamente um sucesso. "Eu não disse?", perguntou Candace, cheia de orgulho.

Nessa época, eu estava lendo muita coisa de diferentes áreas, tentando compreender os problemas de Whitney e encontrar soluções para eles. Na ocasião, tinha começado a ler um livro intitulado *Psychiatric and Developmental Disorders in Children with Communication Disorder* [Transtornos psiquiátricos e de desenvolvimento em crianças com problemas de comunicação], de D. P. Cantwell e Lorian Baker. Eu já vinha acompanhando o trabalho do dr. Cantwell há um bom tempo, mas nesse livro senti que tinha encontrado um texto iluminador e especial. Li-o duas vezes numa única tarde. O dr. Dennis Cantwell, um dos colaboradores do *Manual estatístico de diagnóstico das doenças mentais** – o manual usado para diagnosticar as doenças mentais – e, sem dúvida, um dos mais influentes professores de psiquiatria em todo o mundo, afirmou nesse texto que muitos (ou mesmo todos) os transtornos psiquiátricos infantis se devem a uma deficiência de comunicação, ou com ela coexistem. Depois de um ano de licença em Londres, Cantwell tinha estudado seiscentas crianças em uma clínica de fonoaudiologia. Seu interesse por essa idéia despertou durante sua permanência na Inglaterra, quando percebeu que vivia cometendo erros devido a problemas de processamento de linguagem. Pegou um trem em Londres e começou a tentar descobrir quais baldeações deveria fazer para chegar a seu destino final. Pediu ajuda a várias pessoas, mas não entendia direito o que elas diziam por causa de seu sotaque. O dr. Cantwell é de Los Angeles, e nunca lhe passara pela cabeça que teria problemas para comunicar-se em um país de língua inglesa.

Logo percebeu que, em decorrência direta de desentendimentos no falar e no ouvir, ele próprio vinha desenvolvendo o que se poderia considerar como sintomas dos "transtornos psiquiátricos" que ele tratava. Ficou triste e ansioso, e parecia inconformado, rebelde e hostil. Esse professor brilhante e articulado afirma que, nessa ocasião, sentia-se em pânico diante da possibilidade de se perder sem ter como se comunicar verbalmente para reencontrar a segurança.

Depois de estudar crianças em clínicas de fonoaudiologia, Cantwell afirmou que uma das razões fundamentais que levam uma criança a fazer um mau julgamento de si mesma é sua incapacidade de dizer a coisa certa no momento certo. Ele também observou um problema específico na área em que essas questões são abordadas e tratadas: os fonoterapeutas recebem uma instrução insatisfatória em saúde mental; os profissionais de saúde mental, os psicólogos e os

....

* No original, DSM (*Diagnostic Statistical Manual of Mental Disorders*). (N. do T.)

psiquiatras não compreendem os transtornos de comunicação; e os educadores não estudam essas áreas com maior profundidade. Ele afirmou que continuaríamos tendo problemas para lidar com nossas crianças enquanto essas três áreas não trabalhassem conjuntamente. Ler esse livro deu-me a coragem para confiar que eu realmente compreendia Whitney: a causa de seus sintomas "psiquiátricos" estava em seus problemas de comunicação. Acredita-se que o autismo seja uma doença psiquiátrica crônica que dura a vida toda, e que o prognóstico de tratamento é praticamente nulo quando o que se tem em mente é a recuperação plena. Mas Whitney estava melhorando — talvez porque sofresse, de fato, de um transtorno de comunicação. Talvez eu pudesse "resolver" o autismo dele — ou, mais precisamente, resolver seus problemas de comunicação, o que, por sua vez, terminaria por resolver seus sintomas autistas.

O livro de Cantwell afirmava muitas coisas sobre algo que eu já vinha desenvolvendo em meu trabalho — o fato de serem os transtornos de comunicação mal compreendidos, mal diagnosticados e tratados de maneira equivocada. Se esses transtornos fossem tratados, muitos outros poderiam também resolver-se. Quase todas as descobertas ou idéias novas que caracterizavam meu trabalho tinham muito a ver com a revolta que sempre senti ao constatar que os problemas de comunicação eram tão mal compreendidos, e que isso levava tão freqüentemente à discriminação (na melhor das hipóteses), à angústia e ao sofrimento (quase sempre), e mesmo ao suicídio (na pior das hipóteses). Quando abri meu Centro de Tratamento da Gagueira em 1978, senti-me orgulhosa por oferecer às pessoas com graves problemas de comunicação um lugar onde poderiam resolver seus problemas na fala. Descobri também que, à medida que sua fala melhorava, muitos de seus problemas mentais melhoravam. Conseguiam empregos melhores, começavam a namorar e a viver romances. Uma vez conseguindo comunicar-se, suas novas aptidões permitiam que compartilhassem suas vidas com outras pessoas.

Quando abri o Centro de Vida Independente, o que me motivava era a indignação pelo fato de os idosos serem internados em clínicas de repouso. Na rotina dos hospitais, eu via que as decisões tomadas pelos assistentes sociais davam aos filhos poder de procuração sobre as finanças dos pais – casas eram vendidas, carros eram dados aos netos, a dignidade desses idosos era destruída porque eles não conseguiam mais se comunicar. Essas humilhações não aconteciam porque eles estavam doentes demais para viver sozinhos; aconteciam devido à diminuição ou à ausência de sua capacidade de comunicação. O motivo mais comum para internar o paciente na clínica de repouso era a afirmação "Queremos ter certeza de que o paciente estará em segurança" – assim como os professores queriam manter Whitney "seguro" nas turmas de crianças com necessidades educativas especiais. Quando as pessoas não conseguem se comunicar bem, passam aos outros a impressão de que correm perigo. Para atacar essas questões, convidei algumas empresas, entre as quais a mercearia Big Bear, o Huntington National Bank, o jornal *Columbus Dispatch* e, indiretamente, o programa espacial da NASA, a participar da construção do Centro para a Vida Independente. Criamos laboratórios que simulavam as práticas necessárias à vida independente – fazer compras, ir ao banco, dirigir um carro, cozinhar e cuidar da casa. Se os pacientes pudessem dominar essas práticas, poderiam ficar fora das clínicas de repouso mesmo que não conseguissem falar. Podíamos avaliar objetivamente as práticas de que eles necessitavam para estar "seguros" em suas atividades cotidianas, comunicando-se ou não com as outras pessoas. Provavelmente quase todos nós enfrentamos algum problema que nos revolta, que nos alerta para uma incrível injustiça. No meu caso, era essa forma de discriminação contra as pessoas que não conseguiam se comunicar bem.

Lembrei-me de outro livro que li, *A Leg to Stand On* [*Com uma perna só*], de Oliver Sacks, em que o dr. Sacks escreve sobre um ferimento em sua perna que causou um tipo de paralisia que o deixou preocupado. Ele escreveu para o eminente neuropsiquiatra A. R. Luria em Moscou, que respondeu dizendo que sua síndrome era comum, mas que ainda não se havia escrito muito sobre ela. Quando Sacks recuperou-se e voltou a clinicar, descobriu centenas de pacientes com uma síndrome semelhante. Ele escreveu: "As aplicações de minhas descobertas clínicas a um grande número de pacientes e a reflexão sobre suas implicações e significados levaram-me a uma visão do que poderá ser a medicina neurológica do futuro." Eu esperava que, ao entrar em contato com o dr. Cantwell, poderia descobrir se – uma vez que sua prática clínica era tão diversificada – ele já havia ou não encontrado casos semelhantes ao de Whitney.

Será que o dr. Cantwell demonstraria interesse pelo trabalho que eu vinha desenvolvendo com Whitney? Por que não lhe escrever uma carta e ver o que acontecia? Uma voz que se sentia inútil e exausta me dizia: "Ele nem vai responder à sua carta. É um homem famoso no mundo inteiro." Mas uma outra voz dizia: "O que é que você tem a perder?" Afinal, o dr. Cantwell havia acompanhado centenas de autistas em estudos longitudinais; talvez o caso de Whitney pudesse ser de seu interesse.

Embora Whitney tivesse se saído bem em suas atividades teatrais no acampamento, eu sabia que para o novo ano letivo, no segundo ano, seria muito importante que conseguíssemos um grande professor. Para minha alegria, nossa nova professora, a sra. Homon, tinha exatamente o perfil de que precisávamos – uma combinação ideal de disciplina e afabilidade.

No primeiro dia de aula, a sra. Homon me pediu para dar um curso intensivo de redação para seus alunos. "Seu grande talento será muito útil para nós, e você também poderá ficar de olho em Whitney", propôs ela. "Além disso, assim poderei ver como você lida com ele, e poderemos trabalhar juntas para fazer com que este seja um ano especial para ele."

Comecei a trabalhar regularmente com a sra. Homon logo no início das aulas. Tentávamos fazer com que Whitney defendesse seus interesses, ainda que sua fala continuasse difícil de entender. No ano anterior, ele havia aprendido algumas maneiras de se explicar e de avaliar os próprios atos. Quando precisava relaxar ou se sentia confuso, a sra. Moore o levava para a sala do sr. Niemie ou do tutor de deficiências de linguagem. Ele estava aprendendo quando fazer isso por conta própria antes de entrar em crise. Também estava começando a perceber quais pessoas devia procurar para obter diferentes tipos de ajuda – o supervisor de sua turma, o tutor, o diretor e a enfermeira, que podiam contribuir para enriquecer o dia dele em sala de aula. Tudo vinha funcionando muito bem; Whitney estava começando a equiparar-se aos demais.

A sra. Homon disse à classe que a mãe de Whitney conduziria um laboratório de redação para todos os que quisessem participar. Whitney e três garotos inscreveram-se na primeira semana. Usei adesivos e estabeleci um sistema de pontos para premiar os que tinham boas idéias, pondo-os a trabalhar para desenvolvê-las. Na semana seguinte, a classe inteira queria participar. Nós os dividíamos em cinco grupos de quatro crianças a cada manhã de quarta-feira, e foi uma excelente maneira de conhecer todas elas. Eu as ajudava a escrever histórias sobre si mesmas, e desse modo aprendi muita coisa sobre a vida de cada criança.

A sra. Homon mostrava-me a tarefa que havia passado aos alunos e eu os ajudava a elaborar seus textos, apresentando modelos de ortografia e ajudando-os ao longo do processo de escrita. Eles tinham pastas e "livros" que eles próprios criavam na gráfica da escola: papel grampeado dentro de pastas ou papelão revestido de papel de parede. As crianças faziam um desenho na metade superior da página e escreviam títulos ou legendas abaixo do desenho. Whitney escreveu a seguinte história no começo daquele ano:

> *Meu nome é Whitney. Minha professora é a sra. Homon. Estou no segundo ano na escola Riverside. Acho escola legal. Moro em Ashford Court. Meu telefone é 555-0410. Tenho diversão em casa e na escola divertido. Estas são as pessoas da minha família. Tenho uma família adorável. Gosto muito de ir ao Leps and bounds. Fico triste não ir Leps and Bounds. Peso 29 quilos e tenho 1,30 m de altura. Minhas coisas favoritas na escola são recreio gráfica escola sra. Cleveland.*

Essa história seguia um roteiro proposto pela sra. Homon. Em outras ocasiões, trabalhávamos com histórias criadas pelas crianças. Eu as ajudava a desenvolver uma idéia e as incentivava a começar a escrever. Para conseguir essas idéias, eu entrevistava as crianças sobre coisas como família, animais de estimação, atividades de fim de semana, férias ou programas de TV favoritos, e em seguida as ajudava a passar as idéias para o papel.

O curso intensivo de redação não era apenas uma excelente maneira de conhecer as crianças da classe de Whitney. Quando chegávamos em casa à noite e Vanessa e William nos contavam como fora seu dia, eu tinha coisas a dizer sobre os colegas de Whitney, e ele podia ir completando trechos e partes das histórias sem precisar compor uma história inteira. Whitney sentia-se como um participante direto dos acontecimentos, e eu aprendia mais sobre como estimular seu processamento da linguagem de modo que ele transmitisse o que queria dizer a seu interlocutor.

Outra vantagem era que, ao conhecer melhor tanto os alunos quanto seus pais, ficava mais fácil convidar algumas crianças para brincar em nossa casa. Whitney passou a ter colegas para brincar. A vida começava a parecer mais normal.

Resolvi fazer uma festa de aniversário para Whitney em um novo parque infantil que ele adorava: Leaps and Bounds, o lugar sobre o qual ele havia escrito em sua história. Com um pé-direito de quase quatro metros, havia ali uma profusão de tubos de plástico para serem percorridos e vários equipamentos de ginástica para as crianças se exercitarem. Depois de ficar algum tempo no parque para acertar alguns detalhes da festa, passei pelo correio para pegar uma carta registrada.

Eu estava com uma pulga atrás da orelha. Algo me dizia que essa carta não trazia boas novas. Em fevereiro do ano anterior, eu havia recebido uma carta de dois psicólogos de uma certa escola. Eles me pediam para explicar por que eu aplicava testes para avaliar mudanças com uma freqüência maior que de três em três anos.

Eles davam a entender que os escores podiam estar mudando devido à repetição ou ao acaso, e não de uma melhora real. Preocupava-os também o fato de eu não usar escores compostos. Imaginei que esse questionamento era conseqüência de meus argumentos para manter os escores dos testes visuais e verbais de Whitney separados em suas avaliações. Achei que os psicólogos poderiam estar interessados em saber por que eu procedia desse modo, e então lhes escrevi uma carta com muitas páginas e explicações, convidando-os a comparecer a meu consultório para observar algumas sessões de terapia.

Nenhum deles respondeu, e então presumi que minha carta tinha sido insuficiente. Então recebi outra carta, desta vez de um psicólogo de outro distrito escolar, perguntando-me especificamente por que motivo, em meu método, eu considerava que o processamento visual tinha alguma coisa a ver com a linguagem. Bem, os processamentos visual e auditivo são os principais sistemas neurológicos necessários ao processamento lingüístico do ouvir, do falar, do ler e do escrever. Então escrevi uma longa explicação sobre o processamento psicolingüístico e o planejamento do tratamento da patologia da fala. Fiz a esse psicólogo outro convite para que viesse visitar meu consultório e discutir comigo as questões que quisesse. Não recebi nenhuma resposta.

No guichê do correio naquela tarde de sexta-feira, senti-me desmoronar quando assinei o recebimento de um envelope da ASHA, Associação Americana de Fala, Linguagem e Audição*. Corri para o carro e sentei-me ali calmamente por alguns minutos, antes de abrir o envelope.

Era uma carta informando-me que alguns psicopedagogos haviam oficializado uma queixa contra mim, e que o Conselho de Ética da ASHA estava investigando as acusações. Eu tinha quarenta e cinco dias para responder.

Os termos dessa carta me deixaram enfurecida.

....
* No original, ASHA (American Speech, Language and Hearing Association). (N. do T.)

Uma queixa contra mim? Em anexo me enviaram mais de vinte páginas de críticas baseadas em trechos de textos meus, todos fora de contexto, críticas muito representativas de algo que eu fiquei sabendo se chamar "argumentos *ad hominem*" – ataques pessoais. Havia também um *clip* de TV em que eu demonstrava como identificar e tratar problemas de atraso de linguagem em crianças, e em que um narrador me identificava como psicóloga. O Conselho estava investigando críticas desse grupo de psicopedagogos que me acusavam, entre outras coisas, de apresentar-me como uma psicóloga que oferecia serviços de saúde mental. O programa era sobre desenvolvimento da fala e da linguagem, e não sobre questões de saúde mental. Tinha por objetivo ajudar pacientes a diferenciar aptidões de comunicação normais das com retardo. Eu não sabia que o narrador havia se referido a mim como psicóloga – a voz dele havia sido acrescentada posteriormente pelo repórter que fez a gravação e, quando eles o procuraram mais tarde, ele disse que sabia que eu tinha um Ph.D., e que não lhe passara pela cabeça que fosse equivocado me chamar de psicóloga.

O maior problema, a meu ver, era que meus detratores (psicólogos e professores) eram de outra profissão e não tinham nenhuma consciência de o quão profunda poderia ser uma patologia da fala e da linguagem. Sou habilitada em processamento auditivo e visual, em tratamento de transtornos de raciocínio, leitura, escrita, audição e fala, e dificuldades de deglutição.

Eu trabalhara com escolas por vinte anos antes de Whitney nascer, e no passado fora conferencista principal em congressos de psicólogos escolares. Desconfiava que a origem do problema estava em minhas discussões sobre Whitney com a administração da escola, e não em minhas tentativas de trabalhar com as escolas em meus projetos para as crianças de que tratei. A administração via uma criança gravemente deficiente onde eu via uma criança aprendendo a entrar no universo verbal a partir de um sistema de pensamento visual muito diferente.

Contudo, se eu não respondesse adequadamente às queixas, podia perder minha habilitação e, com ela, a única fonte de renda que eu tinha para sustentar minha família. E a permanência de Whitney em uma sala de educação regular estaria ameaçada. Eu tinha ido longe graças ao apoio do sr. Niemie. Mas, se perdesse minha credibilidade, colocaria em risco o progresso de Whitney. Se eu perdesse essa luta, também poderia perder Whitney.

Fiquei muito triste por não ser compreendida. Eu conhecia os nomes de algumas das pessoas que tinham assinado a queixa, mas pessoalmente nunca havia me encontrado com elas. Não conseguia entender por que estavam tão contrariadas com minha convicção de que Whitney e outras crianças com grandes habilidades de pensamento visual podiam beneficiar-se de um novo modelo educacional. Estarrecia-me o fato de que eles simplesmente concluíram que eu estava fazendo algo errado. O que me deixava mais triste é que tinham tempo para começar toda aquela investigação, mas não para se encontrar comigo e discutir as questões cara a cara.

Pior ainda, enviaram cópias da queixa para duas outras comissões: as comissões de patologia da fala e de psicologia do estado de Ohio. Isso significava que eu tinha de responder a três comissões – ainda que eu não tenha o dever de prestar contas ao Conselho de Psicologia, já que não sou licenciada nessa disciplina.

O Conselho de Patologias da Fala do Estado de Ohio enviou-me uma carta dizendo que estariam de acordo com o que quer que o Conselho Nacional afirmasse. O Conselho de Psicologia dizia que faria sua própria investigação ainda que, na verdade, eu não estivesse sob sua jurisdição. A ASHA designou um grupo de especialistas para estudar minha prática profissional. Eu precisava defender-me de todas as acusações feitas pelos psicopedagogos. Isso me daria muito mais trabalho do que tive quando escrevi minha dissertação de mestrado.

Mas todas essas queixas resultavam em pelo menos uma coisa positiva. A fim de explicar meu trabalho aos educadores e a outros profissionais, convidei pessoas para comparecer a meu consultório e observar o processo terapêutico. Convidei alguns de meus colegas mais famosos e altamente conceituados, e paguei para que viessem dar cursos intensivos ali. Pedi aos pais de meus clientes que trouxessem os professores e diretores de seus filhos, para que assim se inteirassem um pouco mais sobre o trabalho que eu vinha desenvolvendo. Essas decisões me ajudaram a criar e reforçar alguns relacionamentos profissionais valiosíssimos, e consegui apoio moral para o meu trabalho.

Um dos especialistas que convidei foi o dr. Ron Goldman, um colega e amigo de longa data, autor de muitos dos testes que uso. Alguns de seus testes são aplicados em quase todos os programas escolares e de treinamento dos Estados Unidos, e trata-se de um dos profissionais mais respeitados na área de processamento auditivo e leitura. Antes de meus filhos nascerem, fui convidada pelo dr. Goldman para desenvolver programas em seu curso de treinamento na Universidade do Alabama. Nos dez anos seguintes, sempre que estava viajando a negócios o dr. Goldman parava em Columbus para visitar minha clínica. Queria informar-se mais sobre o nosso trabalho e observar as sessões de terapia para levar eventuais novas idéias à Universidade do Alabama. Também me convidou várias vezes para dar cursos intensivos ou criar programas na universidade, mas eu não o via desde que tivera filhos. Quando nos encontramos pela última vez eu estava empenhada em criar o Centro de Vida Independente para pacientes de derrame e pessoas com problemas de gagueira.

A fim de neutralizar as críticas que eu vinha recebendo dos psicopedagogos, convidei-o para dar um curso intensivo às famílias que tinham filhos sob meus cuidados. O curso foi dado no dia de São Valentim, em homenagem a uma criança que vinha se esforçando para desenvolver sua capacidade mental. William, Vanessa e Whitney eram os "assistentes".

O dr. Goldman explicou com eloqüência a relação entre ouvir e ler. As famílias reagiram de forma muito positiva à sua palestra, que ajudou a dissipar quaisquer possíveis dúvidas e preocupações relativas à adequação do tratamento que estávamos oferecendo a seus filhos.

Além de pretender que o dr. Goldman ajudasse a neutralizar as críticas e a educar a comunidade, eu tinha outro objetivo: reservar um tempo com ele para discutir o plano de tratamento de Whitney. Em questões como autismo, audição, processamento e leitura, o dr. Goldman é um dos maiores pensadores que conheço. Eu queria que ele pusesse seu cérebro para funcionar e me desse idéias sobre os próximos passos do tratamento. Terminado o curso, jantei com o dr. Goldman e conversamos muito sobre Whitney. "Quem sabe seu filho nunca tenha sido autista? Talvez o caso dele tenha sido mal diagnosticado", disse ele.

Expliquei que ele se ajustava aos critérios diagnósticos para transtorno autista, mas que em minha opinião o problema dele era, de fato, a audição. "O senhor me ensinou os elementos básicos para lidar com o processamento auditivo, e agora estou usando esses conhecimentos para ajudar Whitney."

Ele riu. "Não duvido de seu empenho. Tratei de muitas pessoas com problema de gagueira antes de conhecê-la, mas depois de conhecer seu programa mudei o que vinha fazendo a fim de incorporar suas técnicas." Ele disse que o que eu estava fazendo era muito estimulante, e que talvez funcionasse. Mas eu podia jurar que ele tinha dúvidas relevantes. "Nunca nos ocorreu que o autismo possa ser um problema de audição; sempre acreditamos tratar-se de uma doença psiquiátrica", observou.

O curso intensivo do dr. Goldman foi tão proveitoso para os pais que agendei outro evento. Convidei David Daley, professor titular de patologia da fala e audiologia na Universidade de Michigan, outro especialista de fama nacional com quem eu havia trabalhado muitas vezes como consultora. Trata-se de um excelente orador. Organizamos cursos sobre desamparo e depressão adquiridos *versus* otimismo e esperança adquiridos. A partir da obra de Martin Seligman, ele elaborou uma série fascinante de palestras sobre auto-regulação e autogoverno. (O dr. Seligman afirma que o estilo explanatório de uma pessoa – ou aquilo que você diz sobre si próprio e sobre os seus objetivos – influencia o modo como as coisas acontecem. Ele propõe que o tratamento de um problema só tende a piorar se você gastar todo o seu tempo tentando rastrear e discutir o que há de errado.) Todos adoraram o trabalho e o carisma do dr. Daley. O programa foi um enorme sucesso. Eu também aprendi muito e aproveitei ao máximo o tempo que passei com ele.

Quando perguntei ao dr. Daley o que ele achava de Whitney, sua resposta foi: "Ninguém vai concordar com você que o autismo é um problema de audição. Suas idéias sobre a utilização do sistema visual para corrigir o sistema auditivo são muito avançadas." Ele insistiu em que eu mantivesse meu trabalho centrado nas práticas clássicas que eu havia desenvolvido em nosso campo. "Esse programa para Whitney é difícil de assimilar", admitiu. "Mesmo para mim, que sou seu fã, é impossível discernir a parte auditiva do autismo, que seria passível de tratamento."

"Não foi isso que eu disse", respondi. "Não tenho nenhuma idéia sobre autismo e audição. Mas sei muito bem que Whitney demonstrou todos os sintomas de autismo durante muitos anos, que ele também tinha um problema de audição, e que esse problema de audição era tratável. Foi por meio desse tratamento que eliminamos os sintomas de autismo." O dr. Daley balançou a cabeça e disse: "Quando se é mãe, perde-se a objetividade. É por isso que se diz que os médicos nunca devem tratar membros de suas próprias famílias. Você sabe que sempre admirei seu trabalho e que apoiarei seu empenho em ajudar Whitney. Mantenha-me informado sobre os acontecimentos. Acho que você deveria voltar a escrever, e poderia começar por escrever mais extensamente sobre o caso de seu filho."

Durante esse período eu tinha preparado para o dr. Cantwell uma pasta com textos sobre o meu trabalho e o caso de Whitney. No final, eu perguntava se ele estaria disposto a receber meu filho e outros pacientes meus para uma consulta. Nervosa, coloquei tudo no correio. Talvez eu estivesse enviando material em excesso. Eu estava tentando mostrar a progressão de meu pensamento sobre o curso natural e a tratabilidade dos transtornos de processamento de informações e o déficit de atenção – temas de grande interesse para o dr. Cantwell – e esperava ansiosamente que isso nos levasse a novas maneiras de entender o problema de Whitney.

A resposta veio logo a seguir, e nela o dr. Cantwell afirmava que adoraria passar algum tempo comigo. Dizia ter grande interesse pelo meu trabalho, e que faria as consultas com grande prazer. E assim, nessa troca de correspondência entre a UCLA e Ohio, o dr. Cantwell e eu agendamos um programa para uma visita de três dias durante os quais ele daria uma palestra aberta ao público na livraria Barnes & Noble local (onde eu também vinha fazendo uma série de palestras) e receberia individualmente todos os meus pacientes.

Em sua palestra na Barnes & Noble, compareceu um grande grupo de administradores escolares. Encheram-no de perguntas, numa tentativa de provar em público que o que eu estava fazendo era errado. Mas ele lhes disse, com todas as letras, que eu vinha fazendo a coisa certa. Afirmou que seu próprio trabalho nas escolas tinha sido mal compreendido, ainda que não a ponto de uma queixa ter sido encaminhada a uma junta de licenciamento. Tudo que haviam feito com ele fora ignorar seu trabalho; ele criara uma série de vídeos sobre o Transtorno do Déficit de Atenção (TDA), e passara muito tempo trabalhando com administradores de escolas e especialistas na área, tentando conseguir a implementação do seu programa. Em vez disso, afirmou, não conseguiu nada além de um grande vazio.

Os drs. Cantwell, Goldman e Daley, como ninguém em nossa comunidade, compreendiam o que eu vinha afirmando. O dr. Cantwell recebeu uma distinção vitalícia da Associação Americana de Psiquiatria pelos muitos anos que dedicou ao estudo da capacidade humana de atenção e por seu diagnóstico e tratamento do Transtorno do Déficit de Atenção. A grande paixão do dr. Cantwell era diferenciar o diagnóstico de doença psiquiátrica do diagnóstico de transtorno de comunicação. Em particular, ele estava muito interessado em tratar o sistema de atenção do cérebro e resolver os sintomas psiquiátricos. Na época que o dr. Cantwell apareceu em minha vida, ele estava tentando entender os problemas de Whitney do ponto de vista do cientista, enquanto eu fazia o mesmo na condição de mãe. Goldman e Daley haviam dado contribuições muito interessantes à minha visão geral do problema. O dr. Cantwell estava ali para me ajudar a fazer um planejamento que atendesse às necessidades de curto prazo do trabalho com Whitney e as escolas.

Foi um alívio imenso encontrar no dr. Cantwell um espírito muito semelhante ao meu do ponto de vista profissional. Embora ele não tivesse se dedicado a refletir sobre a reconstrução das vias de processamento cerebral através de treinamento especial, compreendia o que eu queria dizer com minha avaliação do cérebro visual de Whitney. Seu trabalho dizia respeito à medicação e a como aprender a falar de um problema em sessões de psicoterapia podia ajudar a resolver transtornos psiquiátricos. Além disso, ele se empenhava em mostrar como os professores podiam fazer adaptações na sala de aula a fim de ajudar os alunos que processam informações de modo diferente dos demais. Mas as reflexões dele não diziam respeito a uma reforma da maneira como uma pessoa pensa, e esse conceito o fascinava.

Naquela época, eu trabalhava com muitas pessoas visuais. Buscava alguma forma de orientação com outros pacientes semelhantes a Whitney, tentando direcionar minha prática para pacientes com capacidade de pensamento visual acima do nonagésimo nono percentil e capacidade verbal abaixo do primeiro percentil. Dispunha de um radiologista, um professor de fotografia, um arquiteto paisagista, alguns diretores de empresas, empresários extremamente bem-sucedidos e seus filhos e alguns alunos de medicina. Os pacientes adultos estavam alterando o modo de funcionamento de seu cérebro para que tivessem acesso tanto à via visual quanto à via verbal, dependendo da tarefa que lhes era proposta.

Esses pacientes se reuniram com o dr. Cantwell e lhe explicaram o que, em sua opinião, estava acontecendo com eles. Programei as coisas de modo que o dr. Cantwell discutiu tudo isso com eles antes de encontrar-se com Whitney, uma vez que médicos, advogados e líderes comunitários são muito dignos de confiança quando falam de seus sintomas e da eficácia do tratamento a que estão sendo submetidos. Podiam abrir caminho para Whitney. O fato de um radiologista explicar que só pensava por meio de imagens e que suas deficiências de comunicação haviam sido tratadas com sucesso constituía um extraordinário ponto de partida para a apresentação da história de Whitney.

Eu queria mostrar ao dr. Cantwell, passo a passo, que qualquer que fosse o diagnóstico inicial de meu filho, ele era uma criança extremamente visual que estava aprendendo a tornar-se verbal, assim como os outros pacientes. Talvez Whitney fosse o exemplo extremo de uma nova síndrome. Como Oliver Sacks havia dito, podemos estudar nossos pacientes a partir de nossa prática, mas o que isso significa para o grupo maior? Eu esperava que o dr. Cantwell, com uma perspectiva internacional sobre essas questões e com sua experiência de maior alcance, pudesse nos oferecer a riqueza de seus conhecimentos.

Finalmente, no terceiro dia da visita, um Whitney feliz e cheio de confiança entrou no consultório para conhecer o dr. Cantwell. Ele sabia, por tudo que eu lhe havia dito, que aquela era uma grande oportunidade para ele. Estava agora no segundo ano e começava a falar de modo fragmentário, mas conseguíamos entendê-lo. Fazia gestos e usava palavras em número suficiente para que o entendêssemos durante a maior parte do tempo, mas isso só acontecia se estivéssemos na mesma sala que ele – por telefone, eu não fazia idéia do que ele tentava dizer.

Eu estava preocupada com o desenrolar da conversa com o dr. Cantwell. Mas ele era um dos maiores entrevistadores de crianças de todos os tempos. Sabia exatamente quantas palavras usar para ajudar uma criança a desenvolver determinado assunto. Incentivou Whitney e fez a conversa girar em torno de assuntos que diziam respeito a ele. De imediato, começou a falar sobre *Power Rangers*, *Jornada nas estrelas* e Hulk Hogan.

Depois da entrevista, o dr. Cantwell me disse que tinha gostado muito de Whitney. "Um garoto encantador." Em sua opinião, uma das coisas principais que eu havia feito fora ensiná-lo a usar sua atenção visual para estimular sua atenção auditiva. Concordei. Disse-lhe que eu estava começando a compreender os sistemas de atenção do cérebro de uma nova maneira, com base nas respostas de Whitney à minha terapia e a seu próprio desenvolvimento natural. Eu sabia que Whitney não tinha dificuldade para encontrar lugares em que já estivera somente uma vez. Conseguia montar blocos sem ver as instruções, e tinha uma aptidão natural para consertar coisas. Esses geniais pacientes adultos com deficiências de comunicação seguiam o mesmo padrão: alta capacidade visual e grande atenção ao detalhe, alta capacidade para distinguir planos de profundidade e graves problemas de memória auditiva.

Terminada a entrevista de Whitney, mostrei ao dr. Cantwell meu laboratório da atenção, onde meus pacientes praticavam exercícios de memória envoltos em elementos de distração, como a constante mudança da música de fundo ou o bater de portas e conversas por toda a sala. Ele então me disse: "Para o nosso trabalho com problemas auditivos de atenção seletiva, precisamos de um ambiente sem distrações, um espaço tranqüilo com tempo adicional para os testes. É um procedimento padronizado, e aqui você faz com que eles tentem trabalhar em meio a um barulho caótico." Ele queria saber por que eu estava fazendo exatamente o oposto do procedimento-padrão. Expliquei que eu estava ensinando o sistema de audição seletiva a sintonizar e dessintonizar informações ou sinais sonoros intencionalmente. Ensinar as pessoas a trabalhar em ambientes calmos ensina o sistema a não se ativar. O dr. Cantwell sorriu e disse: "Impressionante."

Perguntei se ele estaria disposto a voltar para que pudéssemos trocar idéias regularmente, mas ele disse que sua saúde não andava bem e que, por isso, teria de limitar suas viagens a algumas poucas por ano. "Mas, se você me conseguir ingressos para alguns jogos entre os times da Universidade de Notre-Dame e a de Ohio, então estamos combinados. De qualquer modo, não deixemos de manter contato. Quero acompanhar de perto o desenvolvimento do seu trabalho. Você está dez anos à minha frente", disse ele com um largo sorriso. Até morrer, alguns anos depois, ele voltou muitas vezes para me visitar e saber como estava Whitney.

Enquanto criei todos esses cursos intensivos, laboratórios e oficinas para ajudar as pessoas a entender o meu trabalho, preparei um texto e alguns materiais para a Associação Americana de Fala, Linguagem e Audição. Os profissionais da Associação examinaram todo o material que enviei e não viram problema algum no que eu estava fazendo. Mas ficaram fascinados com minhas teorias e meu trabalho com Whitney e outros indivíduos visuais, e mandaram-me uma lista de perguntas, que respondi prontamente. Demorei um ano para chegar a bom termo com a Associação, mas no fim não restou dúvida alguma sobre a integridade de minhas atividades. O diretor em pessoa me telefonou e disse que a Associação estava muito orgulhosa do meu trabalho.

Depois de resolvidas todas as minhas pendências com a Associação, procurei o supervisor-assistente da escola de onde havia partido a acusação formal contra mim. Ele me disse que marcaria uma reunião com os acusadores para que as coisas se esclarecessem de vez.

"Muito bem, mas primeiro gostaria que o senhor me desse uns quinze minutos para conversarmos sozinhos." Ele concordou.

No dia da reunião, eu e meus três filhos chegamos ao edifício-sede do distrito escolar. Deixei-os na sala de espera e fui sozinha procurar o supervisor-assistente. Comecei mostrando-lhe o relatório dos psicólogos da escola que dizia que Whitney tinha um QI baixo, de 46, e que deveria estar numa classe de crianças com deficiências múltiplas; em seguida, mostrei o QI de Whitney no final do primeiro ano regular, com escore 90. Ele inclinou levemente a cabeça, aquiescendo educadamente. Expliquei que Whitney era o exemplo perfeito de como um trabalho conjunto envolvendo a família, a criança e os profissionais da escola e de outras instituições pode ajudar uma criança a superar os sintomas de deficiências – apesar de que, na verdade, Whitney nunca tivera QI 46, nem fora uma criança de baixa inteligência. Com a mesma polidez, ele aquiesceu novamente. Peguei os livrinhos com as histórias que Whitney tinha escrito. Todas as decisões sobre a vida escolar de Whitney, expliquei, haviam sido tomadas com base em sua baixa pontuação em um teste de QI que lhe haviam aplicado verbalmente – e Whitney mal podia falar ou ouvir. Ele continuou a anuir com a cabeça, sem entender aonde eu queria chegar.

Abri a porta e pedi a Whitney que entrasse. "Agora, ele fala e ouve. Fizemos muitos progressos em menos de três anos. Ele não tinha uma inteligência baixa, tinha um problema de processamento que era possível tratar. E que estamos tratando."

Whitney foi para perto do supervisor e leu para ele uma das histórias de seu livrinho. O homem sorriu. Abracei Whitney e mandei-o ir brincar com a irmã e o irmão.

Em seguida, mostrei ao supervisor a carta em que o conselho escolar me isentava de quaisquer práticas errôneas e fazia grandes elogios ao meu trabalho. Por último, passei-lhe uma cópia do relatório original mandado para a ASHA em papel timbrado da escola Worthington.

"Nada disso era verdade, porém, e o que está aqui escrito me causou muita angústia, a perda de meu bom nome, a perda de minha reputação e de todas as minhas economias com o pagamento de advogados. Esta é a posição do distrito escolar ou apenas dos psicólogos da escola que usaram seu papel timbrado?"

Antes que ele pudesse responder, os psicólogos da escola começaram a chegar. Sentei-me em um lado da mesa, e os sete psicólogos acomodaram-se no lado oposto.

Finalmente, começamos. O supervisor disse: "Estamos reunidos para pôr fim a uma divergência. Todos nós temos o nosso lado da história. E todos temos bons argumentos a apresentar. Dra. Florance, estou convencido de que podemos chegar a uma conciliação. A senhora também pensa assim?"

"Não", respondi. "Não há conciliação possível neste caso. Estou certa, e os psicólogos da escola estão errados. Apresentei respostas a suas perguntas a três conselhos escolares e elas foram aceitas por especialistas de reputação nacional. Estes psicólogos estavam me criticando por coisas que ignoravam completamente."

Um deles disse: "A senhora acredita que problemas de comunicação tornam as pessoas ansiosas e deprimidas."

"Sim, acredito. O senhor não acredita?"

"Não, a senhora faz as coisas parecerem piores do que são. E não é esse o seu trabalho."

Peguei o manual da Secretaria de Educação do Estado de Ohio. "Este manual explica que a escola é um jogo verbal; os que seguem as regras têm sucesso, os que não seguem fracassam. Fracassar na escola é um sofrimento profundo para uma criança, e acarreta efeitos colaterais de ordem emocional. Os transtornos de comunicação podem freqüentemente ser tratados."

O supervisor perguntou se eu aplicava o manual da Secretaria de Educação do Estado de Ohio a todos os meus pacientes.

"Claro que sim, é por isso que os senhores têm meus relatórios. Seguimos os procedimentos passo a passo para coordenar serviços externos com as escolas, e peço aos pais de meus pacientes que sigam rigorosamente esses procedimentos." Entreguei um manual a cada um dos psicólogos ali presentes.

Um deles argumentou: "Compreendemos que a gagueira é emocionalmente perturbadora para os pacientes, e acreditamos que a senhora lida muito bem com esse problema. Mas, quando passa para os problemas de linguagem, dá a entender que as pessoas se sentem tão mal com esse problema quanto com a gagueira, e foi aí que tivemos de interferir no seu trabalho."

"As pessoas se sentem tão mal!..." Quando percebi que estava ficando furiosa, fomos interrompidos pelo supervisor – que até o momento estivera folheando o manual da Secretaria de Educação do Estado de Ohio, as cartas de desculpas da Associação Americana de Fala, Linguagem e Audição e do Conselho de Patologias da Fala do Estado de Ohio, que deixavam claro que eu não havia feito nada de errado.

"Todos nós devemos um pedido de desculpas à dra. Florance. A partir de agora, quem pretende continuar trabalhando neste distrito escolar não dirá mais uma palavra contra ela. Vocês não precisam estar de acordo com o que ela pensa. Mas, se querem trabalhar aqui, nunca mais a critiquem para quem quer que seja." Em seguida, olhou para mim e disse: "Peço-lhe minhas mais sinceras desculpas pelo que lhe fizemos aqui."

Engoli em seco. Palavras eram pouco, mas eram melhor que nada. A sala estava carregada de tensão e silêncio quando me levantei e tentei andar até a porta com o máximo de orgulho que fui capaz de ostentar. Quando abri a porta para sair, fui agraciada com a visão de Whitney e William brincando de Lego sob a supervisão de Vanessa.

Saí para a sala de espera e fechei a porta atrás de mim. Sorri quando Whitney correu e pegou minha mão. *Esta é uma luta difícil*, pensei, *mas que com certeza vale a pena*.

"Ajudei você, mamãe?", perguntou ele.

"Ajudou muito, Whitney." Dei-lhe um abraço. "Você é o melhor de todos."

12.
Conversando com Deus

Para o terceiro e quarto anos escolares de Whitney, o sr. Niemie queria colocá-lo em uma nova classe experimental que estava criando em sua escola. Seria uma turma com crianças de idades variadas, do terceiro e do quarto anos. A idéia era que as crianças pudessem interagir por níveis de capacidade, e não por faixa etária; se um aluno do terceiro ano fosse bom em matemática, poderia ter as aulas de matemática com os alunos do quarto ano; se outro, do quarto ano, estivesse com dificuldades na leitura, poderia participar de um grupo onde houvesse mais alunos do terceiro ano. Eu não tinha tanta certeza de que Whitney pudesse se dar bem nesse contexto. O projeto significava cinqüenta alunos em uma classe mista, e somente dois professores. Não era o nível de atenção a que Whitney estava acostumado, e além do mais seria preciso lidar com mais crianças e novos estímulos. O sr. Niemie estava certo de que tudo correria bem.

"Dê-lhe seis semanas para tentar", convenceu-me. "Sabemos que as transições são difíceis para Whitney, mas acho que essa experiência vai acabar sendo muito boa para ele."

A transição realmente foi difícil. Whitney voltou a se isolar. Ficou desorientado e desorganizado. Durante as aulas, dava respostas que nada tinham a ver com as perguntas, e parecia muito distante de todas as atividades. Seus professores estavam muito preocupados, receosos de que ele estivesse no lugar errado. Não lhes passava pela cabeça que Whitney pudesse dar conta das atividades do terceiro ano. Ele ficava muitas vezes olhando para o nada, imóvel, enquanto o resto da classe trabalhava. Nessas ocasiões, ele não fazia nada, ou pelo menos era essa a impressão dos professores; eu imaginava que ele estivesse tentando resolver algum problema e que acreditasse estar realmente fazendo o que lhe haviam pedido para fazer. Não seguia instruções; bem ao contrário, fazia coisas totalmente diferentes das que lhe eram propostas. Por exemplo, se ficava muito concentrado na leitura de algum texto sobre a Guerra de Secessão, quando a professora pedia aos alunos que abrissem o livro de matemática na página 32, ele continuava a ler sobre a Guerra de Secessão como se não a tivesse ouvido. (Na verdade, acredito que não teria ouvido mesmo, pois estaria visualizando o que lia.)

Whitney se comportava como se não pudesse passar para a tarefa seguinte até que tivesse compreendido plenamente a anterior. A professora achou que se tratava de desobediência, mas para Whitney ela estava sendo ilógica.

"Se ela quer que eu aprenda alguma coisa sobre a Guerra de Secessão, por que me interrompe quando estou começando a entender a matéria e me pede para fazer outra coisa? Assim vou acabar me esquecendo do que li, e vou ter de ler tudo de novo", raciocinava ele.

Ele também usava algumas palavras incorretamente. Por exemplo, certo dia disse à professora de educação física que não participaria da aula devido a problemas com suas "vacas". A professora disse que não aceitava desculpas esfarrapadas e que ele devia participar dos exercícios de salto. Ele insistiu que não podia por causa de suas vacas. Naquela noite ele chegou muito tristonho em casa e, durante a reunião familiar, disse que a professora tinha deixado suas vacas doloridas. Acabamos descobrindo que ele queria dizer que estava com dor na barriga da perna*. Quando essas coisas aconteciam, Whitney ficava confuso e se retraía. Ficava horrorizado por

....

* Whitney havia trocado a palavra *calf* (barriga da perna) por *cow* (vaca). (N. do T.)

ter feito algo de errado e não ter como impedir que outro episódio desse tipo acontecesse no futuro.

Ele também estava falando menos e interagindo menos com as outras pessoas – tanto na sala de aula quanto em casa. Tivemos de trabalhar duro para fazê-lo voltar a falar. Peguei meu violão e voltei a tocar e cantar para as crianças à noite. Sentava-me no patamar da escada e ficava tocando, com William e Vanessa ao meu lado. No começo, Whitney ficava em seu quarto, mas por fim arriscou uma saída, caminhou lentamente pelo corredor e, quando vimos, já estava ali sentado conosco. Então na sexta semana de escola, como se fosse esse o período mágico de que ele precisasse, acostumou-se muito bem com a nova rotina da sala.

Nos dois anos seguintes, a escola foi uma coisa muito mais tranqüila para Whitney. O sr. Niemie permitiu que criássemos um esquema no qual Whitney freqüentava sem problemas as sessões de terapia ocupacional, fisioterapia e desenvolvimento da linguagem. Quando ele ficava confuso ou começava a entrar em crise, o sr. Niemie revelava enorme perícia para levá-lo de volta a um porto seguro. Além do sr. Niemie, ele se dava muito bem com seu conselheiro, com a enfermeira, com o pessoal da secretaria e com vários pais que faziam trabalho voluntário na escola. Nós havíamos cuidadosamente transformado Riverside em um santuário onde ele tinha muitos estímulos para ajudá-lo a permanecer no programa. Ninguém o via nem o apontava como um garoto problemático. Ao contrário, estudava nas classes regulares com as outras crianças e, sempre que precisava, saía em busca de uma ajuda especial. Ainda não conseguia segurar o lápis direito, por isso continuava difícil ler o que escrevia. Sua fala também era de difícil compreensão, e ele ainda resmungava muito consigo mesmo. Mas, como ele se entregava por inteiro à interação com os demais, estava se saindo muito bem. Todos sabiam que Whitney tinha um coração de ouro, e ele era realmente aceito e amado. Ele também começou a desenvolver um apetite insaciável por certas áreas do conhecimento; quando alguma coisa despertava seu interesse, ele pesquisava o assunto nos mínimos detalhes.

Whitney desenvolveu um grande fascínio, por exemplo, pela Guerra de Secessão, e passou a ler tudo que encontrava sobre o assunto. Ia para a biblioteca e pegava todos os livros ilustrados, livros de história ou enciclopédias que lhe caíam nas mãos. Mesmo quando um livro estava além de sua capacidade de entendimento, ele ficava horas e horas absorto em sua leitura. Anos depois o sr. Niemie me contou que, quando ia para casa, procurava por questões sobre a Guerra de Secessão para testar Whitney. Nunca recebeu uma resposta errada. Meu filho transformou-se numa enciclopédia ambulante nesse tema, como depois aconteceria com muitos outros temas.

Nessa época, como William e Vanessa tinham terminado o ensino fundamental na Academia Columbus, concluí que seria ótimo se todos os meus filhos estivessem no mesmo sistema escolar. Eu tinha matriculado William e Vanessa na Academia Columbus para que eles pudessem ter uma parte de suas vidas separada de Whitney. A idéia de ter o mesmo horário nos dias letivos e depois dos eventos escolares, bem como os mesmos períodos de férias, como uma família normal, representava para mim um luxo que simplificaria nossas vidas. Apesar de Whitney estar freqüentando o curso regular, ele ainda tinha mais três anos de educação especial pela frente. Enquanto morássemos no distrito escolar de Dublin, Whitney podia permanecer em Riverside.

Mudamos para uma casa no meio de um bosque no distrito de Dublin, e que foi a casa dos sonhos para todos nós. Pela primeira vez, tínhamos um grande quintal onde as crianças podiam brincar à vontade. A casa era uma verdadeira obra de arte. Construída ao lado de uma ribanceira de dois hectares e meio, tinha um terreno de meio hectare na parte da frente, com uma estradinha que cruzava uma ponte coberta e um regato encantador, e vinha dar em nossa rústica porta de entrada. À primeira vista, a casa parecia um celeiro feito de cedro, com uma pequena porta e sem janelas; lá dentro, porém, grandes janelas que praticamente dominavam os outros três lados da casa se abriam para o espetáculo de um bosque com cachoeira. Parecia uma casa de fantasia, e as crianças adoravam ter tanto terreno para explorar. Na parte do bosque que dava para os fundos da casa, elas podiam abrir picadas, construir fortes e acampar.

Assim que nos instalamos e Vanessa e William se adaptaram às novas escolas, procurei pensar com calma em que pé estavam as coisas. Era um grande alívio saber que agora tudo estava correndo bem com Whitney na escola, porque, para ser franca, eu sentia que já havia dado tudo de mim.

Percebi que já era tempo de introduzir mudanças na minha vida num dia em que estava me aprontando para fazer uma palestra para os líderes de Dublin, patrocinada pelo Rotary Club, e não consegui encontrar uma única peça de roupa em que me sentisse profissional e com a vida sob controle. O problema não era a falta de roupas em meu armário – era a pessoa que olhava para mim do outro lado do espelho.

A vida estressante que eu vinha levando me fizera engordar muito. E eu não era a única que estava fora de forma; meus péssimos hábitos alimentares também haviam custado caro a William e Vanessa. Estávamos comendo muito mal e não fazíamos nenhum exercício. Ironicamente, o único que estava bem fisicamente era Whitney. Ativo e esbelto, ele só comia quando tinha fome, e parava assim que se sentia satisfeito. Suas emoções não governavam sua alimentação do modo como as minhas haviam feito comigo.

Naquele dia, no Rotary, um dos palestrantes falou sobre saúde e bem-estar físico. O nome dele era "Todd, o Homem do Corpo" – um vigoroso praticante de musculação que era uma celebridade local porque, no noticiário da manhã, aparecia num programa chamado *Todd e seu corpo*. Ele apareceu no Rotary usando camiseta regata e bermuda de *lycra* com listras pretas e rosa-*shocking* fosforescente. Era enorme, mas tinha uma cintura muito fina, e parecia-se com um super-herói saído de alguma revista em quadrinhos. Observei-o enquanto ele falava a vários executivos conservadores sobre a necessidade de se manter em boa forma física. Todos o adoraram, inclusive eu. Fui uma das pessoas que mais o aplaudiram quando encerrou sua palestra, encantada com a possibilidade de aquele homem cuidar da minha vida e do meu bem-estar.

Quando voltei para meu consultório, ainda estava animada com a palestra dele. Mas assim que me olhei no espelho voltei a sentir-me desesperada, um caso perdido. *Não*, pensei, *não vou desistir*. Peguei o telefone, liguei para a academia de musculação de Todd e marquei uma entrevista com ele.

Ao descer do carro, já na academia, eu estava usando calças folgadas, uma blusa enorme e tênis Nike de cano alto, e além disso arrastava um carrinho de bagagem cheio de bolsas e pacotes. Todd chegou ao mesmo tempo. Quando saltou de seu Porsche com uma mochila nos ombros e olhou para mim, mal conseguiu disfarçar a decepção. Todd é *personal trainer* de gente famosa – atletas profissionais, astros e atores de cinema, celebridades de todo tipo –, e, para dizer o mínimo, eu não era a sua cliente mais típica.

Ele me fez preencher um questionário. Havia algumas perguntas típicas sobre saúde e bem-estar físico, mas outras me pareceram estranhas. *Quantos livros você lê por semana? Por que acha que engordou? Quais são seus objetivos profissionais?* Escrevi "mais de dez por semana" na parte sobre os livros, e disse a ele que queria voltar a ser a atleta que havia sido no passado.

Todd examinou minhas respostas e perguntou: "Por que você acha que engordou?"

Para mim era difícil falar sobre meus sentimentos. Passara anos guardando-os só para mim. Meu trabalho consistia em ajudar outras pessoas a resolver seus problemas, e eu sentia às vezes que assimilava toda a dor e o sofrimento dos que me cercavam o dia inteiro. Acrescente-se a isso o estresse de tentar fazer o melhor possível para Whitney e a luta para ganhar a vida – pronto, não havia a menor possibilidade de sentir o que quer que fosse. Eu tinha medo de me afogar em sentimentos se começasse a deixá-los aflorar. E então passei a fingir que eles não existiam. Sabia que era esse o motivo de eu ter engordado, sabia que todas essas coisas me haviam levado a comer mal e em excesso – sem contar todos os anos durante os quais os cuidados comigo mesma haviam deixado de ser uma prioridade.

Todd me dava a impressão de ser alguém capaz de ajudar. Mas eu teria de me abrir com ele. Respirei fundo e contei a minha história: como meu trabalho no hospital tinha sido interrompido devido a dificuldades administrativas, e como meu filho tinha graves problemas de saúde. Expliquei como esses problemas de Whitney consumiam praticamente todo o meu tempo; disse que eu também tinha outros dois filhos para criar e que, tudo isso somado, eu fora aos poucos deixando de me preocupar com minha própria saúde. Pior ainda, os problemas com as verdadeiras batalhas que eu havia travado com as escolas por causa de Whitney tinham custado muito caro à minha auto-estima, e eu me sentia muito mal e muito sozinha. A história saiu como um desabafo, e todas as minhas emoções vieram à tona. Não seria nada fácil cumprir o objetivo de recuperar minha boa forma.

Mas Todd bateu as mãos e disse: "Acho que entendi, e vamos resolver o problema."

Ele gostava de resolver problemas. Também apreciava um desafio. Eu era diferente de seus clientes habituais – mas acho que era também o maior desafio que ele já havia encarado.

Todd começou a freqüentar nossa casa e ajudou-me a montar ali uma espécie de academia doméstica. Depois de algum tempo trabalhando com ele quase todos os dias, perguntei-lhe se seria possível treinar as crianças também. Eu sabia que elas precisavam de um estilo de vida mais saudável, e achei que para os garotos seria muito bom ter alguém que lhes ensinasse alguns esportes. Talvez eu tenha sido excelente para cuidar de sua formação em artes, mas eles precisavam de alguém que os socializasse de maneiras que não me competiam. Todd era perfeito para o trabalho. Deixou-os muito entusiasmados sobre esportes e música *pop*, e às vezes até conversava sobre garotas com William e Whitney.

Um ano depois, nossa família se transformou em um grupo de grandes corredores, nadadores, tenistas e praticantes de boxe tailandês; também jogávamos pingue-pongue, basquete, futebol, praticávamos alpinismo e ciclismo – bastava pensar num esporte diferente e lá estava Todd, pronto para nos ensinar tudo com muito bom humor e entusiasmo.

Certo dia, Todd me chamou para uma conversa depois de trabalhar com os meninos. Havia preparado William para jogar no time de futebol americano da escola e estava começando a ensinar a Whitney os elementos básicos desse esporte. Ele me contou que Whitney andava dizendo umas coisas estranhas.

Isso não me surpreendeu. As pessoas sempre achavam que Whitney dizia coisas estranhas. Esperei para ouvir de Todd quais eram as últimas.

"Ele me disse que tem conversado com Deus, e que acredita que é possível que Deus o chame para explicar às pessoas tudo o que ele teve de superar."

Tive de admitir que isso era mais estranho do que as coisas estranhas que Whitney costumava dizer. "Deve ser alguma coisa que ele viu na TV."

Todd não parecia muito convencido disso.

"Bem, duvido que ele esteja realmente conversando com Deus", respondi, tentando fazer uma piada.

Ele não achou graça. A bem da verdade, ele havia insistido com Whitney para que lesse a Bíblia, pois, ao treinar futebol com ele, Todd dizia-lhe freqüentemente que ele precisa "sentir Deus" em seu interior. Como Whitney afirmava não saber o que isso queria dizer, Todd lhe pediu para ler a Bíblia, dizendo que isso o ajudaria a desenvolver sua espiritualidade.

Como sempre, Whitney acatou a sugestão de Todd. Mas não deu só uma olhada rápida em algum exemplar da Bíblia: leu com a maior atenção uma edição infantil ilustrada e começou a bombardear Todd com suas teorias sobre o significado dos relatos que lera. Questionou, por exemplo, o relato no qual Moisés abria o mar Vermelho. "Pode ser que o mar tenha se aberto por causa de fenômenos naturais, e que isso tenha provocado o afogamento do faraó", conjeturou. "E a história de Davi e Golias eles podem ter inventado para que as pessoas daquela época acreditassem em um herói." Ou a preferida de Todd: "Não vou me meter com nenhuma mulher", disse Whitney. "Elas controlam a gente. É só ver Sansão e Dalila."

Todd acabava rindo. "Ele não tem medo de dizer coisas politicamente incorretas", dizia, admirado. Todd achava que talvez estivesse aí a razão de Whitney ser tão perspicaz a respeito dessas histórias. "Ele não tem aquela camada de culpa, medo ou juízo de valor – ou o que quer que seja que todos nós temos. Ele vai direto ao ponto central da questão."

Mesmo assim, Todd estava alarmado. "Trabalhei duro, li muito e conversei com muitas pessoas para compreender as coisas nesse nível. Whitney chegou a esse entendimento profundo sem ter de trabalhar tanto quanto os outros. Whitney me disse que vai para o céu, conversa sobre estas histórias e depois volta."

Isso me deixou preocupada. "Vou falar com ele", assegurei a Todd.

Na manhã seguinte, durante o café da manhã, interroguei Whitney sobre as coisas que ele vinha dizendo a Todd.

"Eu falei que todos os que afirmam que dinheiro não é importante são uns idiotas", disse ele.

"Whitney! Como pode dizer uma coisa dessas?"

"Veja o caso de Salomão, Josué – de todos eles. Primeiro Deus deu riquezas a eles. Só então eles puderam fazer o que fizeram."

Achei a interpretação interessante, mas tentei não me desviar do assunto. "Que história é essa de ir para o céu e voltar?", perguntei.

Whitney agitou-se em sua cadeira. "É assim que me parece, mamãe", respondeu. E então ele me disse que conseguia ver todas as histórias em sua cabeça, como um filme. Sentava-se e ficava assistindo ao desenrolar dos relatos bíblicos como se ele próprio estivesse lá.

Eu achava que estava ensinando linguagem a Whitney, e que o fato de resolver seu problema de comunicação eliminaria os sintomas psiquiátricos do autismo. Ele não se isolava mais; estava aprendendo a interagir com as pessoas. Mas ele geralmente dava um passo para a frente e dois para trás, e durante o processo de tentar resolver seus problemas ficava difícil prever o que aconteceria em seguida. Whitney ainda não estava dentro de limites normais em todas as suas atividades. Na escola, ainda precisava de uma ajuda extra. O nível de sua caligrafia e sua ortografia era de segundo ano, embora ele estivesse no quarto.

Ele ainda se confundia quando precisava seguir instruções. Nos momentos de lazer, suas atividades eram criar modelos e pintá-los, montar quebra-cabeças complexos, fazer esculturas a partir de folhas e galhos. Sua habilidade social não era normal; ele demorava muito para descobrir qual era a coisa certa a dizer em cada ocasião. Mas eu sentia que, com o tempo, essas coisas seriam resolvidas. Porém, o que era aquilo? Ver filmes em sua cabeça?

Era como um devaneio que lhe parecesse real. Será que ele estava usando a mente visual para tentar resolver um problema?

"Fale-me sobre esses filmes."

Whitney prosseguiu, fazendo um longo discurso – não apenas a respeito de histórias da Bíblia, mas também de idéias sobre religião, procedentes de uma variedade de fontes. Ele vinha assistindo ao History Channel, tinha aprendido muitas coisas sobre diferentes períodos históricos e, além disso, também pesquisava sobre o assunto na internet.

Agradava-me a idéia de que Whitney estivesse refletindo sobre questões morais e suas implicações religiosas e espirituais. Ele estava analisando os relatos bíblicos, fazendo comparações com a sociedade atual e com lições de moralidade. Sua síntese desses assuntos podia ser pouco apurada, mas apontava para a existência de um processo de pensamento crítico e analítico e para uma análise criteriosa das crenças.

Whitney tinha começado a usar relatos extraídos da história ou da Bíblia, ou de outros grandes livros, com o objetivo de explicar sua própria vida. Estávamos lendo os clássicos infantis à noite, como *Grandes esperanças*, *Oliver Twist* e *Moby-Dick*. Eu lia para eles até que adormecessem, e Whitney vinha usando as histórias e as coisas que via na TV para ajudá-lo a entender sua vida e o papel que ele desempenhava nela.

Certo dia, ele disse que deveríamos usar o que sabíamos sobre como ele havia melhorado para ajudarmos outras pessoas a melhorar.

"Sabe, mamãe, existem muitas crianças com problemas bem piores que os meus."

Eu nunca tinha discutido a situação de Whitney com meus pacientes ou com quaisquer outras pessoas que não os diretores da escola e outros profissionais do ensino. Em minha opinião, eu devia dar informações desse tipo somente quando fossem estritamente necessárias. A privacidade de Whitney devia ser protegida, pois ainda não tínhamos certeza absoluta de que estávamos fazendo a coisa certa. Portanto, eu não tinha certeza de que usar a história de Whitney para ajudar outras crianças fosse uma boa idéia. Tínhamos o segundo ano pela frente e, nos próximos cinco anos, Whitney precisava fazer grandes avanços, caso contrário essa etapa de sua vida escolar seria penosa. Ele ainda não conseguia se expressar normalmente, e sua capacidade de seguir instruções continuava insatisfatória. Ele ainda precisava seguir normas preestabelecidas, e eu tinha certeza de que o ensino fundamental e o médio – onde ele mudaria de classes e professores – implicariam um grande ajuste em sua vida. Por tudo isso, de imediato eu não tinha esse objetivo em mente.

Eu achava que havia mais alguma coisa acontecendo com Whitney. E não se tratava apenas dos tais filmes dentro de sua cabeça. Havia algo naquela idéia de que ele estava "conversando" com Deus. Tentei descobrir o que estava acontecendo. Refleti sobre o fato de que, quando Whitney começava a falar, falava alto e para si mesmo, principalmente quando estava aborrecido ou tentando resolver algum problema. Mantinha conversas a meia voz, o que faz até hoje. Na noite que antecede um grande jogo de futebol, ele fica conversando em voz alta no seu quarto, no banheiro, enquanto anda pelo quintal ou no bosque do outro lado da rua. Conversa animadamente com seus companheiros de equipe, com seus treinadores, com o irmão – embora nenhuma dessas pessoas esteja por perto. Eu faço a mesma coisa, mas tudo acontece dentro da minha cabeça. Com Whitney era diferente: ele conversava sozinho em voz alta.

Manter um diálogo consigo mesmo é um procedimento a que se dá o nome de "subvocalização". É algo que a maioria das pessoas faz o tempo todo, mas que é particularmente característico das pessoas verbais. Ao longo de minha prática terapêutica, percebi que as pessoas extremamente visuais não fazem isso automaticamente. Muitas vezes eu tenho de ensiná-las a manter um diálogo interior.

Quando digo a um grupo de indivíduos visuais que ouço vozes dentro de minha cabeça sempre que tento resolver um problema, eles acham que sou louca. "Mas vocês não acham que é esquisito sonhar acordado", respondo. Agora entendo que essas pessoas extremamente visuais tendem a assistir a filmes dentro de suas cabeças em vez de manter diálogos. Elas se lembram mais de um sentimento ou da aparência de um lugar do que de uma conversa. Quando sonho à noite, ouço as pessoas conversando; os indivíduos visuais costumam ver imagens. Hoje sei tudo isso sobre pessoas dessa natureza, mas naquela época estava aprendendo-as com Whitney, e me dava conta de como o meu cérebro e o dele eram diferentes. Éramos opostos no modo de pensar: eu era só palavras, ele era só imagens.

Quando lemos, subvocalizamos em nossa memória. Ouvimos as palavras que estamos lendo, e é desse modo que as entendemos e nos lembramos de uma história. Pense, por exemplo, no que acontece quando você lê um livro cheio de palavras e nomes que desconhece. Se você não conhece os nomes russos nem o modo de pronunciá-los, é possível que os leia por cima, superficialmente, o que sem dúvida dificultará o entendimento dos personagens. Quando a linguagem não faz sentido, quando não conseguimos subvocalizar as palavras, não conseguimos entender o que está acontecendo e perdemos o interesse pela narrativa.

Acho que a idéia de Whitney de que estava falando com Deus foi sua primeira experiência com o modo como falamos com nós mesmos ou ouvimos uma voz interior com a qual mantemos um diálogo mental. Era a primeira vez que ele mantinha um diálogo consigo mesmo sem precisar falar nada. Whitney nunca tivera uma voz interior que lhe respondesse, porque não dispunha da linguagem. Agora, quando uma voz interior começava a lhe responder, é possível ter achado que fosse a voz de Deus.

Whitney ficou constrangido quando se deu conta de que "conversar com Deus" não era uma prática comum a todas as pessoas. Imediatamente deixou de tocar no assunto e guardou para si quaisquer dessas conversas. Esse é um dos primeiros exemplos de Whitney tentando começar a adaptar-se socialmente. Quando ele percebia que alguma coisa não era normal no contexto das relações sociais, tratava de adaptar seu comportamento. Isso representava um avanço, mas ao mesmo tempo me entristecia. Comecei a ver como algumas de nossas normas sociais podem nos impedir de mostrar o que temos de especial. Não era fantástico que ele achasse que estava falando com Deus?

Hoje, Whitney assevera que suas "conversas com Deus" devem ter sido fruto de alguma coisa que viu na TV e fez sua cabeça. Ou talvez fossem sonhos que ele tinha à noite e comentava de manhã.

"Eu gostaria muito que a gente se reunisse para conversar", disse Whitney certo dia, durante nossas discussões matinais de praxe. Estávamos na cozinha, trombando uns nos outros enquanto pegávamos o que queríamos para o café da manhã. Enquanto falava ao telefone com uma pessoa do meu consultório, eu tentava perguntar aos meus filhos o que iriam querer para o almoço. William e Vanessa não responderam porque estavam no meio de uma discussão a respeito de William estar ou não interessado em uma das garotas de sua classe. (Nessa época, Whitney estava no quarto ano, William no sexto e Vanessa no sétimo.) Havia um CD tocando. Whitney agora gostava da escola e respondia bem às suas exigências, e a loucura de nossa vida doméstica começava a lhe dar nos nervos.

Como Whitney raramente expressava necessidade desse tipo de contato, achei que devia dar a seu pedido a atenção merecida. Interrompi o que estava fazendo e disse: "Acho uma ótima idéia, vamos começar hoje à noite. Faremos uma reunião familiar um pouco antes do jantar."

Whitney deu um largo sorriso de aprovação.

Naquela noite, antes do jantar, sentamo-nos todos à mesa. Vanessa e William resmungaram um pouco por terem de interromper seu dever de casa, mas Whitney estava ansioso por começar. Ele nos contou sobre seu dia e fez um relato completo de tudo que havia acontecido na escola. Estávamos pasmos. Whitney nunca havia demonstrado interesse algum em compartilhar suas coisas conosco de uma maneira tão direta. Quando ele contava uma história, seu relato era sempre cheio de lacunas e cabia a nós descobrir sobre o que exatamente ele estava falando e por que resolvera nos contar isso ou aquilo. Mas agora estava no centro das atenções, dizendo-nos como havia brincado com seus colegas de classe.

William e Vanessa perceberam que, além de muito importante para Whitney, aquele momento representava um grande passo para o seu desenvolvimento emocional, e então juntaram-se a nós e também começaram a contar sobre seu dia na escola. E assim começou nossa tradição das "reuniões familiares". Até então, como estava sempre presente às aulas de Whitney, eu facilitava seu relato porque já conhecia seus colegas e estava informada sobre os acontecimentos do dia. Na verdade, eu fazia o mesmo com todos os meus filhos – dirigia a conversa e deixava que eles fossem preenchendo os vazios. Em geral, isso constituía nossa "confraternização noturna". Agora, parecia que Whitney queria ter voz ativa em nossa reunião.

Eu estava empolgada. Depois de um longo dia de trabalho, estar em casa para uma conversa com meus três filhos era um grande prazer. E todos eles pareciam curtir muito o que tinham a dizer e ouvir. Mas o mais emocionante de tudo era ficar ali sentada no meu canto, observando Whitney transformar-se em um garoto extrovertido. Era fantástico observar aquela criança visual não apenas utilizando seus novos sistemas verbais, mas também fazendo o melhor uso deles. Ele estava se revelando um grande comunicador. Seu potencial para pensar e compartilhar suas experiências era algo assombroso para mim – sua mente reflexiva e delicada permanecera soterrada por tanto tempo sob tantas deficiências.

Agendamos nossas reuniões familiares para uma vez por semana. Ao longo dos anos, elas passaram a incluir temas muito sérios, como a pena de morte, o aborto ou qualquer questão que os preocupasse. E até hoje Whitney se culpa por ter sido o autor da idéia. "Não agüento mais essas conversas intermináveis que você quer ter com seus filhos", diz ele, fazendo de conta que nada tem a ver com isso. Ele me acusa de querer discutir exaustivamente toda e qualquer decisão familiar – desde o lugar para onde iremos nas férias até a faculdade para a qual deveriam ir. "Por que fui inventar essas reuniões?", lamenta-se ele. "Odeio ficar ouvindo. Você enrola demais, mamãe. Por que não consegue ir direto ao ponto?" Nós dois rimos do que há de verdade nisso: ele chega a suas conclusões rapidamente, por meio de palavras-chave, e eu preciso ficar girando em círculos até chegar a alguma conclusão.

É claro que, apesar de ele reclamar que ouvir demais é esgotante e ambíguo, fica furioso e sente-se profundamente insultado quando nos atrevemos a deixá-lo fora de uma de nossas reuniões familiares.

Seu pedido para que passássemos a fazer essas reuniões foi muito estimulante para mim como mãe, mas também como cientista. Ajustava-se perfeitamente ao que o dr. Cantwell e eu havíamos discutido a respeito de meu trabalho clínico – uma ligação entre transtornos de comunicação e certos sintomas psiquiátricos. Para mim, as reuniões familiares representavam o modo de Whitney tomar as rédeas de seu próprio "tratamento". Ele precisava relacionar-se afetivamente conosco, pôr em prática suas habilidades sociais, contar histórias, trocar experiências, fazer perguntas. Havia ali, também, um indício de que a resolução de seus problemas de linguagem vinha produzindo melhoras em outros sintomas relativos a seu desenvolvimento emocional e social.

Ele não somente estava menos isolado em seu próprio mundo – estava, realmente, começando a aproximar-se cada vez mais do nosso mundo.

Nessa época, um livro intitulado *Driven to Distraction** foi publicado por Edward M. Hallowell e John Ratey, dois psiquiatras de Harvard. Eu estava tentando descobrir se o TDA/H (Transtorno do Déficit de Atenção/Hiperatividade) não seria uma forma atenuada do problema que Whitney apresentava. Um dos meus pacientes conhecia o dr. Ratey e conseguiu agendar-me um encontro com ele. O dr. Ratey tinha grande interesse em autismo e TDA/H.

Para ele, o TDA/H era um distúrbio psiquiátrico permanente. Na verdade, acreditava que ele próprio tinha esse problema. Ele me disse que os membros de sua equipe o haviam presenteado com uma camiseta com o desenho de um grande buraco negro. Essa estampa significava que qualquer relatório, gráfico ou pedaço de papel que lhe entregassem desaparecia rapidamente no "buraco negro". Haviam descoberto que só podiam entregar-lhe cópias dos originais, pois ele era tão confuso para guardar as coisas que tudo que parasse em suas mãos acabava se perdendo.

Eu disse a ele que Whitney era muito parecido. Mostrei ao dr. Ratey as dependências de minha clínica, onde havia placas indicando a entrada de cada laboratório de treinamento. Havia laboratórios de audição, leitura, escrita e fala. Nas placas, vinha indicado o objetivo do laboratório em palavras-chave. No laboratório de escrita, uma dessas palavras era "seqüenciamento". O dr. Ratey observou: "Seqüenciamento é o oposto de TDA/H. É o que os portadores dessa doença não conseguem fazer. Nós seguimos em frente." Ele disse que só conseguia falar por algumas horas, que depois precisava ir correr para recuperar sua capacidade de atenção, e que os exercícios eram uma boa maneira de se concentrar.

Dele ouvi também o seguinte: "A tratabilidade desses transtornos e o modo como você está me descrevendo a reforma de um cérebro são coisas que não encontram respaldo em nossa maneira de encarar a psiquiatria. Pensamos em desequilíbrios químicos e em como usar os medicamentos para fazer o cérebro retornar à

....

* *Tendência à distração*, Editora Rocco, 1994. (N. do T.)

homeostasia. Logo que a medicação começar a fazer efeito, passamos a usar adaptações ou soluções alternativas para ajustar o paciente ao meio ambiente."

Quando o dr. Ratey conheceu Whitney, não soube que diagnóstico dar naquele momento. Whitney não apresentava sintomas que se beneficiariam com medicações. Não estava deprimido, e sua capacidade de atenção visual era muito alta. Um diagnóstico de TDA/H não é compatível com deficiências sensoriais, e Whitney tinha problemas de audição. O TDA/H percorria todas as modalidades, mas Whitney tinha alta capacidade visual e baixa capacidade verbal. Ainda assim, ele tinha muitos dos sintomas dos portadores de TDA/H. Em *Driven to Distraction*, há um trecho que descreve com grande eloqüência o modo como vejo a relação de Whitney com a linguagem:

> *Acho que as pessoas chegam às palavras quase do mesmo modo que os amantes se encontram. Eles se esbarram nos momentos mais improváveis e nos lugares mais estranhos. Eles se conhecem numa lavanderia vazia, numa tarde chuvosa de domingo, ou trocam olhares furtivos numa pista de dança, durante uma valsa de casamento. Encontram-se sem hora marcada e iniciam um relacionamento não planejado. O resultado pode ser um longo namoro ou um tempestuoso romance. Acontece de um evitar o outro por muito tempo, ou mesmo ter uma certa fobia. Pode haver uma avidez imediata, o que significa um amor à primeira vista. Alguns mantêm uma espécie de relacionamento epistolar, expressando seus sentimentos através da prosa formal de bilhetes elegantes, enquanto outros lançam mão de palavras sem cerimônia, gritando-as para o mundo com a poesia fugaz de certos vendedores de rua. Alguns escancaram suas palavras em cartazes e faixas que espalham pela cidade, outros preferem guardá-las para si, como uma pistola oculta dentro de um livro de bolso. Alguns lêem aos trancos e barrancos, como o amante ansioso, de chapéu na mão, enquanto outros parecem ter nascido para discursar. Todos nós cortejamos as palavras do nosso próprio jeito, e a linguagem nos concede seus favores de maneiras diversas. Às vezes o relacionamento decola, embora um vôo sem solavancos seja*

coisa rara. Apesar de profundamente bela, infinitamente variada e absolutamente encantadora, a linguagem pode também ser frustrante, perturbadora, exasperante e implacável... A linguagem não é uma ferramenta inerte que se tira do armário, como um martelo. Ao contrário, é uma companheira viva, algo que permanece conosco durante todo o tempo que passamos acordados. Para muitas pessoas, a linguagem é como um melhor amigo com quem sempre poderão contar. Para outras, porém, ela nunca chega facilmente. Manter-se em companhia das palavras é algo que exige muito esforço. Essas pessoas – e incluo-me entre elas como alguém que é disléxico e tem TDA/H – nunca sabem exatamente o que esperar das palavras. Nossa relação com as palavras tem suas raízes no imprevisível. Uma hora, somos Abraham Lincoln escrevendo o discurso de Gettysburg*; outra hora, somos tão inábeis com as palavras como um garoto em seu primeiro encontro.

Apresentei ao dr. Cantwell o conteúdo de minhas discussões com o dr. Ratey. Eu estava tentando descobrir uma maneira de tratar pessoas como Whitney, com problemas de processamento tanto emocional como lingüístico. Naquele momento, já havia tratado mais de cem pacientes com alta capacidade visual e baixa capacidade verbal, e estava começando a restringir minha atividade profissional a pensadores visuais geniais, mas com problemas de comunicação. Muitos deles haviam sido incorretamente diagnosticados como portadores de TDA/H, e eu então queria que o dr. Cantwell me ajudasse a criar um conjunto de normas reguladoras que permitissem distinguir os transtornos de comunicação dos transtornos psiquiátricos como o autismo e o TDA/H.

O dr. Cantwell insistiu comigo para que eu entrasse em contato com Elizabeth Weller, uma especialista em depressão infantil. Na época, ela dirigia o setor de psiquiatria infantil da Universidade do Estado de Ohio, e havíamos nos conhecido por ocasião da visi-

---

* Famoso discurso pronunciado por Lincoln meses depois da batalha de Gettysburg (1863). (N. do T.)

ta anterior dele. Se o Instituto Nacional de Saúde Mental não conseguia resolver um caso, remetiam o paciente a ela. O dr. Cantwell afirmou que ela era uma pensadora de renome internacional, uma das melhores psiquiatras infantis de todos os tempos. Ele achava que eu poderia aprender que os pacientes da dra. Weller eram muito diferentes dos meus. Queria que eu entendesse que havia uma distinção entre pessoas cujos problemas de comunicação causavam sintomas psiquiátricos e pessoas que basicamente sofriam de transtornos psiquiátricos. Em sua opinião, tratava-se de populações distintas, e para os profissionais da área era fundamental saber reconhecer as diferenças dos diagnósticos e tratamentos apropriados. Além disso, ele esperava que eu passasse a pensar como uma psiquiatra, o que me daria uma maior compreensão da psicopatologia e da doença mental. Durante o quarto e o quinto anos de Whitney, comecei a interagir com a dra. Weller, que descobri ser, de fato, uma pessoa brilhante. Quanto mais eu aprendia, porém, mais perguntas se acumulavam em minha cabeça. Concluímos que eu precisava de uma "bolsa sênior" que me permitisse acompanhar de perto o trabalho de colegas psiquiatras, trabalhando com pacientes como se eu fosse uma psiquiatra.

A dra. Weller pediu que o departamento de psiquiatria me indicasse como professora adjunta, de modo que eu pudesse ensinar em troca do treinamento que vinha recebendo dela. Decidimos que eu passaria uma manhã por semana acompanhando-a em suas visitas clínicas. Eu desenvolveria formas de avaliação para os pacientes com problemas de comunicação, e apresentaria esse trabalho a meus colegas e aos médicos residentes; em troca disso, ela me ensinaria a pensar como uma psiquiatra.

Eu pegava a dra. Weller em sua casa logo pela manhã e conversávamos durante o trajeto. Depois, visitávamos pacientes por duas horas, e em seguida fazíamos uma reunião multidisciplinar de três horas.

O primeiro paciente que avaliamos foi uma criança de três anos que passara a vida toda trancada em um cubículo. Sua privação de sentidos era total. Muitas das crianças tratadas pela dra. Weller haviam sofrido abuso físico e mental. Muitos desses pacientes eram filhos de pais esquizofrênicos; outros tinham pais viciados em álcool ou drogas. Era uma população muito diferente de todas que eu já havia conhecido. Quando eu saía do hospital de neuropsiquiatria da Universidade do Estado de Ohio e entrava em meu carro, quase sempre me sentia mal devido ao que tinha observado. Descobri que o que mais queria era voltar o quanto antes para meus filhos e minha clínica.

Mesmo assim, estava aprendendo muitas coisas. A dra. Weller foi uma das melhores professoras que já tive, e a população que ela atraía era fascinante, de modo que mantive a bolsa de estudos por mais dois anos. Tive contato com situações muito graves. A dra. Weller mantinha uma escola no hospital, o que permitia que as crianças internadas para tratamento psiquiátrico pudessem freqüentá-la enquanto a equipe de saúde criava um plano para cada uma delas. Minha admiração pelo que ela faz não tem limites, mas logo percebi que o dr. Cantwell estava certo – meus pacientes tinham problemas de comunicação e os dela tinham doenças psiquiátricas. As duas populações eram muito diferentes – exceto pelo fato de que os meus pacientes apresentavam muitos sintomas psiquiátricos.

Certa tarde, quando eu estava com o dr. Cantwell e a dra. Weller, questionei-os sobre como distinguir os sintomas psiquiátricos dos problemas de comunicação e sobre quais, na opinião deles, deviam ser tratados primeiro.

"Como e quando posso saber o que tratar?", perguntei a ambos. Eu ainda me preocupava em estabilizar as conquistas de Whitney para que não houvesse uma recaída. Há poucos dias, eu e Vanessa tínhamos assistido a *Tempo de despertar**. Nesse filme, Oliver Sacks, representado por Robin Williams, descobre um tratamento eficaz para Robert De Niro, seu paciente. Contudo, De Niro melhora por algum tempo e pouco depois tem uma recaída. Eu queria criar uma fundação para o desenvolvimento do cérebro de Whitney

....

* *Awakenings* (1990), dirigido por Penny Marshall. (N. do R.)

na qual ele pudesse continuar a progredir, sem jamais retroceder no futuro. Eu também tinha plena consciência de que algumas de suas habilidades em pensamento e raciocínio já estavam numa fase muito avançada. Se eu tivesse a oportunidade de reformar o cérebro de Whitney do modo que me parecia melhor, queria levar isso o mais longe possível. Por que se contentar com a normalidade se podíamos desenvolver as habilidades verbais de um gênio, coisa que ele já demonstrava ser na esfera das habilidades visuais? E então aproveitei cada minuto que passei com esses médicos maravilhosos para extrair deles tudo que podiam me ensinar.

"Concentre-se na parte mais passível de tratamento e dedique-se ao máximo a ela", disse Cantwell. "A parte mais passível de tratamento serão os problemas de comunicação. Portanto, trate-os o mais intensamente possível. Faça o paciente aprender a ouvir, falar, ler e escrever melhor. Quando conseguir isso, veja o que acontece com os sintomas emocionais. Acho que você vai ver que essas emoções estão intimamente ligadas à incapacidade de comunicação. Quando a comunicação melhora, os problemas psiquiátricos se resolvem."

"E quanto a Whitney?", perguntei. "Você acha que seus fatores de risco emocionais são menores? Ele pode ter uma recaída?"

O dr. Cantwell e a dr. Weller olharam um para o outro. Eles não sabiam. Nenhum de nós sabia. "Nunca vimos alguém com autismo mudar como Whitney mudou", disseram.

O dr. Cantwell achava que Whitney era por si só um tema para projeto de pesquisa. William, Vanessa e eu havíamos sido, basicamente, os primeiros a cuidar de seu tratamento. Com exceção de nós, não havia ninguém com quem conversar profissionalmente sobre Whitney, e nós éramos a família dele. "Você pode lançar os fundamentos de uma coisa grandiosa", disse ele, insistindo para que eu criasse um laboratório de pesquisa e treinamento no qual psiquiatras, educadores e patologistas da fala pudessem treinar e praticar juntos. Ainda discutíamos essa possibilidade muitos anos depois – Whitney estava então no sexto ano – quando recebi um telefonema de um cirurgião da UCLA (Universidade da Califórnia, Los

Angeles) informando-me que o dr. Cantwell acabara de falecer na mesa de operação. Ele estava doente havia algum tempo e eu sabia que tinha pouco tempo de vida, mas a sensação de perda que senti foi muito maior do que eu havia imaginado. A batalha com os psicopedagogos e com as pessoas para as quais meu trabalho não fazia sentido havia se arrastado ao longo dos anos. O fato de o dr. Cantwell acreditar que eu estava à frente do meu tempo me havia levado a sentir que eu estava certa, que tinha os pés no chão, e que meu trabalho estava no caminho certo. Sua perda deixou um grande vazio. Mas há momentos em que ainda pareço ouvir sua voz, como se ele estivesse falando comigo durante as reuniões do conselho que imagino estar presidindo. Ele me estimula sempre que bato de frente com gente negativa, e insiste em que eu dê continuidade ao meu trabalho.

No verão que se seguiu ao quarto ano de Whitney, fui com as crianças passar as férias na Flórida. Levei comigo o livro *O milagre de Annie Sullivan* e todas as biografias de Helen Keller que consegui encontrar, e enquanto estávamos sentados na praia eu lia para elas sobre a vida de Helen Keller. Eu queria que meus filhos compreendessem o milagre que havíamos realizado com Whitney. Havíamos lhe ensinado a linguagem, aberto um caminho através de seu ser do mesmo modo que Annie Sullivan fizera com Helen. Eu achava que poderia ajudá-los a entender quão especiais eram os papéis que eles tinham desempenhado na nossa história, ajudando-os, assim, a compreender melhor o seu irmão.

Avaliei cuidadosamente o modo de introduzir os livros sobre Helen Keller nas nossas férias. Estávamos em nossas primeiras férias realmente bem-sucedidas como unidade familiar. Nada de correr atrás de Whitney, nada de horas de pânico porque Whitney tinha desaparecido.

Passamos a maior parte do tempo numa cabana na praia. Deixei-os nadar e construir maravilhosos castelos de areia até que ficassem exaustos.

E então, lá pelo fim do dia, pedíamos alguns drinques e petiscos: *piña coladas* sem álcool e daiquiris que vinham enfeitados com guarda-chuvas, frutas e espadas de plástico. Era esse o momento em que eu começava a ler. Nosso primeiro livro foi *Helen and Dr. Bell*, cujos capítulos tinham textos alternados de Helen e do dr. Alexander Graham Bell. Todos os dias, durante uma semana, li longos trechos desses livros. Para mim, era a melhor parte do dia.

Todos adoraram a história de Helen Keller – e, como Annie Sullivan havia sido professora de Helen assim como eu sou professora dos meus pacientes, havia muitos traços em comum a ser discutidos. Foi a primeira vez em que tentei explicar as deficiências de Whitney e dar-lhes um nome – deficiente auditivo – que fizesse sentido para Whitney, Vanessa e William, e para mim mesma. Ele estava superando uma deficiência auditiva, e essa deficiência tinha como causa sua alta capacidade visual.

Enquanto observava as crianças brincando, discutindo e provocando-se, e principalmente Whitney, capaz de ficar ali sentado junto com os irmãos, ouvindo-me ler em voz alta, eu me sentia muito feliz por compartilhar as maravilhas da história de Helen com meus próprios operadores de milagres.

13.
Band-aids

Os gritos, gemidos e grunhidos eram de estourar os ouvidos: William e Whitney estavam morrendo. Já fazia pelo menos quinze minutos que haviam trocado tiros. Eu estava quase ordenando que morressem quando William gritou: "Ponha um *Band-aid*!", e eles retornaram à saúde perfeita e saíram correndo um atrás do outro, recomeçando a guerra.

Havia momentos em que as brincadeiras violentas dos meninos me levavam a repensar minha decisão de incentivá-los a praticar esportes. As coisas não seriam bem mais tranqüilas se eles ficassem assistindo a algum filme? Mas estes pensamentos eram passageiros. Eu sabia que os meninos estavam descarregando suas energias. A atividade física não era apenas saudável para eles; essa liberação da agressividade era também um importante fator para a redução do estresse, algo de que eles precisavam, especialmente nesses tempos.

O quinto ano foi mais um começo difícil para Whitney, e para todos nós.

Depois de quatro ótimos anos em Riverside, no final do quarto ano de Whitney fiquei sabendo que o sr. Niemie estava se transferindo para uma escola recém-construída chamada Bailey, e que a maior parte de sua equipe ia com ele. De início, fiquei empolgada. Bailey ficava bem perto de nossa casa no bosque. O percurso de carro até Riverside era de vinte minutos. E, para coroar tudo,

Whitney poderia ir para a escola com as crianças da vizinhança, o que tornaria muito mais fácil planejar e desenvolver sua vida social. Fora do ambiente em que vivia, Whitney ainda ficava perdido com as relações sociais, e o resultado é que ele tinha grande dificuldade para fazer novas amizades. Para minha grande decepção, o sr. Niemie me disse que nossa casa ficava fora do distrito escolar de Bailey. Parece que a fronteira ficava somente uma casa antes da nossa.

Apelei por escrito à administração. Fiz pedagogos e médicos escreverem cartas explicando que, depois de tudo por que havíamos passado, a mudança seria excessiva para Whitney e poderia provocar uma recaída, sem falar que acabaria com as opções de deixá-lo adaptar-se a uma nova série de mudanças escolares por etapas e de estimular e ampliar seu convívio social.

O Programa de Educação Especial que tínhamos criado para Whitney em Riverside, para o período do primeiro ao quarto ano, já havia expirado, de modo que podíamos elaborar um novo programa e permanecer em Riverside, com um novo grupo de apoio administrativo, ou mudar para outra escola. Expliquei que Whitney já estaria enfrentando uma grande mudança ao passar para o quinto ano, pois teria um novo professor pela primeira vez em dois anos. Até então, ele pertencera à classe experimental com crianças de diferentes faixas etárias que o sr. Niemie lhe havia recomendado para o terceiro e quarto anos, o que significava que seus professores não haviam mudado durante esses dois anos. A equipe de apoio, que havia sido a referência social de Whitney (a secretária, o conselheiro e a enfermeira), acompanharia o sr. Niemie, e todos esses cargos passariam a ser desempenhados por outras pessoas.

Se fôssemos para Bailey, Whitney poderia adaptar-se a um novo meio, a novos colegas e novos professores sem ter de enfrentar uma mudança total de seu sistema de apoio. Para mim, isso representaria um meio de prepará-lo para o sexto ano do ensino fundamental, onde mil crianças mudam de classes e cada professor lida com 250 crianças por dia.

Naquela época, porém, muitas das coisas que eu havia dito sobre o desenvolvimento e a educação de Whitney estavam provando-se corretas. Nas escolas de Dublin, os administradores que tinham ficado contra mim ao longo dos anos não pareceram contentes com a comprovação de seus erros. Quando chegou o momento de a administração ajudar-me nesse processo, mesmo com os pedidos do sr. Niemie e de outros, ninguém mexeu uma palha.

Pedi para o sr. Niemie escrever uma carta sobre a importância de deixar Whitney ir para Bailey, explicando quão destrutivo seria para ele permanecer em Riverside. Explicamos como ele não podia viver sem compreender sua rotina, e que o afastamento de seus apoios poderia levá-lo a entrar em crise. Todos nós achávamos que era muito importante para ele freqüentar uma escola junto com as pessoas que o conheciam.

Eles se aferraram à questão da fronteira do distrito escolar. Fiquei desesperada. Em minhas tentativas de forçar uma solução, descobri que meu pai tinha um amigo que detinha o controle sobre os números das casas. Como estávamos em uma estrada rural, havia a possibilidade de mudar nosso número. Meu pai recorreu a seu amigo, e nosso endereço foi alterado em um dígito. Mas isso não funcionou. Recebi outra negativa. Não iríamos para Bailey. Whitney teria de ir para Deer Run, a escola pertencente à zona em que morávamos. Fossem outras as circunstâncias, eu estaria empolgada. Essa escola ficava a quinze minutos de casa e era tida como a elite das escolas de Dublin, atendendo as famílias de mais alta renda da área de Muirfield, um grupo de casas ao redor de belas mansões e de um campo de golfe construído por Jack Nicklaus*. Eu tinha um mau pressentimento em relação a essa escola – sentia que não seria bom para Whitney transferir-se para lá e que, além disso, a escola estaria cheia de alunos ricos dos quais nossa família destoaria muito.

Eu não podia entender por que não queriam deixar Whitney ir para Bailey. Talvez o sr. Niemie precisasse descansar um pouco

....

* Norte-americano considerado o maior nome do golfe em todos os tempos. (N. do T.)

dos meus assuntos. Talvez o supervisor estivesse irritado comigo devido aos problemas com os psicólogos da escola. Talvez eu tenha ficado paranóica, e *dura lex sed lex*. Eu já não conseguia entender o que as pessoas pensavam quando a questão era Whitney. Para mim, a melhor solução para ele era sempre muito clara. Mas minha solução geralmente não se adequava ao sistema.

Passei todo o verão tentando arrumar uma maneira de irmos para Bailey. Certo dia, no meio de uma arenga sobre o quanto isso era ilógico, o sr. Niemie me interrompeu e perguntou por que eu não fazia uma visita à escola Deer Run. "O diretor é muito simpático. Acho que a senhora vai gostar dele."

O ano letivo estava prestes a começar, e era evidente que eu não tinha muitas opções. Portanto, segui a sugestão do sr. Niemie e fui conversar com o diretor, que era de fato muito simpático. Ele entendeu minhas preocupações e, de imediato, tentou amenizá-las. "Vamos resolver tudo", disse ele, tentando me acalmar. "Aqui está uma lista dos professores que temos para o quinto ano. Tenho certeza de que encontraremos algum que seja ideal para Whitney."

Olhei para a lista, pensando na possibilidade remota de reconhecer algum daqueles nomes. Um deles me saltou à vista.

"A sra. Lud!", gritei.

Ele olhou para a lista. "A sra. Ludwizac? Conhece-a?"

"Ela foi professora de Whitney quando ele tinha quatro anos", respondi, perplexa. "É uma professora maravilhosa, e conhece Whitney!"

"Bem, então vamos procurá-la. Ela está aqui hoje." E lá fomos nós.

Como o ano letivo não demoraria a começar, havia professores circulando pela escola toda, organizando as salas de aula. Entramos numa sala e lá estava a sra. Lud em trajes de golfe, enfeitando seu quadro de avisos.

Quando ela se virou para nos cumprimentar, eu só conseguia vê-la com roupa de palhaço numa festa de Halloween, divertindo as crianças com seu entusiasmo pela festa. Abraçamo-nos, e ela ficou surpresa em saber que Whitney estava indo bem o suficiente para freqüentar uma turma regular de quinto ano – afinal, ela não o via desde que ele tinha quatro anos. Falei sobre minhas preocupações quanto aos meios de ele se adaptar a novas rotinas. "Por que a senhora não traz Whitney para me ajudar a preparar a sala?"

Quando levei a boa nova a Whitney, ele disse que não tinha lembrança alguma da sra. Lud. De início, achei que bastaria reavivar um pouco sua memória, e o levei, com William e Vanessa, à Escola de Ensino Fundamental Chapman, onde tinha sido aluno da sra. Lud, e pus as crianças para brincar no *playground*. Ele divertiu-se, mas não se lembrava de já ter brincado naquele lugar. Entramos na escola e levei-o até sua antiga sala de aula, mas ele continuava a não se lembrar de que já estivera ali.

Que estranho! Whitney não tinha lembranças de nada do que lhe tinha acontecido até começar a usar a linguagem. Fiquei imaginando se ele se lembraria da sra. Lud quando a encontrasse pessoalmente. Ele se lembrava da sra. Jones, sua professora do ano seguinte, mas àquela altura já estava lendo. Quando entramos na sala de aula em Deer Run, ele simplesmente não reconheceu a sra. Lud.

Naquela primeira visita, fiquei com Whitney e a sra. Lud por algum tempo, ajudando a organizar a sala, nós três trabalhando enquanto Whitney ia ficando mais à vontade. A certa altura, a sra. Lud piscou para mim, indicando que eu podia sair e voltar mais tarde. Ela e Whitney ficaram abrindo caixas e pregando quadros de avisos enquanto ela falava sobre as coisas que a classe faria quando as aulas começassem. Ao ajudá-la a criar a nova sala de aula, Whitney pôde ter uma idéia do que o esperava.

Enquanto ia para o trabalho, estava nervosa pelo que poderia acontecer no resto daquele dia. Quantas vezes eu tinha deixado Whitney sozinho em algum lugar, cheia de esperanças, e meia hora depois alguém me telefonava para ir buscá-lo! Será que a sra. Lud gostaria de tê-lo novamente como aluno? Perceberia em Whitney o mesmo progresso que para mim era tão evidente? Todas as lutas e dificuldades que tive de enfrentar para conseguir o melhor para

Whitney me deixavam às vezes com a sensação de ter enlouquecido, de que o resto do mundo não era capaz de ver os progressos de Whitney, de que só eu podia percebê-los.

Comecei a trabalhar e, embora minhas preocupações estivessem voltadas para meus pacientes, meu coração estava preso ao relógio. Passaram-se três horas, e nada de o telefone tocar. Eu havia prometido pegar Whitney para o almoço, e então liguei para a escola.

"Aqui está tudo às mil maravilhas", disse a sra. Lud. "Por que você não o deixa almoçar aqui? Eu trouxe comida suficiente para nós dois." A sra. Lud estava realmente apreciando a presença de Whitney e achava que seria uma boa idéia deixá-lo ficar por mais algum tempo, para que ele fosse se acostumando à sala de aula. "Além do mais, aqui está cheio de mães e crianças, o que me dá a oportunidade de apresentar Whitney a elas", prosseguiu. "Estamos pondo adesivos com os nomes dos alunos nas carteiras, preparando suas pastas e pregando quadros de avisos nas paredes. Também precisamos desempacotar os livros didáticos, pôr os nomes dos alunos neles e colocá-los nas respectivas carteiras."

Antes que eu desligasse, ela ainda disse: "Esse garoto é um milagre. Mal posso acreditar que se trata do nosso Whitney!"

Embora tenha mais uma vez se apegado à sra. Lud de imediato, Whitney estava muito aborrecido por não conseguir se lembrar do período em que a tinha encontrado pela primeira vez. Nunca me ocorrera que a memória dele pudesse ter sido afetada, mas, ao interrogá-lo sobre seu passado, descobrimos que sua memória só se estendia até a época em que esteve na classe da sra. Jones, e mesmo assim muito vagamente. Comecei a refletir sobre como as pessoas armazenam lembranças a longo prazo quando não dispõem da linguagem. Hoje, depois de ter tratado 435 pessoas predominantemente visuais, sei muito mais sobre como eles armazenam informações. Tenho um paciente dentista que afirma ver o interior da boca de cada um de seus pacientes em sua mente, quando confere sua agenda todo dia pela manhã. Muitos dos meus pacientes que são alunos de medicina também dizem lembrar-se das coisas quase somente em imagens. Quando, em retrospecto, ouço as conversas que tive com alguma pessoa num dia de folga ou durante algum evento, não vejo uma imagem. Um dos meus pacientes me disse, certa vez: "Que tristeza para a senhora – quando pensa no seu último Natal, o filme daquele dia não passa na sua cabeça." Respondi que gosto de ouvir as conversas quando relembro dos momentos que passei com minha família ou algum outro fato passado. Minha memória me traz de volta as interações com meus pacientes, e todas elas chegam como conversas que ouço dentro de minha cabeça. Os pacientes visuais conseguem ver as páginas de um livro projetadas em uma tela mental, mas não ouvem as palavras.

Acho que os sentidos de Whitney estavam tão desintegrados que ele não conseguia recuperar memórias de longo alcance, nem mesmo buscando-as em seu sistema de arquivamento visual. Sabíamos que ele usava um sistema de memórias de curto alcance para resolver problemas, mas esses pensamentos não funcionavam quando se tratava de armazenar lembranças mais antigas.

Ele começou a pedir que lhe contássemos histórias sobre seu passado para que pudesse, assim, preencher as lacunas.

Logo percebi que não se lembrar de sua vida anterior ao jardim-de-infância era para ele uma bênção, pois ouvir nossos relatos sobre seu comportamento naquela época o deixava bastante contrariado. Quando eu começava a contar uma história em que ele havia feito algo de errado, ele se encolhia de tanto constrangimento. Nessas ocasiões, ele me dizia: "Pare de falar, mamãe, não quero saber dessas coisas." Se Vanessa e William riam de alguma coisa engraçada que Whitney havia feito, ele corria para o quarto e ia dormir. Conversava sozinho para tentar pôr as idéias em ordem. Fazia longas caminhadas para refletir sobre tudo isso e dizia: "Só preciso de algum tempo sozinho para pensar." Em geral, concluía que "só queria fazer minha vida seguir em frente, sem retrocessos". Era exatamente o que eu também mais queria. Reviver todas essas experiências para escrever este livro foi muito doloroso para todos nós, mesmo sabendo do final positivo.

No último fim de semana antes do início das aulas, fizemos piqueniques no *playground* da escola, e toda noite, durante o jantar, conversávamos sobre Deer Run, a nova escola de Whitney, e sobre o quanto isso seria maravilhoso para todos nós, pois William e Vanessa estariam cursando o ensino fundamental bem perto dele. Ainda assim, a adaptação à nova escola não foi muito fácil. Eu sabia que ele estava enfrentando dificuldades porque não conseguia encontrar seus padrões, e a nova escola lhe parecia um caos. Whitney geralmente madruga em dia de aula. Adora preparar-se para a aula enquanto faço o café da manhã. É a melhor hora para conversar com ele. Depois das aulas, ele está quase sempre muito cansado pelo longo dia no universo verbal. Agora, eu precisava arrancá-lo da cama e, em vez de aprontar-se rapidamente, ele ficava resmungando no banheiro. Depois da escola, ele fazia longas caminhadas na mata, falando sozinho. Estava se afastando de nós, perdendo o apetite e a alegria de viver. Na escola, não estava ouvindo bem e tinha problemas para seguir as orientações gerais. Seus deveres de casa voltavam cheios de respostas erradas. Também não estava seguindo a rotina da classe. Quando o convidávamos para ver Will jogar futebol no estádio atrás da escola, dizia que estava muito cansado, que queria ir para casa dormir um pouco. Em Riverside, a rotina era muito importante, o que ajudava Whitney a organizar seu dia e fazer o que se esperava dele. Ele havia chegado ao ponto de sentir muito orgulho de seu trabalho, e tinha sede de conhecimento. O início em Deer Run foi uma mudança muito drástica e muito rápida para ele. Ainda não havia pessoas a quem ele pudesse recorrer em situações difíceis. Seu novo tutor o tratava como aluno portador de necessidades educativas especiais, e ele estava revertendo a antigos comportamentos.

Eu sabia que precisávamos restabelecer um padrão o quanto antes. Expliquei à sra. Lud e ao diretor que as seis primeiras semanas do ano letivo eram sempre difíceis para Whitney. Enquanto ele não assimilasse perfeitamente bem a nova rotina, a vida virava um caos – e, naquele ano, a quantidade de mudanças foi para lá de estressante. "Ele faz um esforço enorme para deixar o professor satisfeito, mas nem tudo lhe chega através do raciocínio verbal. Enquanto não organizar seu sistema visual de modo que possa observar e compreender, Whitney não corresponde ao que se espera dele, e isso o aborrece." Implorei que tivessem paciência.

A sra. Lud e o diretor estavam muito preocupados. O trabalho de Whitney estava muito abaixo da média e sua caligrafia, bastante infantil. As idéias que ele tentava expressar em seus textos estavam no seu nível oficial de escolaridade, mas o mesmo não acontecia com sua caligrafia, sua ortografia e sua capacidade de pôr as palavras no papel. Era comum, portanto, que seus trabalhos parecessem muito imaturos. Ele não conseguia expressar o que não entendia, e isso o impedia de pedir ajuda. O que o diretor e a sra. Lud viam era um aluno de quinto ano incapaz de produzir textos acima do nível de um aluno de segundo ano. Não sabiam o que fazer com ele. Assim como boa parte do primeiro ano é dedicada ao aprendizado da leitura, um dos maiores objetivos do quinto ano é levar o aluno a trabalhar de modo independente, ser capaz de administrar seu tempo e expressar-se por escrito. São práticas que preparam os alunos para tomar notas, o que será exigido nos últimos anos do ensino fundamental e, de forma intensa, no ensino médio.

No meio dessa difícil transição, recebi um telefonema da sra. Lud e do diretor, pedindo-me para ir imediatamente à escola. "Temos uma emergência. A senhora pode vir até aqui?"

"O que aconteceu?"

"Por enquanto, nada, mas estamos preocupados com Whitney."

Corri para a escola. A sra. Lud e o diretor pediram-me para sentar e entregaram-me um caderno. Era o diário de Whitney. Li a página que estava aberta. A caligrafia de Whitney continuava praticamente ilegível, mas, à medida que fui decifrando as palavras, ficou ainda mais difícil de ler:

Não tenho amigos nesta escola. Não conheço ninguém no recreio. Estou triste. Por favor, deixem-me voltar para as pessoas que conheço em Riverside. Estou com saudade do sr. Niemie, do Adam, do Danny e dos meus outros colegas. Sinto falta de todos os meus professores. Quero morrer. Odeio a minha vida.

Mesmo contando com a maravilhosa sra. Lud, a mudança para Deer Run havia sido demais para Whitney. Por alguns instantes, fui invadida por uma onda de tristeza por ele, que parecia tão perdido. Em seguida, meus instintos protetores entraram em ação. Eu não estava com medo; sabia exatamente o que fazer. Voltei-me para a sra. Lud e para o diretor e disse: "Não podemos esperar que ele assimile a ordem das coisas. Precisamos criar, nesta escola, os mesmos sistemas de apoio que tínhamos em Riverside. Estarei aqui todos os dias, até que esses sistemas comecem a funcionar."

No rosto de ambos estampou-se de imediato muita dúvida e confusão diante do que acabavam de ouvir. "Não é um problema difícil. Precisamos restabelecer as rotinas e ajudar Whitney a fazer amigos."

"A senhora não acha que deveríamos pedir a ajuda de um psiquiatra?", perguntou o diretor.

Eu ainda estava me correspondendo com o dr. Cantwell e fazendo consultas com a dra. Weller e sabia que podia contar com o melhor apoio psiquiátrico que alguém pudesse desejar. Sabia, também, que a melhor maneira de ajudar Whitney era restabelecer seu senso de rotina e bem-estar. Uma vez criada essa zona de segurança, sua depressão iria embora. Para as pessoas que não participavam intimamente da vida de Whitney, porém, aquele grito de socorro no diário soava como um sinal de alerta. Sem dúvida, a idéia de que providenciar práticas rotineiras fosse suficiente parecia ser coisa de mãe.

Teria soado muito pretensioso dizer a ambos que eu acreditava estar inventando um novo modelo de doença para descrever Whitney – que ele tinha uma doença que só eu entendia, porque eu a estava descobrindo. E às vezes, quando ele dava esses passos para trás, eu mesma ficava cheia de dúvidas.

Eu também estava apavorada. Era possível que Whitney estivesse recaindo de modo permanente. Mas o dr. Cantwell havia dito que eu devia me concentrar na parte mais passível de tratamento e me dedicar ao máximo a esse aspecto do problema. Era o que eu sabia fazer melhor.

Expliquei à sra. Lud e ao diretor que eu estava trabalhando com profissionais do departamento de psiquiatria da Universidade do Estado de Ohio e que, se Whitney não apresentasse melhoras rapidamente, pediríamos a ajuda deles – mas que, por ora, devíamos nos concentrar na parte mais tratável e tratá-la intensamente. E a parte mais tratável do problema de Whitney era a comunicação, o cultivo de relacionamentos, a administração do tempo, o cumprimento de instruções e a criação de modelos visuais a partir de um universo verbal. Essas questões podiam ser trabalhadas muito rapidàmente.

A sra. Lud queria que eu voltasse para a sala de aula e ajudasse Whitney a arranjar um colega para os estudos, para o recreio e para o almoço. Juntos, eu, a sra. Lud e Whitney pusemos esse plano em prática. Na verdade, a sra. Lud fez desse um plano para todos os alunos, a fim de que Whitney não parecesse estar sendo tratado como "criancinha". Todo o mundo passou a ter parceiros, e a sra. Lud, uma professora muito estimulante, fez seu plano parecer uma coisa muito legal a todas as crianças. Elas ficavam com seus parceiros por algumas semanas, depois trocavam e arrumavam novos parceiros.

Além de desenvolver um maravilhoso espírito de colaboração entre as crianças, o plano também se mostrou um excelente sistema para Whitney. Ele era muito cordial com seus novos "parceiros". Estava ávido por saber como se tornar amigo deles e participar de seus jogos. Quando chegava em casa, falava sobre os novos companheiros e sobre o que tinha feito durante o dia. A sra. Lud fez maravilhas para camuflar as diferenças de Whitney, de modo que ninguém o aborrecia por ser "diferente", nem o tratava como tal.

Sua linguagem oral era semelhante à de um estrangeiro que está aprendendo inglês. Ele omitia palavras ou finais de palavras. Era comum que usasse o tempo verbal errado, e ainda pronunciava mal as palavras. Sua inflexão era ruim – como um estrangeiro que tenta pôr as idéias em palavras mas não tem a fluência necessária para tal. Uma vez, quando Whitney e eu tínhamos havia pouco tempo voltado da França, terminamos um almoço, e eu chamei o garçom e disse: "Billet s'il vous plaît", o que em francês quer dizer:

"uma passagem de trem, por favor". Minha intencão era dizer "l'addition", a conta. O garçom olhou para mim, desconcertado por eu lhe pedir uma passagem de trem! Eu havia usado, em francês, a palavra ("billet") que parecia corresponder à palavra "conta" em inglês ("bill"). Whitney cometia esse mesmo tipo de erro.

A sra. Lud trabalhava cada situação de modo que as necessidades especiais de Whitney passassem despercebidas, ajudando assim as outras crianças a gostar da companhia dele e vice-versa. Ela tinha um jeito especial de fazer as crianças se sentirem queridas e importantes. Fazia isso tão bem que todas as diferenças eram aceitas, fosse a criança estrangeira (muitos de seus alunos eram estrangeiros, pois havia uma fábrica da Honda ali por perto), fosse deficiente.

Esses sistemas artificiais ajudavam Whitney a desenvolver relacionamentos e começar a perceber os padrões de conduta. Ao lado do trabalho com Todd à noite, em casa, isso criava padrões que o acalmavam e o faziam sentir-se com os pés em solo firme. Duas semanas depois, as coisas estavam funcionando bem e Whitney já havia reencontrado seu caminho.

Na verdade, Whitney começou a manifestar suas habilidades naquele ano. Sua escrita parecia melhorar dia após dia. Ainda era inferior à de seus colegas, mas estava melhorando. Ele estava lendo bem, e conseguia acompanhar as atividades de leitura de sua classe sem maiores dificuldades. Começou a descobrir as coisas em que era bom – sua capacidade visual –, e, pela primeira vez, esses seus talentos vinham recebendo reforços positivos de outras pessoas além das de casa ou do meu consultório.

Seu primeiro triunfo foi um concurso de artes na escola. Pediu-se às crianças que criassem uma obra simbolizando uma fábula ou um conto de fadas. Whitney escolheu a casa de madeira de *Os três porquinhos*.

Deer Run ficava em um distrito escolar de pessoas ricas, de modo que os projetos dessa escola eram geralmente grandiosos; os alunos tinham acesso a todo tipo de material de que precisavam e assim ficavam bastante competitivos na criação dos trabalhos mais artísticos e inventivos. Whitney, porém, que gostava de fazer as coisas sozinho, raramente pedia ajuda. Na verdade, acho que eu nem sabia que haviam programado um concurso. Inspirado por nossa casa na floresta, Whitney resolveu construir uma cabana de madeira para seu projeto. Passou horas nos arredores, procurando os melhores galhos, que tivessem todos a mesma forma. Desenhou a casa e colou os galhos de modo que formassem uma miniatura perfeita de uma cabana de madeira. Quando vimos o projeto concluído, até eu fiquei surpresa. Eu sabia que ele tinha capacidades visuais superiores, mas era impressionante que aquela réplica tão precisa tivesse sido criada por um aluno de quinto ano. A escola concordou. Ele levou o prêmio de "Melhor Projeto Visual" do concurso – o que só descobrimos à noite, quando fomos para sua sala de aula junto com os pais das outras crianças. Ao lado de todos os projetos expostos na sala estava o de Whitney, envolto em uma grande fita azul de papel.

Ao voltarmos para casa naquela noite, Whitney disse: "Sabe por que venci, mamãe?"

"Diga."

"Porque criei meu projeto a partir da minha própria imaginação. Só usei ramos e cordas que encontrei perto da nossa casa. Não precisei da ajuda de nenhum adulto, e não fui a uma loja e gastei um monte de dinheiro para fazer a cabana."

Fiquei impressionada com sua consciência do que havia de especial em seu projeto. "Acho que você tem toda razão, e estou muito orgulhosa de você, Whitney."

Ele sorriu. "E fazer aquela cabana também foi muito divertido!"

Sua conquista seguinte não deveria ter me impressionado, tendo em vista sua triunfante estréia no teatro, como Atchim. A escola anunciou o tradicional concurso Educação Para a Rejeição às Drogas, no qual poderiam concorrer todos os alunos de Dublin que estivessem no quinto ano. Esse concurso faz parte do currículo escolar e é patrocinado pela polícia de Dublin. O quinto ano é o último da escola elementar* (*elementary school*), e o concurso era uma espécie de rito de passagem para a escola média (*middle school*).

Certa tarde, encontrei Whitney diante do meu guarda-roupa, com roupas e chapéus espalhados à sua volta. Ele estava criando figurinos e escrevendo um monólogo sobre o porquê de as crianças não deverem usar drogas. Ensaiava dia e noite, empenhando-se muito em desenvolver seus personagens, dando-lhes vozes e personalidades diferentes. Achei-o fantástico – uma Lily Tomlin ou um Robin Williams em miniatura. Ele ensaiava fazendo caretas diante do espelho e falando com sotaques muito engraçados, semelhantes aos que ouvia nos desenhos animados. Também apresentou seu monólogo para nós, cheio de revisões que ele ia introduzindo durante a representação.

Na noite do grande concurso, fomos todos para a grande festa que aconteceria na lanchonete da escola. A polícia distribuiu alguns brindes, e todas as crianças ganharam camisetas com o nome do concurso estampado. Essas camisetas faziam sucesso na piscina, durante o verão, porque só as crianças que tinham se "formado" na escola elementar as possuíam, o que mostrava que elas eram muito mais "crescidas" do que as outras. Além das camisetas, a polícia deu um certificado aos dez primeiros colocados no concurso. Whitney ficou em terceiro lugar. Não acreditávamos no que víamos – Whitney estava sendo avaliado pela polícia, que não tinha a menor idéia de seu histórico ou de seus problemas de desenvolvimento. Estávamos todos muito contentes.

Nos meses seguintes, era difícil fazer Whitney tirar aquela camiseta, mesmo para lavá-la. Ele estava muito orgulhoso daquele sinal de que estava prestes a concluir a escola elementar – pronto para lançar-se nos primeiros anos de sua vida adulta.

....

Depois de mais ou menos um ano trabalhando com Todd – quase diariamente no meu caso, e várias vezes por semana no caso das

---

* Ver nota p. 81. (N. do T.)

crianças –, estávamos todos em boa forma física. Eu estava bem mais magra, com boa aparência e sentindo-me bem. Eu até me tornara praticante de boxe tailandês. Todd estava orgulhoso de ter conseguido isso para nós, e pediu-me para participar de uma demonstração de boxe tailandês no Rotary Club – eu seria o exemplo de uma grande reviravolta. Que vitória!

Na noite anterior à demonstração, saí para jantar com um amigo. Depois de jantar, saímos do restaurante e demos de cara com uma tempestade de neve. A calçada estava escorregadia, eu estava de salto alto, escorreguei, caí e torci o tornozelo. Quando tentei levantar, apoiando-me no braço de meu amigo, escorreguei de novo fazendo-o cair em cima de minha perna. O resultado foi que tive uma fratura tão grave que tive de sofrer uma cirurgia.

No dia seguinte, quando cheguei do hospital com um aparelho ortopédico de fixação externa, tivemos uma reunião em família. Eu disse às crianças que elas precisariam me ajudar, porque eu ficaria um bom tempo sem conseguir me locomover.

A perna quebrada doía e tornava tudo mais difícil. Mas nossas vidas seguiram em frente. Não deixei praticamente nenhum trabalho de lado. No começo, usei uma cadeira de rodas, mas logo a abandonei porque não conseguia manobrá-la direito e estava sempre trombando com as coisas. Comecei a usar muletas. Ia com elas até o carro, dirigia até meu consultório, instalava-me na minha mesa e dali não saía até o final do dia.

As crianças se mostraram à altura da situação. Vanessa teve de assumir o papel de mãe em casa. Ajudava a me vestir de manhã. Teve de preparar a maior parte das refeições enquanto eu ficava por perto, dizendo-lhe o que devia fazer. As crianças vinham para o consultório depois das aulas, nos dias em que não tinham outras atividades, e ajudavam no que podiam.

Nossa casa estava uma bagunça – e é claro que nós também parecíamos um tanto desmazelados durante esse período, mas perseveramos. Até Whitney arrumou um jeito de nos ajudar.

Tínhamos uma lareira em nossa casa, e às vezes alguns morcegos entravam pela chaminé. Quando isso aconteceu pela primeira vez, começamos a gritar, principalmente eu e Vanessa. As crianças corriam pela casa – eu queria correr, mas não conseguia dar um passo. A idéia de um morcego se enredando em meus cabelos ou voando em minha direção era aterrorizante. Senti-me totalmente desamparada.

Só Whitney parecia não ter medo algum dos morcegos. Estávamos tentando nos esconder deles, mas Whitney pegou uma raquete de tênis e conversou calmamente com os morcegos – dizendo-lhes que não tivessem medo, que ele iria ajudá-los a sair. Era como se ele tivesse um sexto sentido, um sentido animal, a mesma espécie de radar dos morcegos. De alguma forma ele conseguiu encontrá-los e, com a cabeça da raquete, levou-os todos para fora da casa.

Ali estava meu filho autista em ação. Calmamente, encontrou uma solução para o que poderia ter sido um fiasco.

Seis meses depois, o médico retirou o aparelho ortopédico de minha perna e imobilizou a região fraturada com gesso. Depois, apresentou-me os resultados da radiografia: o osso não havia voltado a seu lugar. "O osso está no lugar certo, mas não está conectado. A senhora não pode forçar sua perna com peso algum."

Meu pai estava comigo na ocasião e eu me lembro de ter dito a ele: "Não volto mais a esse médico."

"Você não pode *não* voltar."

"Por quê? Eles dizem que não vai melhorar, e por que motivo devo voltar lá para ouvir más notícias?"

Meu pai sorriu, pois sabia que eu era teimosa. "Você precisa voltar ao médico."

Contrariando a recomendação médica, retomei minhas sessões de fisioterapia com Todd. Na verdade, voltei ao médico, como meu pai me havia dito que eu faria, só que dessa vez para ouvir boas notícias. Em resumo, a coisa toda durou mais ou menos um ano, mas finalmente os ossos começaram a se ligar. Hoje, essa perna é um pouco mais comprida que a outra. Às vezes, dependendo do tipo de calçado que estou usando ou do clima, ainda dói um pouco quando caminho.

Durante aquele ano, houve muitas vezes em que me vi confinada à minha cama, trabalhando em meu *laptop* enquanto ouvia as crianças vivendo suas vidas ao meu redor – brincando, discutindo, fazendo lição de casa, preparando lanches. Para uma pessoa como eu, que estava sempre fazendo um milhão de coisas ao mesmo tempo, era uma tortura ficar limitada daquele jeito.

Eu estava feliz por vivermos naquela casa na floresta, pois ali havia muitas opções de diversão, principalmente para os meninos. Vanessa estava entrando na adolescência e preferia brincar com as amigas – começando a explorar maquiagens e roupas, imprimindo fotos de Leo DiCaprio e Brad Pitt e pregando-as nas paredes de seu quarto. Mas Whitney e William faziam todos os tipos de brincadeira na floresta – tínhamos dois hectares de árvores com regatos e um campo enorme na frente da casa. Os meninos tinham um carrinho motorizado que os levava para todos os lados. Eles acampavam e dormiam na mata com outros garotos que moravam na mesma rua e estavam sempre a fim de brincar. Quando eu ouvia William e Whitney brincando de bangue-bangue, eu me identificava com aquele que "morria" – parecia que eu estava vivendo a cena. Depois, um deles sempre gritava: "Põe um *Band-aid*!", e a brincadeira recomeçava.

Quando eu ouvia isso, pensava: *Bem, eles aprenderam essa lição em algum lugar*: a necessidade de seguir em frente – cair, levantar, pôr um *Band-aid* e continuar lutando. Eu sentia que estava chegando a um ponto crítico em minha relação com as crianças – uma época de nossas vidas em que eu estava me apoiando neles e encontrando forças em sua rápida capacidade de recuperação.

A lembrança do começo do quinto ano e de como a transição foi difícil para Whitney me leva a pensar que essa perna quebrada representou um acaso muito mais feliz do que qualquer outro na vida de todos nós. Foi o aspecto positivo de um contratempo. Todas as três crianças estavam fortes. Como nos uníamos para ajudar Whitney, elas souberam juntar forças para me ajudar. Todas elas tinham a força pessoal necessária para nada temer, mesmo com sua mãe doente e incapaz de fazer todas as coisas que sempre fizera. Elas se mostraram à altura da situação e assumiram muitos dos papéis que eu sempre desempenhara, inclusive Whitney. Eu mal podia acreditar na transformação dessa criança que, poucos meses atrás, queria morrer por causa de um excesso de mudanças em sua vida.

14.
De aluno com necessidades especiais a Maverick

Eu esperava muito do sexto ano de Whitney em Grizelle, sua nova escola. Conhecia e respeitava o diretor dessa escola; a enfermeira de Riverside, cujo consultório tinha sido um dos portos seguros de Whitney, também trabalhava ali. E, pela primeira vez, ele estava na mesma escola que William.

Restavam-me ainda duas preocupações. Em primeiro lugar, era a primeira vez que Whitney precisaria mudar de sala para cada aula. Eu acreditava que, uma vez que ele assimilasse a rotina, a mudança seria bem-vinda, mas as apostas eram mais altas numa escola em que as crianças eram mais velhas. As crianças sempre se provocam mutuamente, mas os adolescentes já têm uma certa maldade e brutalidade, e eu estava preocupada com Whitney. Ele estava se transformando em um garoto extremamente sensível, mas que também dizia o que lhe vinha à cabeça, sem se censurar. Eu temia que essa característica pudesse lhe trazer problemas.

O segundo maior desafio para Whitney era que ele precisaria freqüentar uma sala de educação especial. Havia mil crianças na escola Grizelle, e só duas, além dele, precisavam de educação especial. Desde o primeiro ano, eu lutara para que Whitney freqüentasse uma classe regular e não precisasse dos serviços de educação especial: terapia ocupacional, fisioterapia e acompanhamento por deficiências de aprendizagem. Agora, com essa sala de educação especial, ele estava sendo isolado novamente.

O modo como nossa sociedade em geral, mas o nosso sistema educacional em particular, tende a segregar e rotular as pessoas com problemas de comunicação é um enorme obstáculo para ajudar as pessoas que precisam. É um problema com o qual tenho lutado ao longo de toda a vida de Whitney – e de toda a minha vida profissional. Estou convencida de que uma das causas principais de problemas "comportamentais" infantis – rebeldia na escola, depressão, vadiagem – resulta de levar as crianças com problemas de aprendizagem a se sentir "burras". Quando mal dirigidas, as classes de educação especial podem fazer isso ao separar as crianças com dificuldades de aprendizagem de modo que as outras crianças passem a vê-las como indivíduos "diferentes". Como afirma o dr. Hallowell em *Driven to Distraction*, quando ele foi para a escola havia apenas uma deficiência de aprendizagem – a estupidez – e um tratamento – "esforce-se mais". Para muitas crianças, isso continua em vigor ainda hoje.

Mesmo nas escolas em que não há classes separadas de educação especial, exige-se freqüentemente que as crianças tenham aulas de educação especial num local separado. Eu lutara muito para que esse tipo de serviço fosse prestado de modo que passasse praticamente despercebido por Whitney ao longo de seu dia. E agora, com uma sala de educação especial só para três crianças, e com várias práticas especiais, ele estava visivelmente marcado como alguém diferente, e passou a achar que isso o fazia parecer "inferior" às outras crianças.

Visitei o diretor da Grizelle para verificar se Whitney precisaria mesmo dos serviços de educação especial. Seu trabalho todo ainda deixava muito a desejar. Sua caligrafia era um problema sério. Ele era incapaz de pôr no papel suas idéias, que eram agora muito complexas e cheias de nuances. Sua escrita era ruim, mas a luta maior dizia respeito à sua capacidade de se expressar – de codificar palavras em seu cérebro e levá-las ao papel ou à boca.

Whitney ainda precisava de um tutor e de adaptações. O diretor achava que ele precisava de um Programa de Educação Individual para poder habilitar-se a essa ajuda adicional. Isso significava que precisaria freqüentar a sala de educação especial no primeiro período. Concordei que ele ainda precisava de alguma ajuda extra, mas expliquei que a sala de educação especial o diferenciava dos demais, e que isso era um grande problema para ele. O diretor não cedeu, dizendo que os serviços especiais custavam muito dinheiro ao distrito escolar, e que muitas pessoas que gostariam de tê-los não estavam habilitadas. Para habilitar-se, portanto, Whitney precisaria seguir as regras. Ele sugeriu, porém, que nos reuníssemos com os professores e a administração de Dublin para ver o que podia ser feito.

Descobri, também, que algumas crianças já estavam caçoando de Whitney. Essa era, de fato, a primeira vez que ele passava por esse tipo de problema. Seu comportamento sempre tinha chamado a atenção, mas até aquele momento o corpo docente das escolas que freqüentou havia se empenhado ao máximo em assegurar que todos os seus alunos fossem respeitados. O sr. Niemie tinha sido um defensor obstinado dessa exigência de respeito mútuo, de modo que em sua escola ninguém caçoava de ninguém. Junto com todos os profissionais sob sua direção, orientadores, professores, a enfermeira e o pessoal da secretaria, o sr. Niemie trabalhava duro para criar um ambiente escolar seguro para todas as crianças. No ano anterior, a sra. Lud também promovera uma atmosfera de aceitação de todas as crianças, e as boas maneiras eram uma exigência em sua classe. Eu compreendia as limitações da aplicação desses modelos — a escola do sr. Niemie tinha cerca de duzentos alunos, e Grizelle tinha mais de mil, aí incluídos alunos de sexto, sétimo e oitavo anos, o que gerava uma situação muito diferente.

Passar por zombarias foi uma experiência inédita e desagradável para Whitney. Um dos meninos começou a importuná-lo nos corredores e depois das aulas, chamando-o de "Whitney Houston" (o nome da cantora), dizendo ou berrando coisas como "Whitney é nome de mulher" e "Whitney Houston é retardado". William defendeu o irmão contra esse primeiro encrenqueiro, e os dois se engalfinharam no pátio da escola. Como se não bastasse a briga, o menino roubou todos os livros de William.

Participei de outra reunião com a administração escolar. "Meninos são meninos", disseram. Tinham tantos alunos; para a escola, botar apelidos nos outros não era uma infração tão grave que exigisse a intervenção deles.

"Pode deixar que a gente se vira, mamãe", diziam os meninos. Já estavam grandes demais para permitir que os outros soubessem que sua mãe batalhava por eles. Eu já não sabia mais o que fazer. No que me tocava, Whitney ainda precisava ser protegido. E ele encontrou uma solução: decidiu usar seu primeiro nome, que é John (ele se chama John Whitney, como meu pai), achando que isso resolveria o problema. Mas os apelidos continuaram.

Tínhamos passado a vida toda trabalhando para fortalecê-lo, sem tratá-lo como se ele fosse diferente. Em decorrência disso, Whitney raramente se sentia diferente. Quando isso acontecia, ou quando percebia que as pessoas estavam rindo dele por algo que tivesse dito ou feito, ficava realmente chateado.

Percebi que as coisas estavam piorando, e não melhorando, quando ele começou a descer a escada de manhã, para ir para a escola, com aparência descuidada.

"Penteie o cabelo, querido. Ponha a camisa dentro das calças." O fato de ouvir a mim mesma dizendo essas coisas me fez entender que, por mais que Whitney insistisse em que tudo estava bem e que ele podia lidar com a situação, na verdade as coisas não iam nada bem na escola. Todd ajudou as crianças a se sentir orgulhosas de sua aparência, ensinando a nós todos que o modo como nos apresentávamos era um reflexo de nossa auto-estima. Estava ficando muito claro que a auto-estima de Whitney vinha sofrendo um revés devido aos apelidos e xingamentos.

Foi então que, em uma tarde daquele outono, encontrei uma carta enquanto tentava arrumar a bagunça do quarto de Whitney. (Às vezes, eu achava que a desordem do quarto dele refletia sua desordem mental – pilhas de coisas que tornavam impossível encontrar o que quer que fosse ali.) Infelizmente, não tenho mais essa carta, mas o texto era mais ou menos o seguinte:

Prezados Congressistas

Não quero continuar na sala de educação especial. Não preciso disso. Na minha classe tem crianças que precisam muito mais. Gostaria de ter um encontro para discutir esse assunto. Acho que Mark deve fazer terapia com a minha mãe. Acho que vocês devem dizer à mãe dele que a minha mãe pode dar um jeito nele. Acho que Jane precisa de uma ajuda especial em leitura, e que Billy precisa ser ajudado em matemática. Eles não estão fazendo seu trabalho direito. Estão confusos e contrariados. As crianças não devem sentir que são burras na escola. Isso é errado.

Ao mesmo tempo em que me fez sorrir, aquela carta me deixou de coração partido por Whitney. Por um lado, eu estava impressionada com a iniciativa dele e com tudo que isso representava. Eles estavam tendo aulas sobre o governo dos Estados Unidos, e ele devia estar se saindo bem nessa disciplina (que era uma de suas aulas regulares) para saber que, quando alguém deseja alguma mudança, deve escrever a um congressista. E, em busca de uma resposta, ele foi direto ao ponto; fiquei surpresa com o fato de ele não ter escrito diretamente ao presidente. Por outro lado, a carta revelava como era difícil para ele ser segregado em salas de educação especial, e me fez perceber quão desesperadamente ele queria ser igual aos outros. A carta deve ter sido a idéia última de Whitney para parar com as zombarias e os apelidos: se ele fosse tirado da turma de educação especial, seus colegas parariam de tratá-lo como uma pessoa diferente. Conversei com ele sobre a carta. "Acho que é uma grande idéia", falei. "Mas talvez você deva encaminhar sua mensagem às pessoas que podem dar uma ajuda imediata. Procurar o Congresso pode demorar muito."

Ele concordou, e decidimos que ele deveria tentar conversar com o diretor pessoalmente. Telefonei para o diretor e perguntei se eu e Whitney podíamos ter uma reunião com ele, explicando que Whitney tinha tanta certeza de que não devia estar em uma turma de educação especial que estava pensando em escrever para o Congresso.

O diretor disse que era muito incomum que alunos lhe apresentassem seus próprios problemas pessoalmente, mas que Whitney poderia participar da reunião que ele marcaria para discutirmos o assunto.

Desliguei o telefone e pensei: *Espero que seja uma boa idéia*. Whitney falaria diante de doze ou catorze professores e especialistas sobre as razões que o levavam a querer sair das classes de educação especial. Naquela noite fizemos uma reunião familiar. Apresentei a Whitney o resultado de nosso pedido e expliquei que agora ele teria uma oportunidade de expor seu ponto de vista a seus professores. William deixou claro a Whitney que ele devia ser cuidadoso. "Você não vai querer que seus professores fiquem com raiva de você. É melhor ensaiarmos direito tudo que você vai dizer." E foi o que fizemos. Fizemos reuniões simuladas durante todo o resto da semana, até que Whitney pareceu estar bem preparado e ansioso por representar a si próprio.

Na semana seguinte, eu e ele chegamos uma hora antes de as aulas começarem e fomos para uma sala de reuniões enfrentar os professores. Eu não conhecia muitos deles e me sentia intimidada e temerosa por Whitney.

Por sorte, ele estava se sentindo muito autoconfiante naquele dia. O diretor lhe passou a palavra e Whitney apresentou sua argumentação de modo muito simples. Disse a eles que vinha tirando nota A em ciências, história e arte — as classes em que era aluno regular. Estava convencido de que podia ser bem-sucedido nas aulas regulares de inglês e matemática (aquelas em que era aluno com necessidades especiais), desde que lhe fosse dada essa oportunidade. Afirmou também que, para ele, não fazia o menor sentido ser aluno regular em história e, em inglês, não.

Whitney concluiu sua argumentação e sentou-se. Os professores estavam claramente impressionados com sua iniciativa, mas também estava claro que não achavam que Whitney estava pronto para deixar as turmas de educação especial. Sua caligrafia era ruim e ele cometia muitos erros de ortografia, e às vezes era difícil entender o que ele dizia. Sua fala ainda tinha algo que lembrava uma pessoa surda falando – ele era um tanto nasal, mantinha continuamente o mesmo tom de voz e as inflexões nem sempre estavam nos lugares adequados.

"Você precisa dos serviços especiais", tentaram convencê-lo. "Na verdade você tem sorte, porque não costumamos oferecê-los a muitas pessoas."

"Todo mundo está tirando sarro de mim", disse Whitney. "Posso cumprir a tarefa e gostaria que vocês me dessem uma chance de provar isso."

Era evidente que os professores ainda não estavam convencidos. Conversaram calmamente entre si, depois ficaram agitados quando se colocou a questão da impropriedade de discutir com um aluno as avaliações profissionais do projeto educacional que eles haviam desenvolvido para ele. Eu estava ficando ansiosa, achando que a reunião não ia dar em nada, quando o diretor fez uma sugestão.

"Vocês, professores, estão dizendo que Whitney poderia passar de educação especial em matemática para o curso avançado dessa disciplina, permanecendo em educação especial em inglês e na sala de educação especial."

Passei os olhos pelos professores ali sentados. Isso não era de modo algum o que eles estavam dizendo. Passar de educação especial em matemática para o curso avançado de matemática representa um salto imenso. Mas, ao que parece, essa era a única classe de matemática que se encaixaria no horário de Whitney. Por um instante, imaginei se o diretor não estaria tentando manter as coisas inalteradas ao propor uma solução que nós rejeitaríamos. *Nem eles nem Whitney vão cair nessa*, pensei.

O diretor continuou. "Isso vai funcionar porque a sra. R. é uma excelente professora de matemática." (Eu sabia que isso era verdade porque William era aluno dela.) A sra. R., que estava presente, sorriu. "E ele pode ter ajuda especial em artes da linguagem*, uma dis-

....

* No original, *language arts* (disciplina que trata das habilidades envolvidas na expressão de idéias oralmente e por escrito, bem como do entendimento das idéias orais e escritas de outras pessoas). (N. do T.)

ciplina que ele ainda precisa trabalhar mais. O que lhe parece, Whitney?"

Whitney estava visivelmente excitado. "Sei que posso subir de nível em matemática. Adoro matemática. Mas as pessoas vivem caçoando de mim por causa da sala de educação especial", insistiu, mantendo-se firme. Era difícil resistir ao sorriso de Whitney. Sua energia e seu entusiasmo eram contagiantes. Naquele momento, ele estava prestes a completar doze anos de idade, com uma mecha de cabelos castanho-escuros que lhe caía sobre os olhos castanhos. Tinha sardas no nariz e uma pele clara e rosada. Era difícil acreditar que ele não fosse um adolescente perfeitamente normal. Quando ele ria ou contava uma piada, os outros acabavam rindo também, mesmo que não achassem graça nenhuma.

Todos sorriram diante de sua firmeza de propósitos.

"Se você não permanecer na sala de educação especial, não receberá a ajuda de que necessita para melhorar sua escrita", disse o diretor. "Criaremos um projeto especial para sua escrita e voltaremos a nos reunir. Tudo bem assim, Whitney?"

"Tudo bem", disse ele. Levantou-se para sair e fiz-lhe um sinal de que o encontraria lá fora. "Obrigado a todos por me ajudarem!", disse Whitney, radiante.

Os professores também estavam radiantes.

Quando Whitney já não estava mais na sala, a psicóloga da escola voltou-se para o diretor e disse: "Se o senhor tirá-lo da sala de educação especial, ele não poderá mais contar com os nossos serviços. Portanto, acho que devo elaborar um projeto para melhorar a escrita dele e submetê-lo ao senhor, para ver se o aprova." E, voltando-se para mim, disse sem muito entusiasmo: "A senhora pode nos enviar quaisquer informações que desejar, dra. Florance." Era evidente que minha reputação chegara antes de mim àquela escola. Terminada a reunião, Whitney e eu fomos comemorar na Morgan House, que é a um só tempo loja e restaurante com uma comida caseira muito gostosa.

Eu estava impressionada. Whitney defendera sua própria causa, em uma reunião, muito melhor do que eu jamais o fizera em todos os anos em que havia lutado por ele. Eu adorei constatar que ele estava afirmando fortemente sua personalidade ao mesmo tempo em que desenvolvia sua capacidade de acessar o pensamento verbal para expressar-se.

Ele não se desligara das classes de educação especial, mas conseguira entrar para o curso avançado de matemática e abrira uma porta para se livrar da educação especial caso sua escrita apresentasse melhoras. Eu não conseguia acreditar naquela solução. Na sala de reuniões, eu sabia que nenhum de seus professores havia recomendado ao diretor que Whitney passasse para a turma avançada de matemática, nem que se revisasse seu programa de artes da linguagem ou de educação individual. De alguma forma, porém, Whitney havia conseguido dobrar o diretor, e este, por sua vez, havia dobrado os professores. Era como se tudo que o diretor precisasse fazer fosse apregoar que o projeto dele fosse idéia *dos professores* – algo em que eles acreditaram piamente.

Depois de comemorarmos, fui para casa e escrevi um programa de educação especial voltado para os problemas de Whitney com a escrita. A escola incorporou minhas idéias e prometeu implementá-las enquanto ele permanecesse na sala de educação especial.

Acho que daquela vez as coisas transcorreram muito mais facilmente na escola por uma série de razões. Uma delas foi Whitney ter defendido pessoalmente suas reivindicações. Além disso, ele *estava* melhor e mais capaz do que estivera no passado, quando eu lutava para colocá-lo em classes de ensino regular. A sra. Lud também havia escrito um excelente relatório. Ela se reuniu com os professores antes do início do ano letivo e falou sobre sua experiência quando trabalhou com Whitney no quinto ano – sobre o que havia ou não funcionado e sobre o tipo de ajuda de que, em sua opinião, ele precisava, de modo que eles já conheciam bem o caso de Whitney. Além do mais, eu já estava mais familiarizada com o sistema de educação especial daquela escola, e a administração também começava a se acostumar comigo.

Whitney fez um belo trabalho em matemática. Contudo, apesar do sucesso que acompanhou essa mudança, as outras crianças continuaram a zombar dele. Não paravam de chamá-lo de "retardado", e William continuou a defendê-lo.

Naquela época, meus dois filhos estavam fazendo caratê com um professor, um profissional renomado que disse a eles como ele achava que deviam lidar com a situação: ignorar as zombarias até o último dia de aula e então, exatamente quando soasse o sinal desse último dia, chamar o líder das zombarias "para o tatame". Eu disse que não considerava o plano aceitável. Não acredito no uso de violência física para resolver um problema. Enquanto ouvia os meninos dando asas a suas fantasias de vingança eu quebrava a cabeça para ver se arrumava um jeito de convencê-los a pensar em outra solução. (Felizmente, no fim do ano letivo, William e Whitney haviam ignorado tanto a existência daquele garoto que não tinham mais interesse algum em lutar com ele.)

Ainda assim, ao longo do sexto ano Whitney lutava contra o estigma de ser um "retardado surdo" naquela escola. Ele começou a me dizer que gostaria de mudar de escola para se ver livre das provocações e da sala de educação especial. Insisti com ele para que permanecesse ali e ignorasse os apelidos; tentei dizer-lhe que ele estava forte o bastante para trilhar um caminho grandioso. Mas a situação continuou a perturbá-lo. Whitney acreditava firmemente que todos continuariam a vê-lo como um "retardado" enquanto tivesse de freqüentar a sala de educação especial. E eu ficava pensando em como seria difícil para ele, na escola de ensino médio, continuar sendo um dos três alunos a freqüentar a sala de educação especial numa época em que os esportes e os namoros são tão fundamentais.

Victor Frankl, um neurologista e psiquiatra que sobreviveu aos campos de concentração durante a Segunda Guerra Mundial, acreditava que as pessoas têm uma força específica como componente de suas personalidades. Algumas pessoas têm uma resistência que as ajuda a avançar em meio à adversidade, enquanto outras não. Em sua condição de prisioneiro de um campo de concentração e médico, ele observou que algumas pessoas saudáveis eram incapazes de suportar o sofrimento emocional e morriam, enquanto outras, muito doentes, conseguiam sobreviver e ajudar os outros.

Whitney, como eu começava a perceber, vinha avançando bem em sua recuperação porque era dotado dessa força interior. Não estava apenas lutando para superar um transtorno cerebral; começava a perceber que também podia usar sua força em benefício dos outros. Ele me ajudou muito durante o tempo em que fiquei com a perna quebrada. Atuava plenamente como membro funcional de nossa família, ajudando nas tarefas diárias e assumindo a liderança de nossas reuniões familiares. Enquanto lutava para sair do grupo de educação especial, para não ser segregado nem caçoado, eu percebia que ele vinha desenvolvendo um senso de justiça e moralidade. Sua capacidade de ajudar Mark ilustrou bem isso.

Naquela época, recebi um telefonema sobre um aluno do segundo ano do ensino médio chamado Mark, que estava tomando LSD e havia fugido de casa. Eu conhecera Mark algum tempo atrás através de seu pai, um importante executivo que era meu paciente. Na ocasião, Mark estava se tratando com um psicólogo por causa do uso de drogas e do péssimo aproveitamento escolar. Expliquei aos pais dele que eu trabalhava com problemas de comunicação, e não de vício em drogas, mas que estes freqüentemente decorrem daqueles. Finalmente, eles decidiram continuar com o psicólogo, porque não se convenceram de que a situação do filho tinha a ver com problemas de comunicação.

Nunca fiz publicidade de meu trabalho; construí minha reputação profissional por meio de pacientes que me eram encaminhados por outros pacientes. Em geral, os pais que me procuram estão passando pela experiência de observar problemas comportamentais em seus filhos. Enquanto eles não vêem os resultados de minha abordagem do problema, é difícil compreenderem ou acreditarem que um transtorno de processamento auditivo possa ser a raiz do fracasso na escola ou dos problemas comportamentais. A ironia é que o fato de tratar muitas dessas crianças como se elas simplesmente pudessem "mudar rapidamente para melhor" – prestando mais atenção, esforçando-se, empenhando-se ao máximo – costuma deixá-las mais estressadas, levar a uma sensação maior de fracasso e exacerbar o problema comportamental. Se você consegue tratar a raiz do problema de comunicação, se consegue ensiná-las a aprender, os problemas de comportamento geralmente desaparecem. Em sua maioria, as crianças que se tratam comigo são inteligentes, acuadas e frustradas pela incapacidade de ser bem-sucedidas, causada pela falta das habilidades lingüísticas necessárias em um ambiente de aprendizagem tradicional. Whitney era um exemplo extremo disso, e com ele aprendi que lidar primeiro com os problemas de comunicação funcionava bem com outros pacientes que tinham sistemas de processamento visual e auditivo mais equilibrados.

Quando Mark fugiu de casa para trabalhar com bandas de *rock*, recebi um telefonema desesperado de sua mãe. "Por favor, ajude-me – não sei onde Mark está, mas temos o *e-mail* dele. Talvez você consiga entrar em contato com ele."

Achei que seria difícil, mas tentei encontrá-lo via *e-mail*. E, para minha surpresa, ele respondeu. Consegui trocar algumas mensagens com ele pela internet, mas muito poucas. Eu estava tentando descobrir uma forma de fazer contato pessoal com ele quando tive a idéia de que talvez fosse útil dizer-lhe algumas coisas sobre Whitney.

Perguntei a Whitney se ele gostaria de compartilhar sua história com Mark. Sua primeira resposta foi negativa. "Nem conheço o Mark", disse ele.

"Sei disso", respondi, "mas acho que seria bom para ele ouvir sobre o que você passou e como vem se saindo tão bem agora."

Acho que ele se lembrou do seu senso de responsabilidade associado ao "conversar com Deus" porque, quando me ouviu falar assim, concordou imediatamente.

Whitney sentou-se ao meu lado e, juntos, redigimos um *e-mail* para Mark, narrando todos os desafios que havíamos superado. Mark se atraiu pelas histórias de como tivemos de enfrentar professores e diretores para conseguir adaptações e um bom projeto educacional para Whitney. Ele associava isso à idéia de ser mal compreendido.

Mark estava cheio de ódio contra o sistema.

Artista de grande talento, ele freqüentava a escola católica de uma pequena comunidade onde todos deveriam ter a mesma aparência – o mesmo corte de cabelo, as mesmas roupas. Ele nos disse que sua professora de artes, de quem gostava muito e que dava sua matéria favorita, achava que seu cabelo era comprido demais e insistia com ele para que o cortasse. Ele concordou, mas aí ela achou que ele tinha mandado fazer o corte errado. O corpo docente envolveu-se de tal maneira na questão de saber se ele estava ou não com o corte de cabelo certo ou errado que ele se sentiu atormentado e estigmatizado, sentiu que não havia respeito algum por suas escolhas pessoais, mesmo tendo dezessete anos. Incomodavam-no até mesmo nas aulas de artes, as únicas em que seu desempenho era muito bom.

Whitney sentiu que aquilo era uma tremenda injustiça. Enquanto recebíamos os *e-mails* em que Mark nos contava essas histórias sobre sua escola, mal podíamos acreditar que um corte de cabelo pudesse provocar tantos problemas.

Nas outras aulas, dizia Mark, todos lhe pediam para "se esforçar mais". Seus professores freqüentemente o humilhavam na frente dos colegas de classe. Durante anos seguiram cada passo seu, mesmo depois de terminadas as aulas. Ele foi expulso do time de futebol por causa de suas notas baixas. Não sabia mais o que fazer para agradar às autoridades.

Quando Mark começou a descrever seus sintomas, achei que ele poderia ter um problema de comunicação. Comecei a pensar que o problema talvez não fosse não querer acompanhar o raciocínio verbal dos professores – talvez ele simplesmente não *conseguisse* fazer isso. A mãe de Mark havia me enviado algumas amostras de seus trabalhos artísticos na pré-escola. Ainda muito jovem, ele tinha sido aceito por uma escola de arte de renome nacional, o College of Art and Design, e ali estudara durante toda a sua juventude. Seus trabalhos artísticos mostravam, sem sombra de dúvida, que ele raciocinava de modo extremamente visual.

Durante nossa troca de *e-mails*, Mark foi ficando mais solto e pediu que lhe falássemos mais sobre a experiência de Whitney. Whitney foi então para o teclado e começou a escrever, agora com suas próprias palavras, sobre o que sentia por estar em uma classe de educação especial e por ser objeto de zombaria dos colegas.

Depois de algum tempo, chegou a hora de Whitney ir para a cama. Embora nenhum de nós quisesse parar com aquele bate-papo tão interessante, eu precisava interrompê-lo. Mark concordou em vir para uma entrevista comigo, e então desligamos o computador. Foi uma noite especial para todos nós. Parecia haver nela o presságio de um momento decisivo tanto para Mark quanto para Whitney. Foi a primeira vez, e uma das poucas, em que Whitney conseguiu falar abertamente e muito bem sobre suas limitações, e ele se sentiu orgulhoso por Mark ter se identificado com sua história. Mark diz que a história de Whitney o inspirou e o fez sentir que não estava sozinho – se Whitney conseguiu superar a adversidade, ele também haveria de conseguir. Hoje, Mark está se saindo muito bem no último ano da faculdade e se especializando em computação gráfica para filmes de Hollywood.

Acho que o fato de ter ajudado Mark fez Whitney se sentir orgulhoso – orgulhoso por ter algo de único para oferecer aos outros. Ele estava se tornando uma pessoa generosa e solidária – muito diferente da criança que parecia não ter consciência de que nós éramos pessoas.

Essa experiência pareceu acender uma luz dentro dele – um desejo sincero de ajudar outras pessoas que pudessem estar enfrentando os mesmos problemas que ele enfrentara. Ele parecia estar compreendendo os sentimentos alheios, algo muito difícil para os autistas. Era mais um sinal que indicava que a doença dele não era autismo, mas alguma outra coisa.

Certo dia, Whitney chegou em casa muito contrariado. Poucas pessoas podiam perceber quando ele estava perturbado. Parecia estar sempre na dele, como se nada estivesse acontecendo, e raramente chorava. Eu aprendera a identificar os sinais de estresse – um olhar perdido no vazio, distraído, caminhadas durante as quais ele falava sozinho. Mas nesse dia ele chegou em casa muito abalado, como se em estado de choque. Perguntei o que havia de errado.

"Hoje eles me chamaram de 'retardado' na classe, e eu respondi dizendo que era surdo e tinha autismo, mas que agora estou bem." Ele pensou que ter ajudado Mark significava que talvez aqueles garotos pudessem entendê-lo quando ele lhes contasse a sua história.

"Eu disse a eles que você tinha resolvido o problema do meu cérebro, mamãe", prosseguiu Whitney. Eles riram de mim e disseram: "Ninguém resolve problemas de surdez, idiota. Você é doido." Ele ficou transtornado. "Eles não acreditam em mim, mamãe! Disseram que sou um idiota. Eu sou um idiota! Eu me odeio!"

Fiquei furiosa. Whitney estava tentando ser franco e honesto, e fora punido por isso. Como esses garotos se atrevem a magoar tanto uma pessoa?

"Vou perguntar à professora se posso dar uma aula para a turma sobre como o cérebro funciona, e nós dois poderemos explicar essas coisas a eles."

Eu estava tentando decidir se devíamos continuar naquela escola ou procurar outra. Achei que a melhor maneira de avaliar a situação seria ir para a sala de aula como professora e ver de perto as reações que Whitney estava despertando nas crianças.

A professora concordou, e comecei minha aula pedindo a todos os alunos que me fizessem por escrito, numa ficha, uma pergunta sobre o cérebro.

As fichas trouxeram perguntas do tipo: "Como funciona a memória?", "Como sonhamos?", "O cérebro é como um computador?" Deixei para respondê-las depois e comecei a falar sobre Whitney.

"Quando Whitney era mais novo, não conseguia falar ou ouvir." Expliquei que ele não ouvia mesmo que eu gritasse nos seus ouvidos. Disse também que eu achava que o cérebro dele ficava superativo, ao ponto de ouvir em excesso – sons como o de um exercício de prevenção contra incêndios, até mesmo o som do sangue correndo por suas veias ou das batidas do seu coração, podiam ser altos demais para Whitney. Expliquei que essa sobrecarga do sistema era o que o levava a golpear a própria cabeça quando se sentia frustrado e às vezes desligar-se de tudo e todos.

Em seguida, pus para tocar uma fita da Madonna cantando "I Am Going Bananas", de seu personagem no filme *Dick Tracy*. Nessa música há uma orquestração muito complexa, Madonna canta com sotaque espanhol, passando do inglês para o espanhol, depois para o iídiche e então para o latim. É uma letra muito difícil, e as crianças não conseguiam entender quais eram as palavras. Decodifiquei-as para os alunos e pedi que escrevessem as palavras enquanto eu ditava. Depois pus a fita novamente, e dessa vez eles entenderam tudo bem melhor.

Usei esse exercício para mostrar como o cérebro pode filtrar aquilo que ouvimos. Nesse caso, as crianças precisavam compreender a linguagem e também ser capazes de concentrar sua atenção para entender o que estavam ouvindo. Ficaram fascinadas com essas informações sobre os seus ouvidos. Para elas, a audição era um dado inquestionável dos sentidos, e nunca lhes havia passado pela cabeça que poderiam treinar os ouvidos para fazê-los funcionar de outras maneiras, ou que pudessem treinar suas "lentes de *zoom* auditivas", direcionando-as para aspectos menos evidentes dos sons. Eu estava mostrando-lhes, em termos elementares, como era verdadeiro o que Whitney disse: havíamos treinado os ouvidos dele para funcionarem de maneira diferente, de modo que ele pudesse ouvir melhor. Elas estavam simulando o que tínhamos feito para ajudar Whitney a melhorar.

A parte mais interessante da aula foi quando pedi a Whitney que lhes ensinasse de que modo funciona a memória visual. Ele pediu que fizessem alguns desenhos: uma flor meio murcha, o coronel Sanders* escrevendo em um diário, um porto com postes listrados

....

* O criador do Kentucky Fried Chicken. (N. do T.)

em espirais vermelhas e brancas*, um professor e algumas pessoas numa sala de aula. Em seguida, Whitney pediu às crianças para escreverem "margarida preguiçosa" sob a flor, "os diários do coronel" e "porto do barbeiro" sob o píer, e "professor de pessoas"**. No total, demos a elas dez desenhos para copiar e nomear. Depois de estudá-los por alguns minutos, as crianças tinham de guardar os desenhos, tentar lembrar os nomes e escrevê-los. Depois, Whitney perguntou às crianças quem se lembrava ao ver a imagem em sua mente, e quem ouvia as palavras. Explicamos que alguns de nós pensam mais por imagens, outros mais por palavras. Em seguida explicamos que Whitney era tão competente em pensar por imagens que não conseguia entender o que ouvia até ser ensinado a filtrar os sons e concentrar-se neles. A explicação era rudimentar, mas foi útil porque demos exemplos de como esses conceitos funcionavam em seus próprios cérebros. Mostramos imagens minhas na casa do governador, com Oprah Winfrey e Gary Collins na televisão, na capa do *USA Today* e em reportagens de jornais e revistas sobre meu trabalho. As crianças acharam o máximo.

Depois de nossa aula sobre o cérebro, Whitney ofereceu doces e balas aos alunos. Quando o sinal tocou no fim da aula, todos bateram palmas, e percebi que Whitney estava feliz com o resultado da aula e com a reação das crianças.

Mas eu tinha outras preocupações. Lá estava eu, tentando corrigir uma situação que a sra. Lud ou o sr. Niemie jamais teriam deixado acontecer. A professora não ficou para assistir à nossa apresentação. Quando o sinal tocou, procurei-a para contar como foi a aula. Ela me disse que estava preocupada com o grande número de alunos, e que era muito difícil conhecer bem cada um deles. Fiquei observando os alunos nos corredores e, depois, no ponto do ônibus. *Esta não é a escola certa para Whitney*, pensei. Não somente por

....

* No original, *barber poles*. Esses postes, símbolos da profissão de barbeiro, são colocados à porta das barbearias. (N. do T.)
** No inglês, os nomes dados às imagens têm uma rima interna, o que facilita a memorização: *lazy daisy*, *Colonel's journals*, *barber harbor* e *creature teacher*. (N. do E.)

causa do problema da sala de educação especial – na verdade, a escola era muito grande e impessoal. Eu só tinha dois anos para preparar Whitney para a escola secundária. Do jeito que estávamos indo, eu sabia que ele provavelmente não teria uma boa experiência no ensino médio; tampouco estávamos mais próximos de pô-lo no caminho da faculdade.

Concluí que devia haver uma solução melhor para a questão do ensino médio dos meus filhos. Whitney iria para o sétimo ano no próximo ano letivo; William iria para o nono, e Vanessa para o décimo. Vanessa estava cursando o nono ano na escola pública de Dublin, mas também achava a escola grande demais. E eu queria dar a meus filhos a melhor educação possível.

Havia uma excelente escola de ensino médio particular em nossa área, a Bishop Watterson High School. Devido a meu trabalho com várias crianças que a freqüentavam, eu sabia de sua excelente reputação junto ao meio acadêmico e conhecia sua fama de escola voltada para a família.

Meu interesse por essa escola aumentou quando comecei a trabalhar com Alex, um garoto do oitavo ano. Sua família queria que ele freqüentasse a escola Watterson, mas a coordenação da escola em que ele estava era de opinião que ele não tinha aptidão suficiente para ser bem-sucedido lá. Achavam que ele não estava preparado, e que seria um desastre matriculá-lo na Watterson; ele estaria bem melhor na escola pública, onde seria mais fácil o acesso à educação especial. Assim que o submeti aos primeiros testes, vi que ele tinha escores visuais altos e escores auditivos baixos. Seus pais estavam desesperados para que ele fosse para a Watterson e, durante quatro meses, fizemos um trabalho intensivo para ver se ele melhorava suas habilidades lingüísticas.

Seus escores verbais, que estavam abaixo do primeiro percentil, subiram para o décimo quinto, octogésimo sétimo e septuagésimo quinto em diversas áreas. Quando mostramos os resultados da reavaliação de Alex à diretora de Watterson, sra. Hutson, ela permitiu que ele tentasse freqüentar a escola. O verdadeiro triunfo veio com seu primeiro boletim, com um coeficiente de rendimento médio de 3,5.

Eu estava tão impressionada com a crença da sra. Hutson em soluções que fugissem ao convencional, bem como com a liderança que ela havia demonstrado diante de situações problemáticas ao longo dos anos, que decidi que a escola dela era o que eu queria para todos os meus filhos, inclusive Whitney. Apesar de ter afirmado categoricamente que Whitney iria para o MIT, eu ainda temia que uma escola como a Watterson e o curso secundário talvez fossem objetivos inalcançáveis para ele. Mas, se eu descobrisse um meio de ajudar Whitney como havia ajudado Alex, talvez pudéssemos alcançar esses objetivos. Claro que Whitney era um caso mais extremo, mas os problemas eram semelhantes. Nos testes, ambos os garotos apresentavam escores visuais altos e escores auditivos baixos. Whitney era mais problemático, mas sua fluência para processar informações verbais vinha melhorando a olhos vistos.

William e Vanessa conheciam a Watterson por meio de algumas crianças que a freqüentavam, e estavam ansiosos para ser transferidos para lá. A escola tinha um programa de esportes que os empolgava, especialmente William. Ele estava louco para ir estudar numa escola famosa por seus esportes favoritos: luta romana e futebol americano. Já eu gostava da escola pela qualidade da educação que oferecia. Na Watterson, muitos pais participavam ativamente das atividades escolares, e isso me atraía ainda mais.

Naquele ano, William e Vanessa se saíram muito bem nos exames de admissão e foram aceitos.

A solução quanto ao que fazer com Whitney nos dois anos seguintes, para que ele tivesse toda a atenção de que precisasse para ser admitido na Watterson, veio de Marion Hutson, que me apresentou a Sally Lindsay, uma ex-professora de inglês que agora dirigia uma pequena escola particular chamada Clintonville Academy, perto da Watterson. Percebi que a Clintonville seria excelente para prepararmos Whitney. Na verdade, tratava-se de uma das escolas preparatórias para a Watterson.

Na primavera de seu sexto ano, Whitney precisou fazer uma série de testes para entrar nessa escola particular. O corpo docente estava orgulhoso, pois muitas crianças estavam se classificando nos testes-padrão para dois ou mais anos acima da série que estavam cursando. Nas provas de admissão, Whitney se saiu bem em leitura e matemática, mas deixou a desejar em fluência escrita e caligrafia. Não obstante, os professores que lhe aplicaram os testes consideraram-no cheio de interesse e curiosidade intelectual. A sra. Lindsay achou que ficaríamos muito felizes em sua escola, especificamente porque cada professor tinha apenas dez alunos, o que daria a Whitney toda a atenção de que necessitava. A escola também tinha um excelente coordenador para os alunos com deficiência de aprendizagem e um ótimo professor de inglês que, trabalhando juntos, fariam da melhora do problema de escrita de Whitney um de seus objetivos principais.

No fim do sexto ano de Whitney em Grizelle, recebi como pacientes seis universitários que me foram encaminhados por diversas pessoas. Todos estavam se dando mal em suas faculdades. Submetidos a testes, mostraram possuir alta capacidade visual e baixa capacidade auditiva. Estavam desesperados com o fracasso escolar. Percebi que, com esses pacientes mais velhos, eu poderia aprender muito sobre esse fenômeno, pois eles podiam relatar suas experiências com muito mais clareza do que meus pacientes mais novos. Fiquei muito interessada em trabalhar com eles, pois via grande semelhança entre seus problemas e os de Whitney. Essa relação podia não ser perceptível para outras pessoas, pois esses alunos não tinham lutado contra deficiências ao longo da vida; na verdade, tinham ido muito bem na escola secundária. Seus pais achavam que o problema deles era falta de empenho e excesso de diversões. Mas o desequilíbrio dos escores verbais e visuais me levou a crer que o problema era muito mais semelhante ao de Whitney do que podia parecer.

Tive a idéia de criar um curso de verão que ajudasse esses alunos a melhorar suas habilidades para serem readmitidos em suas respectivas escolas. Eu sabia que meu projeto implicaria envolver esses jovens em nossa própria vida durante o verão, e por isso expus minhas idéias a William, Vanessa e Whitney. Eu queria matricular esses alunos em um curso de verão na Universidade do Estado de Ohio, e achava que devíamos freqüentar o curso com eles, para ensiná-los a pensar e a processar informações no universo verbal. Meus filhos poderiam me ajudar a descobrir de quais habilidades os alunos necessitavam e o que os vinha levando a fracassar. Em minha opinião, Whitney seria particularmente bom nisso, uma vez que seus problemas em sala de aula eram muito parecidos com os deles: dificuldade de acompanhar aulas e seguir instruções orais; dificuldade de comunicar-se e de assimilar informações; dificuldade de lembrar o que foi lido, de memorizar informações para testes e de participar corretamente das aulas.

Meu motivo inconfesso para envolver meus filhos era ver se Whitney conseguia descobrir uma maneira de aproveitar suas habilidades visuais para acompanhar aulas expositivas – ou se precisaria adquirir novas habilidades, e quais. Também achava que trabalhar com universitários ajudaria William e Vanessa a preparar-se para esse mesmo nível de ensino e a descobrir que tipo de coisas eles precisariam aprender antes do tempo.

"Legal", disse Whitney. Ele já conhecia alguns desses jovens e se dera bem com eles – e vice-versa. Parecia haver uma compreensão mútua imediata entre eles, como se reconhecessem espíritos afins. Percebi que todos pareciam falar numa espécie de taquigrafia que eu nem sempre conseguia entender. Falavam em frases fragmentadas que, para eles, eram claríssimas. Compreendiam-se entre si, e Whitney também entendia suas conversas. Eu precisava de mais palavras para acompanhar o que eles diziam. Também se atraíam pelas semelhanças entre as coisas, e conversavam muito sobre suas experiências relacionadas à memória visual.

Vanessa gostava desses meus novos pacientes e também ficou entusiasmada com a idéia. William, que estava a fim de passar o verão treinando futebol com Todd, não estava interessado em ficar sentado numa sala de aula. Achei que era justo, e disse a ele que levasse adiante seus planos futebolísticos para o verão.

Tudo resolvido, procurei descobrir qual seria o curso mais verbal da Universidade de Ohio durante o verão, e optei por Filosofia 101, que seria dado pela dra. Diana Raffman. Achei que esse curso seria um verdadeiro desafio para as capacidades visuais e verbais dos alunos.

Parti da hipótese de que a falta de controle do pensamento associativo tinha levado aqueles estudantes ao fracasso escolar. Eu tinha observado que as pessoas visuais têm uma capacidade superior de pensar por associações. Na verdade, elas fazem associações tão rápidas que freqüentemente deixam as outras para trás. É uma grande habilidade, mas pode causar problemas se a pessoa não souber mantê-la sob controle.

Um exemplo disso aconteceu recentemente, em um grupo sob minha responsabilidade que chamei de "Parceiros da Comunicação". Nesse grupo, os pacientes trabalham com não-pacientes, como pais, professores, amigos e observadores. Whitney era um dos parceiros, ao lado de outros jovens.

"Digam-me qual foi a coisa mais terrível que já lhes aconteceu", pedi.

Brett, o irmão mais velho de uma das minhas pacientes que estava ali para conhecer melhor o problema da irmã, disse: "Dei um tiro na televisão por acidente."

"A porta do nosso carro abria sozinha quando estávamos em movimento, até que compramos outro carro", disse Whitney.

"Vou me casar com um médico", disse Sheila, sorrindo.

"Como?", perguntou Whitney. "Por que isso é terrível?"

"Ele é muito bonito, e estou usando um belo vestido branco todo enfeitado de pérolas..."

Brett interrompeu-a. "O que é que você está dizendo, Sheila?"

Ela olhou para ele como se estivesse acordando de um sonho. "O que foi?", perguntou. A interrupção a deixara magoada. "O casamento. Estou entrando na igreja para encontrar meu marido."

Rastreando seu encadeamento de idéias, descobrimos que Sheila tinha ouvido Brett contar sua história sobre o tiro na televisão, depois imaginou-se numa sala de primeiros socorros onde encontrou um belo médico, e agora estava se casando com ele – e nós éramos os convidados para esse filme que se passava em sua mente. Whitney sorriu, identificando-se com a história. "Faço isso o tempo todo!"

Sheila estava mergulhada no pensamento associativo. A maioria das pessoas tem um processamento visual e auditivo equilibrado e, portanto, pensa visualmente. Elas vão e vêm entre o pensamento associativo e o seqüencial, dependendo do que é mais apropriado para o problema que estejam resolvendo no momento. A mudança é subconsciente. Por acaso, tenho um processamento auditivo elevado (o que significa que penso por meios verbais) e um processamento visual muito baixo. Não costumo pensar por associações; ao contrário, penso por seqüências. Muitos dos meus pacientes dotados de alta capacidade visual pensam basicamente por associações, não por seqüências. São dois sistemas distintos e, quando uma pessoa usa um deles muito mais do que o outro, pode se sentir desligada do resto do mundo. Acredito que muitas formas de incompreensão e falta de comunicação surgem quando pessoas de estilos diferentes interagem sem se dar conta de que seu interlocutor está pensando – processando informações – de maneira completamente diferente.

Para descobrir como ajudar aqueles estudantes a controlar seu pensamento visual/associativo e desenvolver seu pensamento verbal/seqüencial, pensei em explicar a eles o que era seu "problema" ou sua "síndrome". Como eles estavam no nonagésimo nono percentil em um sistema e no percentil zero em outro, criei a expressão "Mentes inacessíveis" para descrever sua síndrome. Expliquei-lhes que eles tinham uma vantagem que os deixava em desvantagem. "A vantagem que seu cérebro visual lhes dá talvez explique o desenvolvimento insuficiente de seu cérebro verbal. O desempenho extremamente alto de seu cérebro visual pode estar sobrecarregando a via auditiva, impedindo que as informações sejam processadas, transformando-se assim num obstáculo ao desenvolvimento do cérebro verbal. Vocês não estão no centro do sino, mas sim próximos à borda do sino – vocês são aquilo que resolvi chamar de Mavericks ou Mentes Maverick. Podem ter uma deficiência, mas isso é porque vocês têm dons geniais em outra área."

Esse foi o início de uma abordagem mais formal, um nome que encontrei para o tipo de prática que vinha desenvolvendo: ajudar pessoas extremamente visuais, os Mavericks, a desenvolver seu atrasado sistema auditivo.

A experiência com esse grupo era verificar se eu conseguia ensinar os Mavericks a controlar seu pensamento associativo – e ver se isso melhorava seu desempenho escolar, o que, por sua vez, contribuiria para atenuar sua depressão. O objetivo era ensinar esses jovens a pensar verbalmente, fazendo-os freqüentar um curso extremamente verbal, que exigia habilidades densas e complexas de audição, fala, leitura e escrita. Será que eles conseguiriam abandonar seu pensamento por imagens e passar para o universo da verbalização, como pensadores verbais?

A maioria dos Mavericks visuais não conseguia imaginar-se desligando seu pensamento visual. Para eles, isso era totalmente impossível.

"Mas nunca vejo uma imagem na minha cabeça. Ouço uma voz", dizia eu. "Além disso, ninguém aqui está querendo eliminar o pensamento visual. O que pretendemos é utilizá-lo de modo que produza uma ativação do sistema verbal. Usaremos a via do pensamento visual para estimular o sistema verbal. Depois, quando a via verbal estiver funcionando com apoio visual, tentaremos 'desligar' os elementos visuais para que a verbalização possa trabalhar por si."

Eles pareciam céticos, mas resolveram tentar.

Na manhã da primeira segunda-feira do verão, enquanto dirigia para a Universidade de Ohio, uma das minhas vozes interiores me dizia: "Você enlouqueceu. O que acha que está fazendo? Você fez esses estudantes acreditarem que, acompanhando um curso de verão numa universidade, eles podem aprender a se tornar indivíduos verbais. E, ainda por cima, está convencida de que isso ajudará Whitney!"

Percebi que eu estava correndo um risco enorme. Estava trabalhando com um grupo muito inteligente de pacientes e pais. Aqueles jovens formavam um grupo de indivíduos complexos. Muitos de seus pais eram ricos, poderosos e influentes.

O enorme auditório tinha lugar para setecentas pessoas, mas só havia sessenta pessoas presentes. Magra e baixinha, a dra. Raffman falava sem parar diante daquele auditório. Formada em Yale, fazia piadas sobre os estudantes da Universidade Columbus. Volta e meia perdia o fio condutor de seus pensamentos e perguntava: "O que é eu estava dizendo, mesmo?"

Dava para sentir a apreensão dos meus pacientes. Eu só preenchia meus blocos de notas. Whitney tentava me imitar, e Vanessa fazia o mesmo. Os alunos Mavericks estavam sentados sem fazer nada. Era visível que estavam incomodados e perdidos.

Terminada a aula, apresentei-me à dra. Raffman. Como estavam matriculados, os alunos precisavam cumprir créditos e ser avaliados ao término do curso, mas eu, Vanessa e Whitney estávamos ali como ouvintes.

Expliquei rapidamente o que eu estava fazendo, e marcamos uma reunião para o dia seguinte, quando então apresentaria mais detalhadamente o meu projeto.

Os alunos, meus filhos e eu fomos almoçar e conversar sobre a aula. Assim que sentamos, eu disse: "Somente eu, Vanessa e Whitney tomamos notas. Por que vocês não fizeram o mesmo?"

"Não conseguimos."

"Por que não?" Os cadernos deles estavam totalmente em branco.

Ginger disse que não sabia como podíamos ouvir, entender o que a professora dizia e escrever ao mesmo tempo. "Quando ainda estava tentando entender o que ela dizia, vocês já tinham enchido um monte de páginas."

Whitney disse a eles que, se começassem a escrever, entenderiam melhor.

"Whitney tem razão", afirmei.

Jed discordou. "Não conseguimos fazer isso. Por que a senhora não nos deixa copiar as anotações de um de vocês?" Seus olhos eram grandes e expressivos, e ele tinha um temperamento artístico. Não era nada fácil desapontá-lo e isso provavelmente tinha facilitado seu acesso a uma faculdade, mas agora ele estava em situação muito difícil. Estava afastado da família por causa de brigas terríveis, e sentia que o meu tratamento era sua última esperança.

"Nada disso", respondi com firmeza. "Não vamos deixar nada para depois; vamos aprender as coisas no momento em que são ensinadas. É disso que vocês precisam para aprender." Eles continuaram a discutir. Finalmente, eu disse: "Só tirei A na faculdade, e vocês só tiraram E. Vamos fazer a coisa do meu modo e ver o que acontece."

No dia seguinte, durante o almoço, expus à dra. Raffman minha teoria sobre os indivíduos com alta capacidade visual e baixa capacidade verbal, e contei que a desenvolvera a partir de minha suposição de que Whitney era um exemplo extremo desse problema. Expliquei que desconfiava serem os sintomas autísticos de Whitney na verdade um problema com seu sistema de processamento auditivo. Ela tinha estudado lingüística e autismo do ponto de vista filosófico e demonstrou interesse por essa teoria, de modo que acolheu com agrado nossa participação em seu curso.

Perguntei-lhe qual era a bibliografia do curso.

"Nenhuma. Não organizo minhas aulas, que vão sendo criadas a partir de discussões com os alunos e de suas necessidades, até que eles assimilem os conceitos. É assim que se forma um filósofo. Eles precisam aprender o sistema de pensamento da análise lógica e do raciocínio verbal. Orgulho-me do fato de ser meu curso o mais difícil de todos os que tratam do pensamento na Universidade de Ohio!"

À medida que ela foi explicando sua abordagem de ensino, a ansiedade começou a me revolver o estômago. Eu sabia que esse curso seria um desafio para qualquer um – para os Mavericks, então, seria quase impossível tentar encontrar ordem num mar de palavras. *Em que é que nos havíamos metido?*

A dra. Raffinan transferiu as aulas para uma sala menor, pois ela detestava aquela falta de intimidade de tão poucas pessoas em um imenso auditório. Anos antes, eu mesma havia ensinado naquela nova sala. Foi uma bênção para todos nós, por nos sentirmos mais confortáveis num espaço mais íntimo e acolhedor.

Eu disse aos Mavericks que deveriam imitar meu modo de fazer anotações – eles sentavam perto de mim e de Vanessa para poder ver como tomávamos nossas notas, e as comparávamos depois que a aula terminava. Desenvolvi um método de tomar notas baseado no trabalho de B. F. Skinner, que ensinava os alunos a fazer perguntas enquanto ouviam. Ao final de uma aula de duas horas e meia, eles haviam transformado as afirmações da professora em interrogações. Ao tomarem notas desse jeito, os alunos mudavam de ouvintes passivos a ouvintes ativos.

Assim, se a professora dizia que íamos tratar de três temas centrais durante a aula, eles podiam anotar em seus cadernos:

3 TEMAS

1. artes   *vs.* pornografia
2. a mente   cérebro e alma
3. quando o aborto é   moral?

Então, dobrando a folha de papel ao meio, eles podiam testar a si próprios, preenchendo as partes que faltavam. Essa técnica de tornar a audição e a anotação bastante interativas não apenas ajudava os alunos a assimilar a matéria logo na primeira vez, como também os mantinha atentos, como se fosse uma "lente de *zoom*" para a memória e para a criação de arquivos de palavras.

Organizei a experiência de modo que trabalhássemos a audição na primeira semana, a audição e a fala na segunda, a audição, a fala e a escrita na terceira, a audição, a fala, a escrita e por último a leitura na quarta.

A primeira semana passou enquanto trabalhávamos a audição e a técnica de fazer anotações. Na segunda semana, a dra. Raffman fez uma pergunta a Jed.

Conheci Jed depois de ter trabalhado com sua irmã. Ele tinha sido reprovado no primeiro ano em uma universidade da Geórgia. Tinha um temperamento artístico e sempre ouvira que devia "se esforçar mais". Suas notas foram boas até o último ano do ensino médio, quando começou a rebelar-se: por brincadeira, roubou o rádio do carro de um amigo, e o pai deste deu queixa na polícia. Ficou tão irritado com os pais que mudou para a casa de um amigo da família e não compareceu à própria festa de formatura.

Durante a aula a dra. Raffman pediu a Jed que lhe explicasse o significado de "ambigüidade". Ele então disse: "É a diferença entre a mente e a alma." Não era essa a resposta. Ela perguntou novamente, e Jed deu exatamente a mesma resposta. Ela voltou a perguntar, e ele novamente respondeu como da primeira vez. Whitney então deu a resposta correta, dizendo que ambigüidade é a característica de uma palavra que significa duas ou mais coisas. A dra. Raffman disse: "Muito bem, Whitney, é isso mesmo."

Uma garota sentada atrás de mim disse: "Esse menino está respondendo, e desse jeito vai ficar mal para a gente." Sorri ao ver Whitney, refletindo junto com seus colegas numa sala de faculdade.

No intervalo, Jed parecia aborrecido. "Por que a dra. Raffman agiu mal comigo?", perguntou.

"De que você está falando?"

"Fiquei respondendo e ela continuou fazendo a mesma pergunta, como se não tivesse me escutado."

Os outros Mavericks concordaram que ela se mostrara maldosa ao repetir a mesma pergunta várias vezes. Expliquei que a insistência se devia ao fato de a resposta dele não ter nada a ver com a pergunta. De alguma forma, Jed tinha feito uma associação que o levara a pensar sobre a mente e a alma. Ele achava que estava respondendo à pergunta, e não gostou que a mesma pergunta fosse repetida tantas vezes.

Ele ficou surpreso. Disse que sempre se sentia mal quando achava que um professor estava insultando os alunos. Agora, começava a entender que talvez não fosse maldade, mas uma falha de comunicação. Eu estava diante de um exemplo do que era, em minha opinião, uma das causas principais do problema deles. Os Mavericks não apreendem bem o que ouvem e, convencidos de estar respondendo corretamente, não entendem por que as pessoas reagem de um modo que lhes parece simplesmente injusto.

Em alguns momentos do curso, levei os pais conosco para a sala de aula, para que vissem o que estávamos fazendo. Os Mavericks se reuniam diariamente com uma professora assistente durante algumas horas, e uma vez por semana com a dra. Raffman. Escreviam trabalhos de filosofia semanalmente e, antes de entregá-los, os submetiam à apreciação crítica da assistente; depois, reescreviam os trabalhos e os entregavam para ser avaliados. Escreviam suas perguntas antes dos testes semanais e as revisavam durante os encontros com a assistente e a professora, antes dos testes oficiais.

Ao mesmo tempo, fazíamos terapia para criar uma arquitetura verbal no cérebro deles. A terapia era diária, e cada sessão durava quatro horas. Tinham também grupos de estudos e encontros com a professora. Whitney e Vanessa ajudavam na terapia. À noite, quando tudo terminava, eu refletia sobre o que poderia lhes estar faltando e criava exercícios que pudessem reforçar as áreas problemáticas. Os problemas de cada um eram diferentes e pediam abordagens distintas. Foi uma experiência exaustiva e muito mais complicada do que eu havia imaginado. Como resultado de todo o treino, eles se tornaram capazes de "desligar" seu cérebro visual para as aulas e usar exclusivamente a via verbal para estudar e aprender. Suas notas foram as mais altas da classe, e aquele curso mudou suas vidas. A dra. Raffman, que no começo lhes pareceu maldosa e desorganizada, passou a ser a melhor professora que já haviam tido. Eles agora dispunham das ferramentas para ter êxito na vida escolar. Todos aprenderam a pensar e a utilizar o raciocínio verbal – inclusive Whitney e Vanessa.

Enquanto fazíamos esse curso, William ficava jogando futebol com Todd e praticando luta romana em acampamentos de verão. Começou a dar sinais de desagrado com a presença contínua dos Mavericks e de todo o tempo que gastávamos com eles. "Precisamos ter as nossas vidas de volta!", reclamava sempre. "Isso já passou dos limites. Eles estão devorando tudo o que temos na geladeira e bagunçando nossa casa inteira. Odeio os Mavericks. *Nós* somos os seus filhos, não eles." "Eles estão nos ensinando a aperfeiçoar o cérebro de Whitney", expliquei. "Por favor, tenham paciência. Ele ainda tem muito progresso a fazer antes do ensino médio."

Embora o curso tenha mostrado que Whitney tinha a capacidade de raciocínio necessária para uma faculdade, ele ainda carecia de muitas das habilidades lingüísticas necessárias para comunicar seus pensamentos adequadamente. Como pensador visual, ele havia conseguido participar e aprender em um curso difícil da Universidade do Estado de Ohio, mas sua fala e sua escrita ainda estavam muito aquém do desejável.

Quando terminou o curso de filosofia, em julho, começamos a trabalhar a escrita e a fala de Whitney; era o momento de prepará-lo para a Academia Clintonville. Lá, não haveria aulas de educação especial, mas ele também não poderia mais contar com uma rede de segurança.

Em momentos como esse, em que estávamos prestes a transpor mais um obstáculo, eu às vezes entrava em pânico e me deixava consumir pela dúvida, imaginando se não estaria querendo coisas demais e cedo demais para Whitney. Ele queria ficar fora da educação especial, mas eu sabia que isso se devia, em grande parte, ao fato de ele ter interiorizado minha recusa constante a permitir que ele fosse tratado como uma pessoa diferente. Naquele verão, ele passara de aluno com necessidades especiais a Maverick.

Eu esperava que não houvesse nenhuma aterrissagem forçada.

15.
A Terra do Nunca

Tínhamos outro grande projeto naquele verão, antes de Whitney começar o sétimo ano em Clintonville. Com Whitney em Clintonville e Vanessa e William em Watterson, decidi que seria melhor nos mudarmos para mais perto das duas escolas, de modo que facilitasse o trajeto de carro até elas e permitisse que as crianças morassem perto de seus colegas. Vanessa começou a procurar, na internet, anúncios de casas à venda na região. William procurava nos jornais, fazendo uma sonda nos classificados. Whitney, porém, declarou que não queria participar da decisão. "Arrumem a casa e eu simplesmente me mudarei com vocês."

"Por que está dizendo isso, Whitney?", perguntei.

"Porque eu não tenho sentimentos, mamãe. Não me importo com nada."

"O que você quer dizer com isso?", perguntei, imaginando o que poderia levá-lo a dizer tal coisa.

"Não sinto as coisas como as outras pessoas, não sinto tristeza, alegria ou raiva. Simplesmente não sinto", insistiu.

"Como Spock, de *Jornada nas estrelas*?", perguntei.

"Assim mesmo", disse ele muito seriamente.

Resolvi desafiá-lo. "Isso não é verdade. Você não ficaria triste se eu morresse?"

"Não", respondeu ele com naturalidade. "Eu simplesmente teria de me adaptar à situação e outra pessoa viria cuidar de mim."

Ele estava sendo tão sincero em suas afirmações que tive certeza de que ele não pretendia me magoar. Mas isso não impediu que eu me sentisse arrasada. Amo meus filhos mais do que a própria vida – e ali estava o meu caçula me dizendo que a minha existência lhe era totalmente indiferente. Uma parte de mim sentia algo assim: *Quer dizer que, depois de me sacrificar tanto por você, você não sente a menor gratidão e não tenho importância alguma em sua vida?*

Mas a cientista dentro de mim estava perplexa e curiosa, pois eu já havia visto que Whitney sentia uma ampla gama de emoções. Ele ficava irritado e frustrado, e às vezes era extremamente solidário e sensível diante do que acontecia com outras pessoas. Ao ouvi-lo dizer que não sentia nada, tive certeza de que alguma coisa estava errada. Será que ele não conseguia registrar seus sentimentos? Será que os sentia em determinado momento e, logo em seguida, já não se lembrava deles? Como essas coisas se passavam com ele?

Eu havia lido que a famosa médica autista Temple Grandin disse certa vez que, para os outros, suas reações a tudo que a cercava levavam a crer que ela não tinha sentimentos, pois sua reação emocional a qualquer acontecimento raramente se igualava à dos demais – a reação dela não era "típica". Eu já observara a ocorrência de fenômenos semelhantes em muitos dos meus pacientes. Às vezes, eles reagiam intensamente a situações ou comentários que passariam despercebidos à maioria das pessoas. E havia momentos em que, como Whitney, ficavam totalmente indiferentes às emoções dos outros. Era comum, por exemplo, comentarem que não entendiam por que o público ficava apavorado ou gritava em certos trechos de um filme.

Um desses pacientes disse: "Fui ver *Titanic*, e minha amiga chorava em momentos que para mim não tinham nada de triste, e quando eu achava alguma coisa triste ela não estava nem aí."

Os outros Mavericks tinham vivido histórias semelhantes de reações a filmes que nada tinham a ver com as de seus amigos e familiares. Admiti a hipótese de que os Mavericks tendiam a basear suas reações emocionais em estímulos visuais, enquanto as pessoas verbais reagiam a palavras. Os sistemas visual e auditivo são sistemas sensórios. As pessoas que estão operando acima do nonagésimo nono percentil em uma das vias do pensamento sensório podem sentir as coisas muito mais intensamente do que outras, mas reagem a coisas que os outros consideram banais.

Talvez a falta de sentimentos dos Mavericks – e de Whitney – fosse, na verdade, um problema com a regulação dos sentimentos: em diferentes circunstâncias, suas reações eram ou exageradas ou quase inexistentes. A percepção de uma disparidade óbvia entre seus próprios sentimentos e os dos outros levou Whitney a pensar que não tinha sentimentos. Não é verdade que ele não tinha sentimentos – ele simplesmente tinha os sentimentos "errados" na hora errada. Enquanto eu pensava no que fazer, resolvi ficar bem atenta às situações emocionais que envolvessem Whitney.

Enquanto isso, depois de uma longa busca (de que também participaram todos os familiares e principalmente meu pai, o engenheiro da família), encontramos uma casa muito bonita e bem situada: ficava perto de um área de preservação ambiental e de um centro comercial deliciosamente antigo. Todos adoramos a casa, inclusive Whitney. Só havia um problema. Como ela precisava de uma boa reforma, só poderíamos fazer a mudança no final de setembro. Isso não era nada interessante, pois eu realmente queria nos ver instalados naquela casa antes do início do ano letivo.

Pouco antes de Whitney começar na Academia Clintonville, levei-o comigo numa viagem de trabalho ao estado de Vermont. Eu ia ver Patrick, um jovem que estava em pé de guerra com a escola e tinha alguns problemas sociais por causa de seu fraco processamento auditivo.

Diante de um pequeno grupo, que incluía alguns membros do corpo docente, Patrick e o pai dele, Whitney falou sobre sua experiência e sobre como havia superado tantas deficiências. O corpo docente estava interessado, mas quem realmente se identificou com a história de Whitney foi Patrick, e também seu pai. Uma vez mais, havia um misterioso sentimento de identificação e ligação que se manifestava entre Whitney e outros pensadores visuais.

O pai de Patrick era cardiologista, e eu estava começando a perceber que muitos médicos eram pensadores visuais. O cérebro visual é um excelente sistema de pensamento que não precisa de palavras. Sob muitos aspectos, a via do pensamento visual é um mecanismo de pensamento muito superior ao verbal – mas somente para o pensamento. Continuamos precisando ser capazes de comunicar o que estamos pensando. Eu tinha outros alunos de medicina sob meus cuidados profissionais – alunos que sempre tiveram bons resultados na escola, e só começaram a ter problemas quando chegaram a um ponto de seus estudos em que precisavam comunicar-se com seus pacientes ou citar material de leitura, em vez de apenas trabalhar com as mãos ou resolver tarefas do curso em casa, quando tinham tempo de planejar cuidadosamente o componente verbal.

Adaptamos nossos esquemas para poder continuar trabalhando com Patrick, e Whitney mostrou-se extremamente útil para criar uma terapia a distância, usando *e-mail*, nosso centro de teleconferências e bate-papos na internet. Seus professores concordaram que Patrick podia ir ao centro tutorial duas vezes por semana e fazer terapia com os Mavericks, comigo e com Whitney em Ohio.

A caminho de casa, vindo de Vermont, resolvi parar em Nova York como um presente para Whitney. Eu queria ampliar essa ocasião especial em que estávamos juntos, e achei que ele adoraria conhecer tudo que Nova York tem a oferecer. Sentados a uma mesinha do famoso hotel Algonquim, nossa atenção se voltou para uma cantora de cabaré que interpretava "Never-Never Land" ("Em busca da Terra do Nunca"). Whitney reconheceu a canção de um vídeo que tínhamos, em que Mary Martin fazia o papel de Peter Pan, e agradeci aos céus por ser aquele o primeiro número da noite. Senti-me como se, naquele dia, eu estivesse na Terra do Nunca ao lado de Whitney. O simples fato de ele ouvir bem a canção já era maravilhoso, mas aqueles últimos dias que havíamos passado juntos me haviam mostrado uma nova faceta de Whitney – um garoto que estava se tornando um homem, apesar de todas as dificuldades que tinha de enfrentar.

Eu e Whitney nunca tínhamos viajado sozinhos, e eu estava surpresa ao constatar o quanto estávamos nos divertindo. Até então, as viagens com ele sempre haviam sido episódios familiares agitados e confusos – e geralmente acabávamos tendo de correr atrás dele ou ficávamos muito preocupados com a possibilidade de perdê-lo de vista. Eu sabia que ele já tinha passado por conta própria da fase em que desaparecia de repente, mas não podia imaginar se ele ficaria melancólico ou tagarela, distante ou interessado em fazer coisas. Quando chegamos a Nova York, descobrimos que a companhia aérea tinha perdido nossa bagagem. Deram-nos dinheiro para comprar roupas, e decidimos gastá-lo todo com Whitney. Fomos a uma loja Gap e as vendedoras se divertiram com ele, vestindo-o da cabeça aos pés. Whitney lhes falou sobre nossos planos de ir à Ellis Island*, ao Algonquim, a *shows* da Broadway, ao topo do Marriot Marquis** e a outros lugares da cidade que ele queria conhecer. Era maravilhoso ouvir Whitney falar com tanto entusiasmo sobre tantas coisas. Lá estava ele, indiferente à perda da bagagem (algo que é sempre muito desagradável), relacionando-se alegremente com estranhos e fazendo planos para o divertido fim de semana que tinha pela frente. Foi um imenso prazer ver como ele estava sociável, como demonstrava interesse por conversas adultas. Talvez já fosse hora de parar de pensar nele como o menininho com o qual sempre nos preocupávamos.

Em Ellis Island, Whitney foi um poço de informações graças a seu grande conhecimento de história. Caminhávamos lentamente pelas salas do museu enquanto ele examinava cada mínimo detalhe das obras e peças em exposição. Ele não queria perder nada, não deixava de ler uma única linha. Dava-me explicações sobre tudo e refletia o tempo todo sobre as novas informações que ia adquirindo. Estava aproveitando ao máximo cada minuto.

....

* Ilha que foi integrada ao Monumento Nacional da Estátua da Liberdade, e em cujo edifício principal há um museu. (N. do T.)
** Hotel que tem um restaurante giratório no 48.º andar. (N. do T.)

Nunca me impressionei tanto com sua gigantesca sede de conhecimento. Era uma criança que não conseguia se lembrar direito de seus sete primeiros anos de vida, mas que agora se determinava a aprender o maior número de coisas possível. Era como se estivesse tentando recuperar o tempo perdido.

Para uma pessoa hiperativa como eu, Whitney era o companheiro de viagem perfeito. Fizemos passeios de ônibus pela cidade para que ele conhecesse todos os principais pontos turísticos. Almoçamos no hotel Plaza e depois fomos comprar presentes para Vanessa e William na FAO Schwarz*. Ficamos muito tempo no porto, depois fizemos uma caminhada por Wall Street. Descobrimos o *Sam's Café* na rua 45, perto da maior parte dos espetáculos em cartaz na cidade, onde sempre havia muita gente do *showbusiness* – atores, cantores e candidatos ao estrelato que subiam ao palco para apresentar-se espontaneamente. Era muito divertido ouvir, ali, esses artistas cantando as músicas que por tantos anos tínhamos escutado no meu carro, tentando convencer Whitney a cantar conosco.

Whitney não queria perder absolutamente nada. Ele realmente adorou a cidade que nunca dorme, e nenhum de nós queria desperdiçar um só minuto. Poucos anos atrás, eu não conseguiria imaginar que ele pudesse ser um companheiro de viagem tão maravilhoso e animado. Por mim, aquela viagem jamais terminaria.

"America, America, God shed his Grace on thee..." Mais de cem crianças de cinco a catorze anos se esforçavam para alcançar as notas mais altas enquanto os professores regiam aquelas vozes em uníssono, e eu senti um nó na garganta. Ainda era bem cedo e eu estava na lanchonete da Academia Clintonville, ouvindo Whitney e seus colegas novos cantando na reunião matinal. Essa escola tinha por tradição começar o dia com uma reunião de todos os alunos na lanchonete. A diretora, sra. Lindsay, dava recados e anunciava os ani-

----
* A maior loja de brinquedos do mundo. (N. do T.)

versariantes do dia, e o encontro terminava com uma canção de bom-dia. Adorei entrar com Whitney na escola e ficar ali por algum tempo, até terminarem as cerimônias de abertura.

Clintonville foi um grande avanço. Continuava sendo mais uma escola na vida de Whitney – mas a grande mudança era que ele não estava mais numa sala de educação especial. Em Clintonville não havia educação especial, mas eu acreditava que suas pequenas dimensões proporcionariam a atenção de que meu filho necessitava. Eu conseguira finalmente o que desejava para ele, e agora passava noites em claro a imaginar se ele conseguiria ou não dar conta do que o esperava. Será que eu havia feito a coisa certa ao dar-lhe uma educação formal quase que exclusivamente regular? A Academia Clintonville se orgulha de ter alunos que, em média, ficam um ou dois anos acima de seu nível escolar. Era uma escola particular muito pequena. Whitney estaria numa classe de doze alunos cursando o sétimo ano. Eu imaginava que, com toda essa atenção, ele realmente teria condições de concentrar-se em sua escrita, aperfeiçoando-a a ponto de qualificar-se para a escola Watterson. Eu tinha esperança de podermos, com a diretora e toda a atenção individual que esse tipo de escola oferece, resolver totalmente os problemas de aprendizagem de Whitney antes de ele ir para o ensino médio.

Desde o início, Whitney teve problemas para fazer suas tarefas escolares. Em Grizelle, a escola inteira utilizava o mesmo sistema para atribuir tarefas, e eles tinham um serviço de acompanhamento pela internet. Apesar das dificuldades que Whitney teve ao mudar de turma, esse sistema pelo menos lhe oferecia um padrão constante que o ajudava a aprender melhor.

Em Clintonville, cada professor tinha seu próprio sistema de passar tarefas, e Whitney se viu perdido. Seu pensamento se dá em forma de imagens amplas, e não de detalhes seqüenciais, mas agora estava cercado por fichas e papéis de todo tipo. Estava tendo problemas por não fazer as lições de casa, ainda que o problema não fosse exatamente com ele.

"Whitney, passamos por esse tipo de coisa toda vez que começa um ano letivo. A sra. Lindsay me disse que posso trabalhar com a sra. Springer, que faz o acompanhamento individual dos alunos, para tentarmos descobrir uma maneira de ajudá-lo. Não se preocupe."

Whitney ficou quieto por um segundo, depois olhou para mim e disse: "Mamãe, já sou grande demais para você vir para a escola comigo e trabalhar com os meus professores. Por favor, deixe-me cuidar disso sozinho."

Eu ia contra-argumentar, mas a expressão de seu rosto me impediu. Sem dúvida, ele estava naquela idade em que a maioria das crianças começa a se sentir constrangida pela presença dos pais. Um aluno do sétimo ano não gosta de ser visto com os pais no cinema ou em público, e muito menos na escola, ajudando-o em seu trabalho escolar. Mas havia ali algo além de um simples constrangimento adolescente. Ele parecia determinado. Talvez o simples fato de querer lidar pessoalmente com o problema já fosse um primeiro passo na direção certa.

Propus um meio-termo. "Vou levar um lanche para você e para a sra. Springer todas as sextas-feiras e verificarei o seu trabalho. Se não houver problemas, deixarei de ir. Mas, se os problemas persistirem, continuarei indo até que eles se resolvam. Certo?"

Com relutância, ele aceitou.

Quando cheguei na primeira sexta-feira, Whitney e a sra. Springer estavam trabalhando juntos tranqüilamente, escrevendo um texto sobre *A revolução dos bichos*, um dos livros que constavam do programa do curso e que ele já havia lido.

Whitney sorriu e insistiu em dizer que meus serviços não eram mais necessários. A sra. Springer concordou, dizendo que os dois poderiam trabalhar sozinhos. Sorri por dentro, pensando no quanto aquilo seria maravilhoso.

Por outro lado, todo o meu envolvimento com a escola parecia ter chegado abruptamente ao fim. Era um ajuste que eu teria muita dificuldade de fazer. Eu tinha lutado exatamente por aquele estado de coisas, mas era difícil confiar e parar de vigiar o que vinha acontecendo com Whitney na escola. A caminho do estacionamento da escola naquele dia, vi em um relance que meu trabalho de mãe estava chegando ao fim. Percebi que muito em breve meus filhos iriam para a faculdade e eu ficaria sozinha. Dei-me conta de que minha vida, construída em torno dos filhos, teria de passar por uma grande mudança. Era um sentimento estranho e doloroso: Whitney chegara ao ponto em que eu não precisava mais ser uma presença constante em sua escola, o que era um evidente sinal de sucesso mas também me deixava com uma sensação de perda.

Estava ficando muito difícil ir de nossa nova casa em Worthington para meu consultório em Dublin, deixar as crianças na escola e pegá-las no fim do dia. O trânsito entre Worthington e Dublin era terrível, e não dava para prever em quanto tempo eu faria esse trajeto; podia variar de meia hora a duas horas, devido a reparos na estrada.

Além disso, eu queria estar mais perto das escolas deles para poder comparecer aos eventos e festas escolares sem precisar ausentar-me de meu trabalho por meio dia. Comecei, então, a pensar em transferir meu consultório para nossa nova casa. Havia na casa um porão que, até o momento, tinha um piso de cascalho. Meus consultórios sempre foram muito criativos – eu sempre dava um jeito de tornar o espaço visualmente interessante, próprio para o desenvolvimento de um trabalho mentalmente desafiador e, ao mesmo tempo, reconfortante, para que as pessoas se sentissem seguras e confortáveis, dispostas a correr riscos. Transformar aquele porão num consultório desse tipo seria um desafio. Eu não sabia até que ponto um consultório em casa poderia passar a meus pacientes uma atmosfera profissional. Mas o que eu realmente queria fazer era direcionar minha especialidade para os Mavericks. Se eu passasse a trabalhar exclusivamente com pacientes desse tipo, ter meu consultório em casa seria muito positivo do ponto de vista financeiro.

Eu estava ansiosa por ampliar meu trabalho com os Mavericks, pois assim poderia lapidar e aprimorar os avanços de Whitney. Meu interesse consistia, naquele momento, em ajudá-lo a transformar-se em um adulto seguro de si do ponto de vista emocional e psicológico. E estava convencida de que o trabalho com outros Mavericks me ajudaria a encontrar esse caminho.

Faltavam seis meses para terminar o contrato de locação do meu consultório em Dublin, e eu já havia procurado um novo consultório nas redondezas de Worthington, mas a idéia de trabalhar em casa vinha se tornando cada vez mais atraente. Certo dia, durante o jantar, quando mencionei a possibilidade às crianças, William protestou em altos brados: "Não, não e não! Não quero que sua clínica seja instalada no nosso porão – quero ter uma casa. Por favor, mamãe, não invente uma coisa dessas."

Embora minha idéia fosse mais interessante financeiramente, achei que poderia ganhar William para minha causa se apontasse uma vantagem para ele. "Terei mais tempo para ir às escolas de vocês e participar de eventos esportivos e outras atividades", destaquei.

"Não quero chegar da escola e ver pacientes andando pela casa", insistiu William.

Whitney e Vanessa não se importavam e, junto comigo, tentaram convencer William. "Afinal, estamos o tempo todo no consultório dela. Qual é a diferença?", perguntou Vanessa.

William correu para o andar de cima e, com um murro, abriu um buraco na parede sem argamassa ao lado do banheiro. "Será que não podemos ter privacidade?", gritou. "Nada de pacientes nesta casa!"

Meu castigo para esse tipo de comportamento é aquilo que meus filhos chamam de meu clássico "escreva-me um bilhete". Para mim, a melhor maneira de disciplinar meus filhos é fazê-los escrever sua versão de um fato antes de o colocarmos em discussão. Isso lhes dá uma chance de passar sua mensagem sem interrupções, e também os obriga a repensar seus atos e conscientizar-se, pelo menos um pouco, de sua responsabilidade pelas conseqüências do que fizeram ou disseram. E também me ajuda a ler seu ponto de vista sem entrar numa discussão sobre quem fez ou disse isso ou aquilo. Raramente castigo meus filhos com métodos tradicionais como, por exemplo, retirar-lhes algum privilégio. Em minha opinião, o objetivo do castigo consiste em reduzir a possibilidade de que o comportamento em questão se repita, e sei muito bem que meu método funciona.

A reação de William a esse incidente me fez ver que ele precisava de um limite que o separasse de meu trabalho. Eu achava que era interessante ter os Mavericks por perto. Eu tinha a impressão de que agora, com as crianças já quase entrando na idade adulta, esse poderia ser o próximo passo da minha carreira – uma maneira de retomar minha vida de pesquisadora e cientista e de estudar o cérebro dos Mavericks. Mas comecei a perceber que, para William, eles estavam sufocando nossas vidas.

Ele sabia que eu estava planejando outro curso de verão para universitários com problemas, e para alunos terceiranistas da escola de ensino médio que precisavam de um reforço para tentar uma faculdade. Para ele, isso significava um monte de Mavericks andando pela casa durante as férias de verão. Propus que eu atendesse os pacientes em um consultório no porão durante o dia, enquanto ele estivesse na escola, e depois do horário escolar eu os atendesse em Dublin pelos próximos seis meses. "Se não funcionar, alugarei outro consultório quando terminar o contrato atual", prometi.

William finalmente concordou. Decidi que só atenderia pacientes da idade de Whitney ou mais velhos, com raras exceções. Crianças muito novas teriam de ser Mavericks visuais de grande genialidade para que eu as atendesse, e os pais teriam de acompanhá-las durante o processo terapêutico.

No fim das contas, descobrimos que o consultório no porão era uma enorme vantagem. Fizemos as coisas de um jeito que aquele espaço nem parecia pertencer à casa e, como realmente facilitava muito minha locomoção, eu ficava mais tempo em casa e me tornei muito mais acessível a meus filhos do que antes. William chegou até a gostar muito da mudança.

Eu não conseguia parar de pensar em como as emoções de Whitney estavam ligadas a seus problemas de linguagem e comunicação. Quando eu me lembrava de situações passadas, percebia que ele só havia começado a revelar suas emoções depois de ter adquirido competência lingüística. E só recentemente ele começara a demonstrar uma série de emoções.

Refleti sobre isso em relação a outros pacientes que tinham problemas sensoriais mais graves. Eu sempre soube que, quando havia uma melhora dos problemas auditivos, as pessoas se tornavam mais capazes de identificar suas emoções. Eu tinha pressuposto que isso acontecia porque elas aumentavam sua capacidade de identificar essas emoções e comunicar-se com os outros a respeito delas. Mas talvez houvesse mais coisas envolvidas nesse processo. Talvez estivéssemos criando uma integração sensorial com o trabalho de construção cerebral que vínhamos desenvolvendo. E naquele momento, quando os sistemas de processamento auditivo e visual de Whitney estavam se tornando mais integrados, ele podia ter mais acesso ao entendimento de suas próprias emoções.

A assistente de Todd, Melinda, era um exemplo interessante disso. Seu problema auditivo era extremamente grave; desde o nascimento, ela apresentava perda auditiva sensório-neural em ambos os ouvidos. Precisava usar dois aparelhos auditivos para ouvir o que quer que fosse, mas, como os odiava, passara a maior parte de sua vida sem ouvir praticamente nada. Quando Todd começou a trabalhar comigo, sugeriu que Melinda e eu fizéssemos uma permuta – ela cuidaria do treinamento físico de Vanessa em troca de algumas sessões comigo. E então começamos a trabalhar semanalmente seu processamento auditivo.

Melinda achava que seu problema auditivo era apenas uma questão de volume físico – ela simplesmente tinha problemas para ouvir. Nos testes audiométricos sem os aparelhos auditivos, ela não ouvia nada mesmo quando eu aumentava o audiômetro acima de noventa decibéis. Eu não achava que poderia ensiná-la a ouvir, mas talvez pudesse ensiná-la a processar melhor a linguagem, aí incluídas a audição, a leitura, a escrita e a fala.

Eu disse a ela que existem duas vias pelas quais as informações chegam ao cérebro: os olhos ou os ouvidos. Uma de suas maiores preocupações era sua incapacidade de se lembrar do que lia. (Ela me contou que certa vez, de tão frustrada com isso, pegou todos os seus livros e jogou-os num rio.)

Quando testei seu processamento auditivo, mesmo introduzindo correções devido a seu problema de audição, ela se mostrou muito abaixo do primeiro percentil em todos os testes dessa modalidade. De início, eu apresentava apenas uma ou duas frases, desligando o gravador em seguida. E então perguntava: "O que você acabou de ouvir?"

Ela não conseguia repetir nada. Eu então perguntava: "Mas você ouviu?"

"Sim, ouvi, mas não sei o que era."

"Eu era *totalmente* incapaz de repetir", diz hoje Melinda. "Mesmo quando pensava estar acompanhando a história, não conseguia repetir uma única palavra dela."

Essa é uma experiência comum aos pacientes com problemas de processamento auditivo, e é incrivelmente frustrante. Eles costumam pensar que os estou enganando, ou aplicando testes muito difíceis de propósito.

Mas, em nossas sessões, Melinda era disciplinada e trabalhava duro e por conta própria. Trabalhamos seu processamento auditivo por dois anos. Ela treinou seu cérebro para torná-lo capaz de ouvir. Depois da terapia, usando seus aparelhos de audição, ela conseguia falar bem melhor ao celular, anotava mensagens e participava de conversas, entendendo bem o que se dizia. Quando começamos, suas habilidades de pensamento visual revelavam níveis de gênio, enquanto seus escores auditivos ficavam muito abaixo do primeiro percentil. Um ano depois, submetida a novos testes, os escores auditivos estavam entre o septuagésimo quinto e o nonagésimo sexto percentis, significativamente acima da média do qüinquagésimo percentil.

Nos casos de Whitney e Melinda, acredito que havia problemas orgânicos com a conexão ouvido-cérebro, o que causava os problemas de processamento que, por sua vez, levavam aos problemas de comportamento e comunicação (em graus variáveis – graves sintomas de autismo no caso de Whitney e problemas de comunicação e desconexão emocional no de Melinda). Ao criarmos uma via verbal eficaz para o pensamento e o processamento de idéias verbais, começamos a aprender, como havia previsto o dr. Cantwell, que os problemas emocionais, comportamentais e de comunicação apresentavam melhoras.

Eu me surpreendia com a questão emocional no caso de Melinda. Quando iniciamos nossa terapia, ela era uma pessoa muito irritada. Como ela diz: "Eu só sentia duas emoções: ou estava irritada ou feliz, numa proporção de noventa a dez. Eu não sabia o que era a tristeza, era incapaz de identificar a frustração... Meu sentimento dominante era a irritação."

Depois de seis meses de terapia, ela começou a chorar durante uma sessão. Aproximou-se de mim e disse: "Não sei o que está acontecendo. Estou com medo. Estou triste..."

Como ela já conseguia ouvir melhor, começara também a ter uma compreensão mais apurada da natureza de seus sentimentos. Isso lembrava muito o modo como Whitney começou a relacionar-se com o mundo e a lidar melhor com suas emoções logo que suas habilidades verbais e de comunicação passaram por uma significativa melhora. É possível que, ao aperfeiçoarem-se as habilidades verbais de Melinda, elas tenham permitido que seus sentidos se integrassem e, desse modo, ela se tornasse capaz de regular e modular pensamentos e sentimentos concomitantemente. Ou talvez, por estar se saindo bem como comunicadora, tenha desenvolvido mecanismos de defesa mais eficazes e aprendido a lidar melhor com a tremenda oscilação emocional que os Mavericks experimentam. Talvez sua maior capacidade de expressar seus sentimentos aos outros tenha permitido que ela os incorporasse ao seu ser, passando assim a compreendê-los melhor. Todas essas idéias me pareciam plausíveis. Seja como for, eu percebia um paralelo evidente entre Melinda e Whitney no que se refere ao modo como ambos passaram, cada vez mais intensamente, a vivenciar e expressar seus sentimentos.

Whitney estava indo muito bem em Clintonville. Seus professores me diziam que ele conversava muito com os colegas de classe sobre seus tempos de aluno de educação especial. Emocionava-me saber que ele estava orgulhoso de seu progresso e ansioso por explicar o quanto havia se esforçado para melhorar, em vez de ocultar esses fatos ou sentir-se estigmatizado pelas dificuldades que havia superado. Ainda assim, eu tinha minhas preocupações. Era maravilhoso quando ele compartilhava sua história com pessoas que o conheciam e compreendiam, mas eu temia que sua franqueza pudesse torná-lo vulnerável perante pessoas incrédulas ou que não o conheciam nem haviam acompanhado seus progressos.

Eu vivia esperando alguma repercussão, mas seu entusiasmo e sua vontade de ajudar os outros pareciam ser-lhe muito úteis socialmente, além de lhe servirem de estímulo e objetivo.

Quando Marion Hutson me pediu para fazer, no outono, um seminário para os professores da escola Watterson a fim de expor o meu trabalho, eu não quis incluir Whitney por várias razões. Ao me lembrar das coisas que lhe haviam acontecido no sexto ano, eu tinha a impressão de que era melhor deixar a história dele de lado. Em vez disso, pedi aos Mavericks universitários e aos de ensino médio, e também a alguns de seus pais que tinham boa formação cultural, que me ajudassem no laboratório de modo que os professores pudessem circular por diferentes espaços e ter experiências práticas. Os Mavericks concordaram em participar desde que Whitney fosse o primeiro orador. Eles achavam que ninguém acreditaria que sua melhora não era uma simples questão de estarem se "esforçando mais" a menos que Whitney falasse primeiro e explicasse de que modo havia superado seus problemas. O sucesso de Whitney era para eles uma fonte de inspiração, alegaram. Como Whitney também estava disposto a participar, pedi à sra. Lindsay, a diretora, para abrir o curso com ele. Vinte dos meus pacientes ocupavam as duas primeiras fileiras de assentos, prontos para ajudar Whitney em suas observações iniciais. Com total objetividade, ele começou a contar sua história: "Fui diagnosticado como autista e tive um grave problema de audição. Só comecei a falar quando estava no primeiro ano, e agora freqüento a Academia Clintonville."

A sra. Lindsay explicou que Whitney era agora um pensador de alto nível, com idéias interessantes e complexas, mas que suas habilidades verbais não eram tão desenvolvidas para os testes quanto precisariam ser. Prosseguindo, descreveu o modo como havíamos elaborado um plano para fazer seu dia escolar servir de apoio a seu pensamento visual ao mesmo tempo em que tentávamos aperfeiçoar suas habilidades lingüísticas. Os professores pareciam incapazes de acreditar na história de Whitney. A sra. Lindsay extraiu das anotações de Whitney algumas citações sobre a gravidade de seus problemas escolares e de que modo, ao longo de toda essa dificuldade, ele havia demonstrado possuir habilidades visuais muito desenvolvidas. Fez uma veemente defesa de como aprender sobre a história de Whitney poderia ajudar estudantes problemáticos da escola Watterson.

Depois foi a vez de Ginger, e fiquei a seu lado enquanto ela expunha seu caso. Eu sabia que ela estava nervosa, mas observei com orgulho como falava com fluência, explicando que, embora fosse líder de torcida, tivesse vencido concursos de poesia e seus dias e noites fossem cheios de atividades acadêmicas e extracurriculares, não havia aprendido nada no ensino médio. Percebeu isso quando entrou para a Universidade do Estado de Ohio – enfrentar as exigências dos cursos sem a reconfortante proximidade de seu lar havia acabado com ela. A quantidade de leituras e aulas aumentara drasticamente, e ela começou a ficar para trás. Sua antiga estratégia de pedir que os professores a deixassem cumprir créditos adicionais e concentrar-se por mais tempo no estudo dos mesmos assuntos já não funcionava. Estava com medo de ser reprovada quando ficou sabendo de minha terapia por outro estudante, também paciente meu.

Naquele momento, houve uma agitação na platéia, e Ginger e eu percebemos que todos os Mavericks sentados na primeira fileira se voltaram para olhar para trás. Quando voltaram a olhar para a frente, pareciam muito chateados.

Depois que Ginger terminou, a dra. Raffman levantou-se e falou sobre o curso de filosofia que todos tinham feito. Era evidente que ela estava tentando manter o público sob controle enquanto discorria sobre o desempenho dos Mavericks em seu curso. Eu estava louca para saber o que tinha sido aquela agitação na platéia, mas tive de atuar como mestre-de-cerimônias até a hora do intervalo.

Assim que interrompemos os trabalhos, uma das crianças do ensino médio correu até mim e disse que precisávamos ir conversar na biblioteca. Enquanto nos dirigíamos para lá ela me contou que, bem no meio da palestra de Ginger, um dos professores havia dito: "Que baboseira! Este seminário não passa de um monte de mentiras."

Fiquei chocada. Quando entrei na biblioteca, encontrei os Mavericks ali sentados, parecendo todos muito deprimidos. Queriam voltar para casa. Ninguém queria continuar. "Por que vamos contar nossas histórias se as pessoas vão nos chamar de mentirosos?"

Eu não sabia o que fazer. Entendia como eles estavam se sentindo, mas não queria que fossem para casa. Tinha plena consciência de que, se eles fossem embora naquele momento, sentiriam que nosso seminário tinha sido um fracasso, e eu temia pelo impacto que isso poderia ter em seu tratamento.

Eu sabia que devia ficar, mas queria o apoio deles. "Podem ir se quiserem, mas me deixariam aqui sozinha", falei.

Whitney e a sra. Lindsay tinham compromissos em Clintonville, mas Whitney insistiu em ficar. "Se alguém pensa que o que eu disse ou o que outros disseram não passa de bobagem, então vou ficar e quero que digam isso na minha frente", declarou. Olhei para ele, com o rosto vermelho de emoção, e percebi o quanto ele estava enganado ao dizer que não tinha sentimentos – pelo menos raiva ele sentia.

Achava que o melhor para Whitney era ir embora. Não queria vê-lo exposto a mais críticas, nem que dissesse alguma coisa que pusesse a tarde toda a perder. Mas, como estava pedindo aos outros que ficassem, vi que devia deixá-lo ficar também. Quando retomamos o seminário, pedi aos professores que escrevessem três coisas de que tivessem gostado em nossa apresentação. Com exceção de um professor, que não escreveu nada, todos tinham achado o seminário muito estimulante. Em termos gerais, porém, não haviam entendido bem o que significava ser um Maverick visual. Só dois ou três daqueles professores tinham pensamento visual, e disseram que eles próprios não eram muito inteligentes. É fácil ver os alunos verbais como pessoas inteligentes, mas a idéia de um gênio que pensa por imagens é um conceito difícil de apreender.

Embora o resto do dia tenha transcorrido sem problemas e a maioria dos professores tenha gostado do seminário, eu podia jurar que os Mavericks ainda estavam sob o impacto da afirmação feita por aquele professor. Talvez o conceito de "mente Maverick" fosse demasiado complexo ou incomum para que as pessoas o compreendessem. Enquanto eu desenvolvia uma arquitetura única para cada um daqueles complexos Mavericks, sem que ninguém percebesse eu elaborava uma série de normas aplicáveis a todos eles. Àquela altura, porém, percebi que havia chegado o momento de ajustar essas normas às especificações individuais. O que funcionava bem para alguns não funcionava para outros. Por exemplo, eu não podia dizer simplesmente: "Todos os alunos com problemas de compreensão oral e de processamento auditivo devem sentar na primeira fileira", porque, para muitos dos Mavericks, isso só contribuía para agravar seus problemas. Eles se viam como se estivessem no centro de um palco, com todas as pessoas olhando para eles; às vezes, a segunda fileira funcionava melhor. Para alguns alunos, gravar as aulas era proveitoso; outros preferiam pedir emprestadas as anotações de um colega. Cada um tinha suas preferências, e tudo exigia um período de tentativa e erro até que pudéssemos determinar qual abordagem aumentava a eficiência no aprendizado. Eu tinha de experimentar métodos diferentes para cada cliente até descobrir qual era o mais eficaz, mas de qualquer modo precisava modificar o ambiente para estimular a capacidade de aprender de cada pessoa, até que ela conseguisse trabalhar sem as adaptações ou utilizar uma estratégia que fosse útil a todo e qualquer aluno. Os professores, porém, queriam técnicas específicas de procedimento, uma fórmula simples que lhes mostrasse como poderiam ajudar um aluno com problemas. Embora cobríssemos uma vasta gama de estratégias possíveis e déssemos a cada professor um manual sobre as adaptações necessárias, explicar o diagnóstico e o tratamento dos Mavericks era bem mais difícil do que eu havia imaginado.

Pouco depois desse seminário, resolvi levar Whitney e um amigo à *Shocktoberfest* – um lugar cheio de casas fantasmagóricas e mal-assombradas onde bandas de *rock* tocavam para angariar fundos para obras de caridade.

Convidei também o dr. John Stang para ir conosco. Ele me havia sido apresentado por um dos meus pacientes – um estudante de medicina que não estava conseguindo acompanhar o curso mas acabou se formando depois de fazer terapia comigo. Ele estava interessado no meu trabalho e tínhamos nos encontrado algumas vezes para conversar sobre os estudantes de medicina que eu havia tratado, e acabamos nos tornando amigos.

Eu queria que aquele dia fosse alegre e descontraído, sem conversas sobre trabalho, mas logo me vi falando sobre o que tinha acontecido no seminário.

O dr. Stang insistiu comigo para que eu começasse a escrever sobre Whitney e os Mavericks, de modo que outros profissionais também pudessem se beneficiar do meu trabalho. Eu disse a ele que era muito difícil explicar tudo isso, e que eu não sabia ao certo como fazê-lo. Ele sugeriu que eu começasse a fazer seminários com ele na faculdade de medicina.

"Você pode ensinar o que sabe a respeito dos Mavericks aos alunos de medicina e, a partir dessas discussões, aprender a expor seu tema de maneira mais compreensível. Os estudantes estão aprendendo a fazer diagnósticos, e você pode começar a desenvolver uma base para a sua pesquisa. Além disso, é possível que Whitney não seja autista", disse ele. "Talvez você esteja identificando uma doença nova – uma nova síndrome. Você saberia identificar exatamente o que lhe permitiu ter o sucesso que teve com Whitney?"

Depois de catorze anos, aquela era a primeira vez que alguém me fazia perguntas rigorosamente científicas sobre como procedi à reforma do cérebro de Whitney. Senti-me novamente esperançosa. O dr. Stang era muito respeitado em escala nacional. Muitos médicos consideram-no o médico dos médicos e um diagnosticador por excelência.

Depois da *Shocktoberfest*, decidimos levar as crianças para comer um lanche.

Enquanto esperávamos nosso pedido, o dr. Stang disse: "Onde será que está essa comida?"

"Acho que foram ordenhar uma vaca para fazer os *milk-shakes*", respondi.

Whitney olhou para mim com uma expressão incomum. "Acho que não. Eles devem comprar o leite no supermercado."

O dr. Stang olhou para mim e sorriu. "Ele fala inglês como uma segunda língua, não?"

Era verdade; havia nuances da linguagem que Whitney ainda não dominava. Em seu caso, a linguagem visual viera primeiro; só depois aprendera a linguagem verbal. Ele nem sempre percebia ironias, piadas, expressões idiomáticas — essas sutilezas da linguagem que são difíceis de apreender quando não se está falando a língua materna.

O apoio do dr. Stang incentivou-me a tentar definir mais formalmente a síndrome Maverick. Seguindo as diretrizes estabelecidas pela Associação Americana de Fala, Linguagem e Audição e pela Lei sobre Americanos Portadores de Deficiências[*], comecei a desenvolver um protocolo para avaliar cada parte das vias de processamento visual e verbal. Fiz um gráfico do desenvolvimento natural da doença de Whitney e criei uma bateria de testes que poderiam diagnosticar especificamente um Maverick; com isso, criei um ponto de partida para um processo terapêutico.

Eu sabia que o trabalho continuaria sendo visto como algo polêmico. Meus testes eram muito diferentes dos usados para as de-

---

[*] *Americans with Disabilities Act.* (N. do T.)

ficiências de aprendizagem. Embora todos os testes que eu aplicava fossem amplamente usados e extremamente respeitados, eu estava utilizando partes de testes diferentes para criar uma bateria mais adaptada para diagnosticar e explicar a organicidade dos sintomas apresentados pelos Mavericks. Portanto, a bateria em si – e, em decorrência disso, sua interpretação e o plano de tratamento – era coisa desconhecida, mas, como eu trabalhei esses procedimentos na faculdade de medicina, ficou muito mais fácil explicá-los.

Quanto mais eu refletia sobre o assunto, mais me convencia de que o comentário de Whitney a propósito de não ter sentimentos decorria do fato de ele sentir certas coisas de modo diferente dos demais. Como suas reações não se encaixavam na norma, parecia-lhe – e às vezes também aos outros – que ele não sentia nada. Achei que seria bom que ele entendesse como era incomum ter superado tantas dificuldades, como ele havia feito.

Para a feira escolar de ciências naquela primavera, insisti com Whitney para que ele apresentasse um projeto sobre autismo. Vanessa, William e eu criamos um teste para avaliar o processamento visual e auditivo em um *laptop*, e ensinamos Whitney a aplicá-lo. Ele levou meu *laptop* para sua aula de ciências e aplicou o teste em todos os seus colegas. Em casa, fizemos gráficos sobre o trabalho dele e criamos uma apresentação em cartazes de papelão.

Quando chegou o dia da avaliação dos projetos, Whitney fez uma palestra sobre autismo. Seu principal juiz foi a filha de sua professora de ciências que também lecionava essa disciplina em outra escola. Depois que as crianças terminaram suas apresentações e nós aguardávamos os resultados, a professora de ciências de Whitney pediu para falar em particular comigo.

"Minha filha está chorando no banheiro", disse ela.

"O que há de errado?", perguntei.

"Nada, é que ela está emocionada com o projeto de Whitney!" Pareceu-me que seus olhos também estavam úmidos. "É realmente extraordinário – seu filho autista está nos ensinando sobre sua própria deficiência!"

Olhei para Whitney, que sorria, feliz da vida. Foi o vencedor, conquistando o prêmio para sua classe, e ainda receberia outros prêmios oficiais. Naquele momento, estava apenas comemorando uma boa apresentação. Quanta emoção havia em seu rosto! Lembrei-me da apresentação em Watterson, quando ele fizera sua exposição de um jeito tão mecânico. Desta vez, porém, seu projeto tinha alma e coração. Ele estava em contato com seus sentimentos e orgulhoso de sua realização. Sentia necessidade de dividir isso com os outros. Eu então disse a Whitney que ele tinha sentimentos. "Você tem sentimentos profundos. Só que que eles podem ser despertados por circunstâncias diferentes das de algumas pessoas que o cercam."

16.
Futebol americano e garotas

Nos dois anos em que Whitney freqüentou a Academia Clintonville ele empenhou-se ao máximo para que suas habilidades de leitura e escrita estivessem à altura dos níveis esperados no curso secundário. Agora que eu já não trabalhava com ele na escola, a maioria dos nossos esforços concentrava-se em ajudá-lo a entrar em contato com seus sentimentos – e, especialmente, aprender as complexas nuances do traquejo social. Para ser aceito numa escola de ensino médio, ele precisava ser aceito pelos seus colegas. E alunos do ensino médio podem ser terríveis com alguém que lhes pareça ligeiramente diferente.

O encanto de Whitney estava em sua franqueza, sua paixão pelas coisas que amava, sua honestidade. Infelizmente, por si só essas qualidades não costumavam ser do agrado geral. Eu e Vanessa, em particular, vivíamos alertando Whitney para que ele não dissesse certas coisas às pessoas – mesmo que fossem verdadeiras. Mas era difícil ensinar-lhe esse tipo de nuance das relações sociais.

Todd e Melinda apreciavam muito a franqueza de Whitney. Como pessoa extremamente visual e com problemas de audição desde que nascera, Melinda realmente se identificava com Whitney. "Passei minha vida observando de fora as pessoas, sentindo-me como se fosse um alienígena. Não entendia por que algumas coisas as levavam a chorar. Tudo isso era estranho para mim", disse ela. Ao ver Whitney interagir com os outros, ela freqüentemente ria, reconhecendo-se nele. Uma de suas histórias favoritas aconteceu numa tarde em que ela levava as crianças para casa, de carro, e ouviu por acaso uma discussão entre Whitney, Vanessa e uma amiga de Vanessa que tinha uma queda por um dos maiores jogadores de futebol da escola. A amiga de Vanessa estava louca pelo jogador e falava em sair com ele.

"Por que ele sairia com você? Você está muito gorda", disse Whitney.

Horrorizada, Vanessa cutucou Whitney. Ele percebeu que tinha falado algo de errado e ficou quieto.

Quando deixaram a amiga em casa, Vanessa virou-se para Whitney e deu-lhe uma dura. "Você não pode dizer essas coisas para as pessoas! Não vê que a magoou?"

Whitney não entendeu. "Mas ele não vai querer sair com ela."

"Whitney, as pessoas devem aprender a fazer amizades pelas qualidades que tornam alguém único. Você não pode julgar um livro pela capa", disse ela.

A última coisa que Whitney queria no mundo era magoar alguém. Mas ele não entendia o que levava uma pessoa a se sentir magoada. Nosso próximo passo seria trabalhar esse tipo de inteligência emocional. Todd tinha um jeito muito legal de explicar as coisas que mostravam a capacidade que Whitney tinha de perceber a verdade. "Você não pode ter medo da verdade, porque você está certo", disse-lhe Todd. "Mas só algumas pessoas sabem lidar com certas coisas, e então você precisa saber com quem está falando."

O tempo que Whitney passou com Todd foi extremamente útil no desenvolvimento de suas habilidades sociais. Eu não podia ter imaginado que o futebol, em particular, desempenharia um papel tão importante para lhe ensinar o traquejo social, mas essa atividade mostrou-se uma fonte incrivelmente valiosa de lições de socialização durante a adolescência de Whitney.

Todd conheceu Whitney quando ele tinha nove ou dez anos, e disse que era difícil pensar nele como o garoto sobre o qual falávamos — aquele que prendeu o braço na porta do carro, que não interagia com as pessoas e que por tantos anos fora incapaz de falar.

Agora, na escola de ensino fundamental, ele falava mais do que William. Todd também achava difícil imaginar Whitney como um garoto rebelde, pois em comparação conosco ele era o que mais seguia instruções. "Nunca preciso insistir com Whitney para seguir minhas determinações – ele faz todos os exercícios e come de maneira muito saudável", dizia Todd. "Já você, a Vanessa e o William..."
Durante muitas de minhas sessões de exercícios com Todd, discutíamos minhas teorias e terapias para a mente visual e verbal. Como Todd agora treinava alguns de meus pacientes, estava interessado em conhecer o que eu tentava curar em meu trabalho. Quanto mais ele entendia a diferença entre pensadores visuais e verbais, mais conseguia identificar, em sua clientela, as pessoas que pareciam ser extremamente visuais. Por exemplo, ele achava que Whitney o lembrava de muitos dos executivos com os quais trabalhava. "Eles são diretos e determinados. Encontram uma solução e não ficam enredados em emoções que surgem quando se tenta resolver um problema, nem perdem tempo com os sentimentos alheios."
Todd deu-me um exemplo. "Outro dia, estávamos no estúdio e eu tinha acabado meu trabalho com Whitney. Parei para cumprimentar uma mulher que estava na bicicleta ergométrica. Whitney disse: 'Você está indo devagar demais! Desse jeito, não vai emagrecer nunca! Você mal move os pés!'."
Empalideci ao ouvir essa história, mas acabei dando boas risadas. "Essa é a versão dele de 'bater um papo'", respondi.
"É verdade. E a mulher estava mesmo indo muito devagar. Só que eu teria dito alguma coisa do tipo 'Quantas RPM você está fazendo? Vamos tentar chegar a oitenta!'. Mas a franqueza de Whitney me lembra os executivos que treino."
Pensei em como essas coisas afetavam os Mavericks adultos com os quais estava trabalhando. Muitos deles eram tidos como pessoas rudes, frias e insensíveis. Eu tinha concluído que as coisas eram assim porque, como pensadores visuais, eles se impacientavam com pessoas cujo processo de pensamento lhes parecia lento ou sinuoso demais. Whitney não era impaciente com as pessoas, porque tivera de lidar com suas próprias frustrações em seu processo de

aprendizado da linguagem. Mas ia direto ao ponto de um jeito que, aos olhos dos outros, podia parecer fora de contexto ou mesmo indelicado. Talvez o mesmo acontecesse com os Mavericks. Talvez eles tomassem a dianteira das coisas e achassem que todos poderiam segui-los.

Alguns pesquisadores afirmam que, se usarmos uma proporção para compreender a relação entre pensamento verbal e pensamento visual, podemos dizer que o pensador visual pensa a 2000 e o verbal pensa a 6. Essa estimativa serve para ilustrar que o pensamento visual pode ocorrer muito mais rapidamente do que o pensamento verbal. Eu disse a Todd: "Olhe para essa academia, para todas as fotos e equipamentos. Se eu fosse descrever tudo isso por escrito, demoraria muitíssimo. Aquela velha máxima que diz que uma imagem vale por mil palavras é a mais pura verdade."

Em outra ocasião, Todd me disse que teve uma revelação sobre o pensamento visual de Whitney e de sua diferença em relação ao pensamento verbal. Ele e Whitney estavam jogando futebol, e Todd tentava fazer Whitney seguir alguns procedimentos para pegar a bola. Explicava como ele deveria fazer e em seguida lhe jogava a bola.

"Ele não fazia nada do que eu dizia. Era como se fizesse de propósito exatamente o contrário do que eu ensinava. A questão é que sei que ele não é um garoto que gosta de se fazer de difícil. Como ele sempre segue as instruções à risca, eu não conseguia atinar com o que estava acontecendo. Então me lembrei de que ele é uma pessoa visual, e resolvi mostrar-lhe o que eu estava querendo dizer. Fiz eu mesmo os procedimentos e disse: 'Agora é a sua vez.' E ele fez exatamente o que eu estava pedindo."

Todd estava entusiasmado por ter descoberto isso. Começou a aplicar o conceito de pensadores visuais *versus* pensadores verbais ao treinar seus clientes. Nem todo mundo está nos extremos, mas muitas pessoas têm uma preferência sutil. Depois de algumas sessões, ele começou a conseguir avaliar se alguém era mais visual ou mais verbal. Se uma pessoa era visual, ele demonstrava o que queria dela; no caso de alguém verbal, explicava os procedimentos. Eu, por exemplo, me saía melhor com as explicações verbais. Não me ajudava em nada "ver" alguma coisa, como acontecia com Whitney.

Todd achava que podia usar o futebol para ajudar Whitney a aprender a se socializar e a apreciar o fato de fazer parte do esforço de uma equipe. Ex-militar da Aeronáutica, Todd acreditava piamente que, quando se trabalha em equipe, aprende-se muito sobre liderança e união para a realização de alguma coisa. Além disso, ele acreditava que o desenvolvimento emocional de Whitney só teria a ganhar com a experiência. "Ele precisa aprender a associar suas emoções ao jogo", explicava Todd. "A lógica é crucial para o futebol e isso é algo que ele tem. Mas para ter condições de jogar ele precisa envolver-se de fato e sentir as emoções."

Todd resolveu preparar Whitney para jogar com os Falcons na liga intermunicipal durante o verão, entre o oitavo e o nono ano escolar. Ele percebeu que, quando a rotina mudava abruptamente, ou quando ele punha Whitney em uma nova situação, ele se fechava em copas e parecia paralisado. Por exemplo, quando Todd tentava reunir um grupo de garotos para jogar uma partida, Whitney, que era um excelente corredor quando estava sozinho, não apresentava o mesmo rendimento durante um jogo. "Preciso motivá-lo para que ele não se saia muito mal em campo. E isso é difícil de fazer", disse Todd.

Concluí que o problema era de concentração. Com tanta coisa a distraí-lo durante um jogo com outros garotos, ele perdia a concentração e sua força física minguava.

"Whitney tem muita graça física. Veja-o correr, por exemplo. Ele é fantástico", disse Todd. "Ele tem um talento físico natural nada desprezível."

Seria aquele o mesmo garoto que havia passado dez anos fazendo fisioterapia, terapia ocupacional e educação física adaptativa na escola de ensino fundamental por ser deficiente demais para participar daquelas atividades junto com os alunos regulares?

Para trabalhar a ligação mente/corpo em Whitney, em um sábado Todd levou-o a um campo de futebol. "Você precisa se ligar às suas emoções para poder jogar futebol", explicou Todd. "Precisa correr muito, precisa pôr energia em cada lance. Precisa animar-se, emocionar-se."

Whitney concordou, mas quando Todd começou o treino Whitney continuava a apresentar um baixo rendimento. Todd estava se sentindo frustrado. E então teve uma idéia. "Preste atenção", disse ele a Whitney.

Todd deu alguns passos, voltou-se para Whitney e disse bem alto: "Imagine uma cena assim. Faltam dezoito segundos para terminar a partida. Nossa equipe está agrupada para combinar o último lance..." Todd agachou-se. "A bola passa para a equipe adversária, que inicia seu ataque do ponto em que a bola parou. Vamos lá, Whitney!" Todd colocou-se em posição. "Whitney está a todo vapor. A multidão vibra! O estádio está cheio, estão todos olhando para você!" Todd simulou um lance decisivo, fazendo ao mesmo tempo o papel de atleta e da multidão. Esbaforido, passou a bola para Whitney e gritou que agora era a vez dele.

Se existe uma coisa que Whitney aprecia, é brincar de faz-de-conta.

Whitney correu para o campo e fez tudo igual ao que vira Todd fazer. "Assim fica bem mais fácil", disse ele.

A partir daí, sempre que víamos Whitney treinando percebíamos que ele narrava a cena em voz baixa, motivando-se com suas próprias cenas interiores do jogo.

Havia outra área que me deixava feliz por saber que Todd estava por perto – as garotas. Meus filhos estavam começando a reparar no sexo oposto. Eu era a última pessoa que eles procurariam para pedir conselhos, e Vanessa, que era praticamente da mesma idade deles, talvez não lhes parecesse a pessoa ideal para fazerem confidências sobre suas paixões.

Whitney não tinha o menor problema de aproximar-se de uma garota e conversar com ela ou pedir-lhe para fazer alguma coisa. Se ela dissesse não, ele simplesmente procurava outra. William, porém, era muito tímido. Nos bailinhos de escola, Whitney geralmente é

aquele que dança a noite inteira, pois convida todas as garotas para dançar.
"Acho que essa garota está a fim de mim", disse Whitney a Todd.
"E como é que você sabe?"
"Ela olha para mim, e eu ouvi ela falando com as amigas", respondeu Whitney com a maior naturalidade. E ele não estava se vangloriando. Estava só relatando um fato. Ele era perspicaz e não perdia esse tipo de pista – só não sabia usar com sutileza essa informação.
"Então, por que não a convida para um jogo de futebol?", sugeriu Todd.
No dia seguinte, Whitney chegou para se exercitar e conversou com Todd. "Sabe, cara, ela é burra. A gente estava na sala de aula, e a carteira dela fica do lado da minha. Então me virei e perguntei por que ela não parava de olhar para mim."
"Por que você disse isso?"
"Porque ela estava olhando para mim."
"Whitney, ela estava olhando para você porque gosta de você."
"Sei disso. E, já que é assim, por que ela simplesmente não me diz isso?"
"Não sei. Seria constrangedor para ela. É assim que as coisas funcionam..." De repente, Todd percebeu que não sabia explicar.
Whitney concluiu: "Essas mulheres gostam é de fazer jogo. Acho que é por isso que elas controlam o mundo. Elas controlam os homens com esses jogos. Estou cheio das mulheres. Meu negócio é jogar futebol."

No final do oitavo ano, Whitney estava de olho numa bela ruiva da sua classe. Agora que ele já havia percebido que a abordagem curta e grossa não funcionava, estava sem saber direito que tipo de coisa poderia substituí-la. Odiava que rissem dele, queria ser aceito. Mas, quando percebia que seu primeiro instinto estava "errado", não sabia o que fazer, e isso o deixava à deriva e frustrado durante algum tempo. Passou a semana inteira perguntando a meus pacientes mais velhos como deveria abordar aquela garota. Cada um lhe dava uma idéia diferente: pôr uma rosa na carteira dela, mandar-lhe um bilhete, convidá-la para ir ao cinema. Normalmente, Whitney não teria tido problema algum em fazer essas coisas, mas ele estava gostando mesmo daquela garota e, como pensava nela como uma namorada em potencial, os riscos de fazer a coisa errada lhe pareciam maiores. Para mim, isso parecia ser um desses sentimentos normais nos adolescentes quando eles estão a fim de abordar uma pessoa especial do sexo oposto.

E finalmente chegou o baile de fim de ano. Whitney estava muito empolgado com as possibilidades que esse baile oferecia. Vestiu-se e penteou-se com um cuidado todo especial, e não parava de pedir conselhos a Vanessa quanto ao que usar. Ela escolheu cuidadosamente as roupas e falou sem parar sobre como Whitney deveria se comportar. Ele estava decidido a falar com a ruiva naquela noite.

Vanessa e eu ficamos em casa, nervosas, esperando a hora de ir buscá-lo no baile e tentando imaginar como as coisas teriam corrido.

Quando fomos para a escola, Whitney estava sozinho na porta do clube.

"Aí tem coisa, mamãe", disse Vanessa.

Whitney entrou no carro e bateu a porta com toda a força. Estava branco feito lençol.

"E então?", perguntei, cheia de expectativa.

Vanessa me deu um olhar de "mas você ainda não percebeu?".

Whitney explodiu. "Ela me deu um tapa! Na frente de todos! Não sei qual é o problema dessa garota."

"Mas o que foi que você fez?", perguntou Vanessa.

"Nada! Chamei-a de vagaba... – vocês sabem como ela é fantástica!"

Eu não sabia o que significa "vagaba". Vanessa disse: "Não, Whitney, como você diz uma coisa dessas a uma garota? É horrível! Não é o mesmo que chamá-la de fantástica. O que você fez foi chamá-la de prostituta. Que horror!"

Whitney queria que a ruiva pensasse que ele sabia usar termos moderninhos. Tinha ouvido essa palavra na televisão, e achou que fosse um cumprimento. Ele não entendia a ironia. Saber que essa palavra era muito ruim o deixou arrasado. Fez todo o trajeto olhando pela janela do carro, consternado.

A adolescência já é um peso enorme sem esse problema de não saber decodificar o universo verbal dos adolescentes. Procurei saber como ele estava assimilando a informação de que tinha cometido uma gafe.

"Eu não disse aquilo. Não disse. Estou brincando", disse ele, tentando disfarçar.

Mas ele sabia que tinha dito, sim. Era doloroso vê-lo naquele estado, rejeitado daquele jeito depois de se esforçar tanto para que tudo corresse às mil maravilhas.

Antes de ir para a escola de ensino médio, Whitney passou o verão com os Falcons. Os treinadores eram rigorosos e muitos dos pais compareciam aos treinos, observando os filhos, chamando-os para fora do campo para lhes dar conselhos. Esse time tinha a fama de ser formado por jovens cujos pais eram ex-jogadores da National Football League, e nesse verão também foi assim. Todd achava que uma atmosfera competitiva seria um bom desafio e prepararia Whitney para participar do time da escola Watterson. Whitney ficava muito ligado ao ambiente e às pessoas que o cercavam, e Todd acreditava que a presença de outros jogadores iria torná-lo mais dinâmico em campo.

Concordei em fazer uma tentativa, mas estava preocupada com o que poderia acontecer. Será que eu devia contar ao treinador a história de Whitney ou, simplesmente, colocá-lo ali com os outros garotos? No primeiro dia de treino, ouvi um dos garotos dizer: "Ei, o que é que esse branquelo está fazendo aqui?" Esse era outro motivo para que Whitney fosse considerado diferente. Quase todos os jogadores eram negros. Whitney queria jogar, mas percebi que estava nervoso, achando que ia ser difícil adaptar-se ali. Quando voltei para pegá-lo, perguntei ao treinador como havia sido o treino.

"Ótimo", respondeu ele. "Até amanhã."

A caminho de casa, Whitney era só sorrisos. Tinha conseguido jogar. "Sou um jogador de futebol!", dizia com os olhos radiantes de alegria. Fiquei aliviada.

Essa euforia não durou muito. Três dias depois, o treinador me chamou para uma conversa particular. "Acho que Whitney não vai dar certo aqui", disse.

"Por que não?", perguntei, preparando minhas defesas.

"Ele é egoísta e quer tudo a seu próprio modo. Estou tentando formar um time que pense como uma só cabeça, e Whitney acha que sabe mais do que todos os outros jogadores." Eu sabia que Whitney poderia ter problemas naquela equipe, mas aquele problema específico não me havia passado pela cabeça. Parecia haver algo de errado ali. "O que ele tem feito?", perguntei.

"Ele corre e faz exatamente o contrário do que lhe peço. Quando o mando ir sentar-se para aprender a prestar atenção e seguir instruções, fica irritado. E, quando volto a colocá-lo em campo, ele se mostra ainda mais desafiador. Tudo tem de ser como ele quer", disse o treinador.

Tive um pressentimento sobre qual era o problema ali, mas era difícil colocá-lo em palavras. "Talvez seja o modo como o senhor fala", afirmei calmamente. "Whitney era surdo e, quando se vê diante de novas situações, ouve mal e embaralha as instruções."

O treinador parecia aturdido, como se estivesse reconsiderando sua opinião. E então disse: "Uso um aparelho de audição durante o dia, no meu trabalho, mas não aqui no campo. Acho que entendo o que a senhora diz."

No dia seguinte, o treinador certificou-se de que Whitney o estava ouvindo direito e olhasse para seu rosto enquanto ele dava as instruções, e percebi que ele não gritava outras instruções enquanto Whitney corria em outra direção. Funcionou muito bem. Na semana seguinte, os treinadores escolheram Whitney para capitão do time devido a sua capacidade de fazer parte de uma equipe e de ser um excelente esportista.

Certa tarde, William e meu pai estavam sentados no estádio, esperando o jogo começar. De repente, ouviram um som de latido que vinha das laterais. O som parecia familiar a William. Finalmente descobriram Whitney ali por perto – latindo e uivando.

William voltou-se lentamente para o avô. "Ele está latindo?"

Meu pai olhou curioso para o neto que latia e uivava. "Eu acho que sim."

William sacudiu a cabeça, confuso. *E agora mais essa?*, pensou.

Depois do jogo, William não deu moleza a Whitney. "Por que você estava latindo?", perguntou.

"Porque o treinador mandou", respondeu Whitney.

"O treinador te pediu para latir?", perguntou William, sem acreditar no que ouvia.

"Sim, ele disse que queria me ver latindo e uivando como um cachorro antes de cada jogo."

Depois descobrimos que o treinador tinha chamado Whitney de lado para dizer que queria vê-lo bem animado antes de cada jogo. Sem dúvida, tinha usado uma metáfora quando lhe disse para latir como um cachorro – mas Whitney tinha levado o conselho ao pé da letra.

No sétimo e oitavo anos, Whitney aprendeu muito sobre adaptar-se e enturmar-se. Talvez tenha sido a combinação de sua capacidade de falar abertamente tudo que lhe passava pela cabeça, com sua forte intuição de quando havia dito algo de estranho ou errado, que o ajudara a navegar melhor no mar das relações sociais e a adquirir algum traquejo. De qualquer modo, estávamos prontos para testar suas habilidades sociais no ensino médio.

17.
Saindo de casa

O Estádio Hagley estava cheio de torcedores que aguardavam, impacientes, o início do jogo Dublin Coffman contra Watterson. Meus pais e meu amigo John Stang vieram assistir ao jogo de William comigo, Vanessa e Whitney. O estádio fervilhava de entusiasmo e expectativa, e parecia refletir meu estado de espírito nos últimos dias. Whitney tinha concluído o nono ano e era agora um calouro no ensino médio – um objetivo pelo qual havíamos lutado durante catorze anos. Para mim, esse progresso acadêmico era uma grande vitória para nossa família.

Terminada a primeira semana de aulas, chegara a hora do futebol de sexta-feira à noite, o primeiro jogo da temporada; a equipe vinha treinando rigorosamente desde julho. William estava tenso. Estava no terceiro ano, e começava a atuar na linha defensiva da equipe da Watterson. Whitney estava na equipe dos calouros, e seu primeiro jogo seria no dia seguinte, também contra o Dublin Coffman. Assim, se a equipe principal perdesse na sexta-feira, Watterson tinha a possibilidade de uma espécie de revanche com a equipe júnior no dia seguinte. Dublin era duas vezes maior que Watterson e estava na primeira divisão; Watterson estava na terceira. Dublin tinha tudo que o dinheiro pode comprar, equipamentos esportivos e bons lugares para treinar; Watterson tinha um campo horrível e treinadores dedicados. O time de Watterson nunca chegara a ser o favorito, mas ainda assim conseguia muitas vezes classificar-se para as finais. Dublin quase sempre chegava lá. O estádio estava totalmente lotado de pais e torcedores orgulhosos e competitivos. Minutos depois do chute inicial, ouvi meu nome sendo chamado num alto-falante. "Dra. Florance, favor comparecer à extremidade norte do estádio."

Minha mente fez um rápido exame de onde estavam os meus filhos, algo que toda mãe faz quando há sinais de perigo. Vanessa estava comigo, e de onde eu estava dava para avistar William. Mas Whitney tinha pedido para ficar com seus novos colegas de classe, e combinamos de nos encontrar numa barraca de cachorro-quente depois que o jogo terminasse.

Deus do céu, suspirei. Eu e John atravessamos a arquibancada descoberta, manobrando entre outros pais e estudantes, para ver o que tinha acontecido. Ao chegar, encontramos Whitney soluçando incontrolavelmente. Estava balançando o corpo em posição fetal, sentado no chão de cimento escuro. Marion Hutson dizia a Whitney que ele estava suspenso por uma semana. "Você vai ter zero durante todos esses dias, e isso quer dizer que suas notas do primeiro trimestre estão seriamente ameaçadas", dizia ela com total naturalidade. Um dos diretores da escola estava a seu lado.

Eu podia sentir uma enorme preocupação no semblante de ambos. Ver uma criança comportar-se daquele jeito é perturbador, e aquele não era o Whitney que ela conhecia. Quanto mais ele chorava, mais ela tentava justificar o castigo com que o estava ameaçando. Ela falava delicadamente mas com firmeza, usando um raciocínio claro para explicar que eles não podiam admitir brigas nos jogos. Eu sabia que alongar as explicações não ajudava em nada. Era como se todo o autismo de Whitney estivesse voltando, diante dos meus olhos – quanto mais ela falava, mais ele mergulhava em seu próprio mundo.

Eu não conseguia imaginar o que podia ter acontecido. Ajoelhei-me ao lado de Whitney e, sem verbalizar minhas instruções, tentei fazê-lo levantar-se e ir sentar-se conosco, junto com sua família. Apesar de conhecer algumas excentricidades lingüísticas e comportamentais, John Stang jamais conhecera Whitney como autista, e achava difícil acreditar nas histórias que lhe contávamos. Abalado, procurava ajudar também, pegando Whitney pelo braço delicadamente e tentando fazê-lo levantar-se.

Durante uns quinze minutos, não consegui fazer Whitney prestar atenção em mim. Fazia muito tempo que eu não o via naquele estado, e eu estava mais assustada do que nunca. Será que a direção da Watterson iria deixá-lo freqüentar a escola depois disso? Eles tinham deixado claro que não podiam aceitar alunos com necessidades especiais porque não dispunham de equipamento ou instrução especializada para lidar com eles; o esforço acadêmico é duro demais para pessoas em circunstâncias especiais.

Finalmente, consegui fazer com que Whitney olhasse para mim. Só então pude convencê-lo a ir sentar-se comigo e com os avós para ver William jogar. Depois que o convencemos a nos acompanhar, ele foi aos poucos se acalmando até que voltou ao nosso mundo e a seu estado normal. Achei melhor concentrar-me no alívio que senti quando ele voltou ao normal do que na ansiedade e no medo de ter constatado que todos aqueles antigos comportamentos ainda podiam subir à superfície.

Demorei alguns dias para descobrir o que tinha acontecido. Ao que parece, Whitney tinha ido para o lado do estádio onde ficava a torcida da escola Dublin, à procura de alguns de seus amigos da época em que ele estudava lá. Alguns garotos começaram a chamá-lo de "retardado", e ele decidira enfrentar a situação a seu modo.

"Não estou mais na classe de educação especial. Agora vou para a Watterson." Eles riram dele, achando que estava mentindo.

Whitney não cedeu. "Não, não estou mais na educação especial. Estou indo muito bem."

Um dos garotos levantou-se e o desafiou: "Já que não é mais retardado, toque aquela garota no ombro e diga 'Olá!'."

A maioria dos adolescentes reconheceria nisso uma tramóia, mas para Whitney parecia um jeito fácil de provar sua capacidade. O que ele não sabia era que, antes de ele chegar ali, os garotos estavam provocando a garota e o namorado dela, um atleta, dizendo-lhes todo tipo de coisa cada vez que eles se beijavam. Quando Whitney se aproximou e tocou o ombro da garota, o namorado já estava prestes a explodir – e o resultado foi que Whitney levou um soco. Chocado, Whitney devolveu-lhe o soco.

A polícia agarrou os dois, os separou e levou Whitney para o lado do estádio onde ficava o pessoal da Watterson. Chamaram a sra. Hutson e lhe disseram para manter seus alunos em sua parte da arquibancada.

"Faz muitos anos que não há brigas durante um jogo da Watterson", disse o policial. Ele parecia estar dizendo à sra. Hutson que ela devia manter a situação sob controle e adotar uma posição severa. Para servir de exemplo para outros valentões, Whitney foi suspenso por uma semana.

Pensei em contestar a suspensão. Eu não queria que ele começasse com aquela mancha em seus registros escolares, e estava seriamente preocupada que o corpo docente poderia pensar que Whitney fosse um garoto de má índole. Sabia que as primeiras semanas em uma nova escola podiam determinar a reputação de um aluno, e que depois ficava muito difícil mudar essa primeira impressão. Eu havia escrito textos sobre a volta às aulas em noticiários da TV local, em jornais e também tinha feito seminários para a comunidade durante muitos anos, sempre mostrando como era importante entrar com o pé direito na escola nas primeiras semanas de aula, pois assim o resto do ano transcorreria sem maiores problemas. Sou autora de um "programa de volta às aulas" dedicado a ajudar as crianças a fazerem a transição do verão para o ano letivo. Além do mais, eu não queria começar os anos de escola de ensino médio de Whitney lutando por ele. Acalmei-me e resolvi que o melhor a fazer naquele momento era aceitar a punição.

Foi uma semana difícil. Whitney se enfiou na cama, e era uma luta fazê-lo se levantar para tomar as refeições. John Stang conversou muito com ele, explicando que ninguém estava com raiva dele, e que tudo correria bem na escola quando ele voltasse. William e Vanessa traziam as tarefas de Whitney todos os dias e davam-lhe aulas particulares em casa. Eles já tinham feito o mesmo curso, e assim podiam atuar como seus "professores" à noite. Eu sabia que seria difícil enfrentar a escola depois de uma semana suspenso. Reuni-me com a sra. Hutson antes da volta de Whitney e, depois de discutir o assunto com ela, mandei a cada professor uma carta em que fazia uma síntese da história de Whitney e explicava o que tinha acontecido durante o jogo. Pedi a cada um que fosse compreensivo com ele no seu retorno à sala de aula.

Ele estava nervoso quando voltou à escola, mas seus professores foram muito compreensivos. Whitney rapidamente os encantou com seu calor humano, sua animação e sua dedicação aos estudos. Nas primeiras semanas de seu retorno, ele chegava em casa todos os dias com histórias sobre seus professores, que eram excelentes e dos quais ele gostava muito. Outra grande alegria foi retomar o futebol; ele ficou feliz da vida por voltar a praticar esportes com o irmão.

Eu ainda me preocupava ao pensar em como Whitney lidaria com a carga de deveres acadêmicos. Watterson é uma escola difícil, academicamente agressiva, e os professores exigem muito dos alunos. Todos são muito bem preparados, e alunos, professores e famílias atribuem grande valor ao aprendizado e à excelência acadêmica. Seria Whitney capaz de enfrentar tudo isso? Era um salto enorme, considerando-se sua pequena classe com doze alunos. Porém, mesmo com os zeros atrapalhando sua vida, ele conseguiu notas muito boas em seu primeiro boletim. Mais importante ainda, estava aprendendo – e aprendendo por conta própria, sem minha ajuda nem a dos irmãos ou de professores particulares. Com o difícil começo que tinha tido e o ensino mais rigoroso com que estava deparando, era uma realização e tanto.

Quando analisei a situação, percebi que o episódio envolvendo Whitney fora causado por sua incompreensão de por que as pessoas estavam zombando dele – mais uma vez, era um problema de comunicação. Os Mavericks têm freqüentemente reações emocionais que parecem desproporcionais aos "50-50s" (os que se situam no meio do sino). Whitney tinha adquirido um senso muito forte de certo e errado. Não queria cometer erros, infringir regras ou aborrecer quem quer que fosse. Contudo, ainda não tinha uma percepção intuitiva da resposta correta que dele se esperava em qualquer ocasião. Ainda ficava confuso quanto ao que era certo dizer ou fazer, particularmente quando a resposta não se enquadrava em seu padrão de reconhecimento e pensamento associativo.

Embora Whitney nunca mais voltasse a ter uma recaída como a que teve durante aquele jogo, percebo claramente que ainda há momentos em que seu processamento da linguagem se assemelha muito ao de alguém que aprendeu inglês como segunda língua. Recentemente, acompanhei Whitney em uma viagem escolar à França e à Itália. Não demorei a perceber que os guias diziam coisas estranhas do ponto de vista lingüístico. Por exemplo, o guia francês dizia:"I explain you the Nôtre Dame.You see they have the plenty of gargoyles."* Esses erros não chamam tanta atenção em uma pessoa que sabemos não estar falando sua própria língua. Whitney também aprendeu a falar depois do primeiro período de desenvolvimento da linguagem, que vai até os cinco anos. Mas, quando ele fala incorretamente, isso não é visto com a mesma condescendência com que o seria se ele estivesse falando em francês e, por engano, vertesse as frases muito literalmente ou usasse um excesso de coloquialismos.

Na última noite dessa viagem com a escola dele, comprei presentes para todos e pedi a cada um que dissesse algo de bom sobre algum colega. Quando chegou a vez de ViVi dizer algo sobre Whitney, ela disse:"Fiquei surpresa com a sua inteligência. Eu realmente não conhecia você bem, só sabia que jogava no time de futebol. Então pensei que você fosse um desses tipos bizarros, mais um desses atletas meio burros. Fico feliz por tê-lo conhecido, por ter compartilhado minhas idéias com você.Você é realmente um cara legal."Whitney respondeu:"ViVi já tinha estado na Europa antes, e

....

* As frases, gramaticalmente erradas, podem ser assim traduzidas: "Eu explico vocês Nôtre Dame.Vocês vêem que elas têm as muitas gárgulas." (N. do T.)

então levou todas as garotas às compras. Elas realmente adoraram fazer compras com ViVi." ViVi sorriu. Em seguida, Whitney disse: "E ela também não as transformou em vagabundas." Fez realmente um bom trabalho, deixando todas à vontade." Todos sorriram. Mais tarde, Whitney repetiu orgulhosamente seu comentário para mim, dizendo: "Eu só queria que ViVi soubesse que fez um excelente trabalho." Ele não fazia a menor idéia de que o comentário sobre "vagabundas" era totalmente dispensável. Não vejo isso como uma recaída; acho que se deve mais ao fato de ele ter aprendido a verbalizar depois do período de aquisição natural da linguagem.

Quando ele estava balançando o corpo em posição fetal no jogo de futebol, o que houve ali não foi, como mais tarde comprovei, uma recaída, mas sim uma regressão a um comportamento anterior como forma de mecanismo de defesa temporário. Quando nos estressamos muito, enfrentamos a situação se podemos, defendemo-nos quando parece necessário e, se tudo o mais falhar, fragmentamo-nos. Depois de ser chamado de "retardado", ser maldosamente forçado a adotar um comportamento socialmente inadequado, depois de brigar, ser repreendido pela polícia e pelos diretores de sua escola, tudo isso durante o grande jogo de futebol de seu irmão e em sua primeira semana de aula, Whitney entrou em colapso. Se formos pontuar cada elemento estressante, como se faz em escalas de estresse, isso equivaleria a uma explosão. A reação de Whitney ao estresse foi entrar em regressão. O dr. Stang ficou horrorizado. "Eu nunca tinha visto Whitney daquele jeito. Não posso imaginar como seria, para Whitney, não ser Whitney", disse ele. Como Whitney voltou ao normal, percebi que aquilo era um sinal de um bom prognóstico. Na ocasião, não havia como saber se ele voltaria a ter aquele tipo de recaída, ou se teria problemas mais permanentes com o passar do tempo. Mas hoje, três anos depois, estou certa de que já deixamos aqueles dias para trás.

Percebi que a aquisição do subtexto e das sutilezas da linguagem humana seria mais importante para ele do que qualquer lição acadêmica que pudesse aprender na escola. A linguagem é mais do que a compreensão ou a produção de palavras. Significa compreender a linguagem corporal, os estímulos não-verbais e o uso pragmático da linguagem; significa saber intuitivamente como dizer a coisa certa na hora certa. Como interpretar a inflexão, como as palavras são enfatizadas, todas as pequenas nuances a que recorremos para indicar o sentido do que dizemos – tudo isso também é linguagem. Esse é o tipo de coisa que não falta na escola de ensino médio – principalmente para um jogador de futebol. Enquanto pensava nisso, percebi que uma lição que Whitney havia "aprendido" com o time de futebol talvez tenha aumentado sua confusão relativa a quando devia reagir ou não a uma situação agressiva. Sempre achei melhor que os garotos ignorassem as agressões, mas aprendi que, sobretudo quando eles estão jogando futebol, uma certa quantidade de agressão faz parte do jogo – dentro e fora do campo.

Naquele verão, um pouco antes do início das aulas, Whitney passou por um treinamento intensivo para entrar para o time, e nesse período o zagueiro o fez participar de um rito de passagem: tirou as calças de Whitney. Nesse ritual, um jogador mais antigo inicia o novato baixando suas calças no vestiário. Como pessoa de boa índole que sempre foi, Whitney levou a coisa na esportiva.

No dia seguinte, depois do treino, Whitney tirou as calças do zagueiro, que revidou com um murro. Whitney começou a esmurrá-lo também.

William não estava no vestiário quando isso aconteceu, mas ouviu o barulho, correu para lá e, quando entrou, viu o zagueiro dando murros em Whitney. Aparentemente, não era uma briga para valer, mas apenas uma lição para Whitney. William observou durante algum tempo e, quando Whitney começou a revidar, riu muito e disse: "Bem, Whit, agora sim você é um verdadeiro membro do time!" Passou o braço sobre seus ombros e saíram dali. O zagueiro também riu, e Whitney, percebendo a deixa, começou a rir ao perceber que a partir daquele momento era oficialmente um dos jogadores da equipe.

Quando ouvi essa história, não gostei. "Por que você não fez Spence parar imediatamente de bater em Whitney?", perguntei a William.

"Mamãe, isso é coisa de vestiário", explicou William. "Spence estava irritado. Se eu tivesse chegado antes para protegê-lo, Whitney nunca ficaria livre disso. Seria sempre assim: 'Será que seu irmão não vai aparecer para salvá-lo?' Eu disse a Whit: 'Você começou essa confusão, agora trate de ir até o fim.' Fiz a coisa certa, mamãe, pode ter certeza. Não se preocupe – Spence só estava dando uns murros para mostrar que é mais velho e experiente, e que Whitney é um novato."

Whitney ficou surpreso com a lição. Para ele, seu modo de agir tinha sido perfeitamente lógico. "Ele desceu minhas calças e eu desci as dele", disse Whitney, meio confuso.

"Você é um calouro, ele é um veterano. Não se faz isso! Não se permite que os calouros se sintam em pé de igualdade com os veteranos – são as regras", explicou William.

Depois que seu irmão lhe explicou o rito de passagem e a regra segundo a qual calouros não são iguais a veteranos, Whitney ficou orgulhoso por ser um dos jogadores. "É assim mesmo, mamãe. O problema é que você não entende nada de futebol", disse.

E assim William fez seu irmão aprender uma lição de hierarquia social. De maneira engraçada, acho que Whitney também ensinou alguma coisa a William. "Foi muito engraçado", confidenciou-me William alguns dias depois. "Eu jamais teria feito aquilo. Estou sempre preocupado com a posição social e com o que as pessoas pensam. Às vezes, tenho medo de passar minha vida fazendo coisas porque as pessoas querem que eu faça. Ele simplesmente foi em frente e fez o que lhe passou pela cabeça. Ele faz aquilo que acha que é certo e justo. Admiro isso."

A confusão de Whitney nessa situação me fez lembrar do garotinho que queria retirar as marionetes do jeito que outras pessoas retiram livros na biblioteca, ou comprar um trenzinho de luxo quando as outras crianças estavam enchendo seus carrinhos com outras coisas da loja – tudo lhe parecia igualmente lógico. Agora ele estava aprendendo por que um comportamento podia ser adequado em uma situação e inadequado em outra.

Quando examinamos as regras sociais pelas quais nos deixamos guiar intuitivamente, adquirimos um bom conhecimento da complexidade de nossa espécie. E, tenho de admitir, as regras sociais dos esportes são difíceis de entender até para mim. Os garotos fazem uma oração antes do jogo, para darem o melhor de si, mas o apelido de William era "Matador", e o de Whitney, claro, era "Matadorzinho". Eu achava muito estranho que os treinadores e professores chamassem os garotos por esses nomes. Quando chegava a hora de Will ir para o campo, o treinador Golden gritava: "Ok, Matador, vamos lá!" E William saía em disparada para "matar" o adversário. Spence podia dar uns murros em Whitney no vestiário, mas Whitney não podia revidar porque era um subalterno. Mas também não podia se defender no jogo quando alguém do seu próprio time o chamava de "retardado".

É extremamente difícil aprender as nuances da linguagem, aquilo que se chama de "supra-segmentais" – os acréscimos que se sobrepõem às palavras, entre os quais estão as inflexões, a prosódia, a linguagem do corpo – todos os fatores que conduzem à devida interpretação das nuances lingüísticas e do aprendizado do código lingüístico do modo como este se aplica a diferentes situações. A língua inglesa é muitas vezes ambígua. Por instinto, usamos a inferência e o raciocínio verbal muito rapidamente para entender a intenção de nosso interlocutor e responder da maneira apropriada.

O modo como um pensador visual compreende mal a linguagem é ilustrado por outra história da viagem à Europa com a escola de Whitney. Estávamos visitando Versalhes e nossa guia, Helena, disse: "Todos precisam esperar naquela fila imensa, hi hi hi – não não –, dei um jeito e vou levá-los até a porta dos fundos sigam-me e quando chegarem saiam para a fonte e nos encontraremos em grupo e então caminharemos até o fim dos jardins onde vocês poderão fazer um lanche, *un café au lait, du chocolat, un croissant, les glace*, visitar Madame Pipi e apreciar o panorama."

Fiquei preocupada, tentando imaginar como é que Whitney iria decodificar uma coisa dessas. Depois de dez dias de viagem, estávamos todos acostumados com esse modo muito estranho de

"Helena de Escócia", como Whitney a chamava, se comunicar conosco. Logo de cara, eu achei difícil entender suas piadas e seu sarcasmo. Além disso, ela tinha sotaque e dava muitas instruções ao mesmo tempo. Ela era realmente uma comunicadora difícil de entender.

Desnecessário dizer que, ao chegarmos à fonte, Whitney não estava lá. "Onde você acha que ele está?", perguntou ela. Respondi que provavelmente o encontraríamos na lanchonete, o último ponto de encontro que ela relacionara em suas instruções. Conhecendo o excelente sentido de direção de Whitney e sua capacidade visual de assimilar o cenário à sua frente, achei que ele provavelmente havia pulado para o último ponto de referência da lista de Helena, sem passar pelas etapas intermediárias. Saímos pelo jardim e demos de cara com Whitney, que voltava sozinho da lanchonete. Ao chegar lá e perceber que não havia ninguém do nosso grupo, e que ele devia ter pulado algumas etapas, pôs-se a fazer o caminho de volta. Whitney tinha ouvido todas as palavras – algumas em francês, algumas em inglês, outras inventadas. E, com tanta coisa para decodificar, tratou de se apegar ao que lhe parecia mais importante naquele mar de palavras e seguiu em frente.

Ao usar uma linguagem de imagens, o pensador visual está sempre à procura de um padrão consistente e de algoritmos – a análise lógica que generaliza a partir de cada situação. É assim que Whitney funciona no âmago de sua inteligência.

Com Whitney adaptando-se acadêmica e socialmente em Watterson, já era tempo de dar atenção a um novo projeto que mudaria nossas vidas: Vanessa estava decidindo para qual faculdade iria. No verão anterior, ela tinha assistido a umas aulas na Southern Methodist University, em Dallas, e se deu bem fora de casa. Vanessa adorou essa universidade e voltou para casa muito excitada com a perspectiva de fazer um curso superior. Seu entusiasmo foi terrível para mim. Eu sabia que ela estava pronta para viver sua própria vida, e certamente já se tornara independente. Eu também sabia que sentiríamos terrivelmente a sua falta. Ela fora sempre minha confidente e meu braço direito, a melhor amiga de William, grande amiga e terapeuta especial de Whitney. O que faríamos sem ela?

Certa manhã, ela afirmou ter sonhado que estava fazendo faculdade em Nova York. Pela primeira vez, fiquei excitada com a idéia de Vanessa ir para uma faculdade. Era fácil ir a Nova York, que me parecia ser uma cidade muito interessante para estudar.

Começamos a planejar viagens em família para Nova York, para avaliarmos as faculdades. Fomos assistir ao *Rock Horror Picture Show*, na Broadway, visitamos o Museu de Cera Madame Tussaud e passamos algum tempo na ONU. Depois de muita deliberação e muitas visitas a faculdades de Nova York e arredores, Vanessa resolveu candidatar-se, na Universidade de Manhattan, a uma vaga numa faculdade de artes plásticas muito bem-conceituada em Riverdale, uma bela região ao norte da cidade, mas ainda com linhas de metrô.

Demos-lhe a maior força e não víamos a hora de saber se ela havia sido aceita para o curso. E no início de janeiro chegou uma carta convidando-a a tornar-se uma aluna do Manhattan College.

William, Vanessa e eu não cabíamos em nós de alegria.

Whitney continuou sentado onde estava, calado.

"Não está feliz por mim, Whit?", perguntou Vanessa.

"É uma cidade muito grande, Nessa", respondeu ele. "Acho que você devia ir para Michigan."

"Mas eu adoro Nova York – e você pode ir me visitar", disse ela, aludindo ao que sabíamos ser a verdadeira preocupação dele.

"Que seja. Espero que tudo dê certo", resmungou ele, desaparecendo para ir jogar seus *videogames*.

Todos nós sabíamos como ele se sentia. Whitney não queria que a irmã saísse de casa. Já estava sentindo falta dela.

Eu sabia que precisaria dar mais atenção a Whitney para ajudá-lo a enfrentar as grandes mudanças que vinham pela frente, com a irmã e o irmão começando a sair de casa. No verão antes de Vanessa ir para a faculdade, William fez cursos de psicologia e redação em

Georgetown, Washington. Whitney e eu pegamos um avião e fomos buscar William para o feriado de 4 de julho. Enquanto Will fazia os exames finais, Whitney e eu passamos a maior parte do tempo juntos, explorando a cidade. Aprendemos a usar o metrô, vimos algumas comédias, fomos ouvir *blues*, passeamos pelo Instituto Smithsonian e fomos conhecer os museus, fomos ao Kennedy Center e nos deliciamos com alguns concertos gratuitos, sempre às seis da tarde.

Àquela altura de minha vida, eu estava me sentindo exatamente como Whitney se sentia em relação à partida de Vanessa; não conseguia suportar o fato de eles estarem se tornando adultos. Lembro-me de ter envolvido Whitney num grande abraço, dizendo-lhe que jamais o deixaria partir. Hoje, meus braços mal se fecham quando abraço o homem enorme que ele se tornou.

As coisas iam muito bem na escola de ensino médio, e já era tempo de começar a pensar no próximo passo: a faculdade. Nessa época, eu já havia tratado de mais ou menos cinqüenta estudantes de medicina que tinham sido reprovados em seus cursos e nos exames nacionais de sua especialidade. Em resultado, tinha aprendido a identificar os problemas que levavam a esse fracasso acadêmico e as maneiras de ajudá-los a melhorar, para que pudessem retomar os cursos com boas possibilidades de êxito. Eu queria ensinar a Whitney o que vinha ensinando aos estudantes de medicina, para que sair de casa não fosse tão difícil para ele. Quando ainda estavam na escola de ensino médio, tanto William quanto Vanessa tinham freqüentado alguns cursos em faculdades longe de casa, e isso havia tornado a transição muito mais fácil para ambos.

Decidi que seria melhor fazer alguma coisa não acadêmica numa faculdade de outra cidade. Naquele mesmo verão, em nossa reunião familiar, resolvemos que Whitney iria tentar um dos acampamentos de futebol na Universidade do Estado de Ohio e na de Michigan, permanecendo uma semana em cada um. Será que ele conseguiria viver em um dormitório por duas semanas, em duas universidades diferentes, sem o irmão ou a irmã para ajudá-lo?

A ida para Ohio foi a primeira tentativa arriscada. Dissemos a Whitney: "Se você não gostar do lugar, telefone, que iremos buscá-lo." A Universidade de Ohio fica a apenas quinze minutos de casa, e por isso nos sentíamos bem à vontade com esse plano. Achei que seria bem mais fácil trazê-lo para casa do *campus* da Universidade de Ohio do que de Ann Arbor, Michigan.

Já vínhamos criando as bases para esse acampamento há muitos anos. William tinha participado de um há algum tempo, e Whitney estivera em acampamentos de um dia, de modo que a rotina de um acampamento esportivo não lhe era desconhecida. Mesmo assim, ficar longe de casa e da rede de apoio que havíamos criado seria para Whitney uma mudança muito grande. Ele não dormiria em sua cama. Faria as refeições em horários provavelmente diferentes dos nossos. Teria de seguir instruções sem que estivéssemos por perto para interpretá-las e reinterpretá-las para ele à noite, como fazíamos em nossas reuniões familiares. Teria de entender e assimilar as nuances sociais comuns às tradições desses acampamentos de futebol das universidades, mas desconhecidas para nós. Whitney também estava se sentindo um pouco desconfortável – acho que por termos planejado o acampamento da Universidade de Ohio primeiro e, se tudo corresse bem, depois poderíamos mandá-lo para Michigan.

De início, ele teimou em ir para o campo da Universidade de Ohio durante o dia e voltar para casa à noite. Seu argumento era que não fazia sentido pagar por alojamento se ele vivia a poucos quilômetros de distância. William convenceu-o de que seria infinitamente mais divertido passar a noite no acampamento. Muitos jogadores da Universidade de Ohio passariam por lá para conversar com os estudantes e responder a perguntas, e ele teria uma boa oportunidade de fazer novos amigos.

William e Vanessa ajudaram-no a fazer a mala. Ele só precisava de calções, camisetas, meias e cuecas, de modo que havia pouca margem de erro no que dizia respeito à indumentária. Àquela altura, Whitney era um garoto alto, longilíneo e musculoso, com um corpo forte e bem definido. Bom corredor e atleta consumado, quando corria Whitney parecia um jaguar: flexível, gracioso e surpreendente depois de tantos anos de terapia ocupacional e fisioterapia.

William e eu decidimos que, se Whitney se desse bem no acampamento da Universidade de Ohio, o próximo passo seria Michigan. E assim foi. Whitney se divertiu muito na Universidade de Ohio, e se divertiu ainda mais no acampamento em Michigan. Ele nem se lembrava de telefonar enquanto esteve fora de casa. Depois, ele e William discutiram os jogos, treinos e exercícios. Da perspectiva de uma mãe, ambos pareciam felizes com os resultados do acampamento. Também me parecia que Whitney fizera a transição para esses novos ambientes sem problemas, o que era um grande avanço. Agora, os desafios de Whitney começavam a assemelhar-se um pouco mais com os de seus colegas.

Enquanto isso, Vanessa se preparava para partir para a faculdade. Estava empolgada e feliz com sua nova vida na *Big Apple*, mas William, Whitney e eu não podíamos nem pensar em sua partida. Sabíamos o quanto nossa vida em casa passaria por uma mudança radical sem ela, e estávamos muito tristes com isso.

Parecia que o tempo em que estivemos fortemente unidos pela adversidade estava começando a chegar ao fim. A mudança tinha bons motivos e esperávamos bons resultados, mas mesmo assim era uma felicidade com sabor de tristeza.

Na manhã do dia seguinte ao que pusemos Vanessa num avião rumo a Nova York, eu e William choramos. Whitney resistiu estoicamente.

Senti um enorme vazio assim que entramos em casa. Pedi imediatamente aos meninos que me ajudassem a mudar todos os móveis de lugar. Oito horas depois, exausta de tanto mudar as coisas para lá e para cá, eu ainda me sentia desconsolada. Não conseguia me livrar do vazio causado por sua ausência. Estava muito feliz por ela, mas sentia sua falta e temia pelo momento em que os outros dois também fossem embora.

Whitney sabia que eu estava muito triste e me convidou para irmos ao cinema. Lembrei-me de uma tarde, anos atrás, quando eu tentava reconfortar Whitney depois de sua desastrosa exibição na piscina de um acampamento de verão. Em nossa família, um filme e um pouco de pipoca sempre funcionavam como um remédio para todos os males, e lá fomos nós para o cinema.

Quando terminou o filme, eu disse a Whitney: "Você estava certo, sinto-me bem melhor agora."

Whitney passou o braço pelo meu ombro e me olhou, ansioso. Já não existia aquele garotinho cuja mão era difícil de pegar. Mais distante ainda estava o menino vazio que não reagia a nada e a ninguém ao seu redor. No lugar dele, ali estava aquele jovem bem mais alto do que eu.

"Está vendo, eu dei um jeito em *você*!", disse ele. E sorriu, orgulhoso.

18.
A Síndrome Maverick de Florance

Com Vanessa fora de casa, William partindo dentro de alguns dias e Whitney também se preparando para ir embora, pela primeira vez em quase duas décadas eu tive tempo para pensar no que pretendia fazer, em vez de fazer o que tinha de fazer para sobrevivermos. Passava os dias pensando em onde queria morar, que tipo de trabalho pretendia fazer e nos rumos que daria à minha carreira.

Enquanto isso, todas as quartas-feiras à noite eu me sentava para o jantar e para um penoso exercício verbal com William, Whitney, quinze estudantes de medicina e outros grandes empreendedores – refiro-me a um novo programa que chamei de "Desenvolvendo o Cérebro Vitorioso". Esses Mavericks eram o exemplo consumado daquilo a que se dá o nome de "duas vezes excepcional". "Duas vezes excepcional" significa que uma pessoa está num patamar superior em certas capacidades, mas tem problemas em outras: o cérebro hiper-hipo dos Mavericks, que estão acima do nonagésimo nono percentil em pensamento visual, mas apresentam deficiências de comunicação, com resultados verbais abaixo do primeiro percentil, ilustra bem a definição, ainda que eu a tenha criado para descrever um conjunto de forças e fraquezas em desequilíbrio, e não desequilíbrios de pessoas com alto desempenho visual e baixo desempenho verbal.

Meus dois filhos estavam participando do programa. William tinha decidido juntar-se a nós em nossos exercícios verbais com os estudantes de medicina porque queria preparar-se para a faculdade. Havia ganho a bolsa de estudos presidencial da Universidade de Manhattan, a mais alta distinção concedida a um calouro, e recebera um convite para ser membro da Sociedade LaSallian Honor. Planejava especializar-se em engenharia química e pensava em fazer medicina depois da faculdade.

Convidamos professores de outras cidades para fazer palestras, autoridades da comunidade local para fazer perguntas – tudo isso como parte de nosso trabalho com os cérebros verbal e visual. Era o exercício para desenvolver habilidades de comunicação mais difícil que eu havia criado até então: um programa terapêutico para que meus Mavericks duas vezes excepcionais pudessem aperfeiçoar suas capacidades verbais e tornar-se pessoas muito mais capacitadas nas áreas em que tinham problemas. Whitney participou da elaboração do programa e ajudou a modificá-lo para alunos de escola de ensino fundamental e médio. Deu aulas particulares para os Mavericks da escola elementar, auxiliando nas simulações em sala de aula como faziam William e Vanessa. Também começamos a desenvolver, via internet, mais sistemas aumentativos que envolviam apresentações em Power Point para os quais os estudantes me ajudaram a escanear documentos. Whitney começou a procurar na internet vídeos que eu pudesse usar em exercícios de pensamento auditivo e visual rápido. Ele adorava ajudar outras pessoas com problemas semelhantes aos dele.

Eu queria saber até que ponto meu trabalho com Whitney e com os Mavericks era singular. O dr. Stang me disse que, em sua opinião, eu tinha descoberto uma nova síndrome. "Ninguém identificou esses problemas médicos antes de você, que além do mais descobriu uma maneira de tratá-los. Creio que você descobriu a Síndrome Maverick de Florance", disse ele. O dr. Stang já elaborou cerca de duas mil questões para os exames nacionais de aptidão profissional, e é tido como um excelente médico nos circuitos nacionais de congressos e palestras. Era um dos mais importantes oradores nos congressos de medicina, particularmente naqueles que envolviam a preparação para os diferentes exames de aptidão profissional que simulam o diagnóstico de pacientes. Recebera inúmeras menções honrosas como professor emérito, professor do ano etc., e centenas de médicos consideram-no um dos maiores especialistas em diagnósticos do país. Aceitei seu elogio.

Assim, quando chegou o momento de William fazer suas entrevistas em faculdades de Nova York e Washington, agendei uma série de visitas a cientistas dos Institutos Nacionais de Saúde. Depois de ser muito prolífica profissionalmente, eu não havia escrito nada nos últimos dezesseis anos, e por isso estava nervosa quanto a lhes apresentar minhas idéias de um modo que fizesse sentido. E também queria saber, a partir da perspectiva deles, se meu trabalho era único ou não.

Eu sabia que, depois de passar pelos Institutos Nacionais de Saúde, a resposta dos cientistas dessa instituição podia ter um grande impacto sobre minha carreira posterior à criação dos filhos. Meus dias como médica e terapeuta de Whitney estavam chegando ao fim, e meus dias como protetora e sustentadora de todos os três também estavam com os dias contados. Eu queria ter algumas idéias sobre a diretriz profissional que o futuro me reservava.

No metrô, a caminho de minhas reuniões, William, que estava comigo, percebeu minha tensão. "Não temos de fazer isso, mamãe", disse ele.

"Sei disso. Mas o que temos a perder?"

Se no meu trabalho com Whitney nós tínhamos descoberto um novo modelo de doença para uma nova síndrome e seu tratamento, eu queria conhecer a opinião de outros profissionais, mesmo que isso significasse correr o risco de não ser levada a sério.

Antes de partirmos, eu tinha perguntado a Whitney se ele achava que eu devia ir aos Institutos Nacionais de Saúde. E ele respondeu sem hesitar: "Mamãe, você tem de falar com as pessoas de lá sobre mim. As escolas passaram anos dizendo que eu era retardado. E eu não sou retardado. Os médicos diziam que eu seria autista para sempre, e não sou autista. Eu não conseguia ouvir, e hoje ouço".

Lembrei-me dessa força que Whitney me deu quando eu e William entramos no auditório e contamos nossa história. Relatei como outras pessoas que eu respeitava muito achavam que eu havia identificado uma nova síndrome, aventando a possibilidade de uma Síndrome Maverick de Florance. Eu tinha preparado alguns documentos profissionais para eles avaliarem, com resenhas e interpretações de modelos cognitivos bem organizados numa pasta, para mostrar a evolução do meu pensamento. Contudo, o que mais interessou os cientistas e nos ocupou durante a maior parte do tempo foi a fisiologia do que havia de errado com Whitney inicialmente e o modo como consegui resolver os problemas.

Tivemos uma reunião maravilhosa, e pude expor livremente todas as minhas idéias. William gostou tanto de nossa visita que espera um dia vir a trabalhar para os Institutos Nacionais de Saúde.

Um dos cientistas nos disse exatamente o que devíamos fazer em seguida – um projeto de cinco anos de pesquisas sobre essa síndrome, para que pudéssemos compartilhar as informações com outros cientistas. Ainda posso ouvir suas palavras: *Primeiro, você deve obter apoio local e criar um laboratório portátil. Depois, precisa ligar-se a uma instituição acadêmica*. Ele também se ofereceu para ajudar com uma proposta e subsídios futuros assim que eu tivesse um laboratório em funcionamento.

Até aquele momento, apesar do meu sucesso, o melhor que havíamos ouvido de pessoas eminentes tinha sido: "Hum, que estranho", ou: "Que perfil evolutivo mais esquisito..." Com exceção dos drs. Cantwell e Stang, ninguém havia realmente entendido o que havia de científico no que eu dizia.

Quando saímos para mais uma reunião, um dos médicos me estendeu a mão. "Sabe, eu também tenho filhos. Não consigo imaginar como deve ter sido difícil." Depois, voltando-se para William: "Para vocês dois. O que vocês fizeram é extraordinário."

Eu mal conseguia olhar para William. Ali estava um cientista de renome nos cumprimentando por um trabalho bem-feito. E meus filhos faziam parte da equação.

Depois que fomos embora, dei um rápido telefonema para Whitney e Vanessa. Passei o telefone para William e fiquei a ouvi-lo, falando sem parar primeiro com o irmão, depois com a irmã.

E aí, adivinhe só o que eles disseram... e depois... e então... Ele contou em detalhes a história toda. Minha cabeça fervilhava, cheia de possibilidades e projetos de pesquisa.

Quando voltamos para o hotel, pude ver que William estava se sentindo o máximo depois daquele dia. À noite, saímos para jantar com Peter Swire e sua esposa, Anne. Peter Swire tinha sido contratado pela Casa Branca para criar as diretrizes políticas e jurídicas relativas às questões de medicina e saúde pública na internet. Conversamos com ele sobre uma idéia que eu tinha tido, de oferecer avaliação e instrução em processamento auditivo e visual pela internet.

Mal consegui dormir naquela noite. Parecia inacreditável que meus sonhos de expandir essa pesquisa e esse tratamento pudessem tornar-se realidade.

Quando voltamos para casa, reuni-me com autoridades do Conselho de Deficiências Comportamentais do governador de Ohio, levando comigo William e um dos estudantes de medicina. Apresentamos a proposta de testar todos os estudantes de medicina do primeiro ano, para determinar quantos deles tinham a "Síndrome Maverick de Florance" e adquirir mais conhecimentos sobre a reforma do cérebro. A verba para isso foi aprovada, e a direção da Faculdade de Medicina da Universidade do Estado de Ohio permitiu que eu testasse todos os estudantes que começariam a fazer o primeiro ano.

William, Vanessa e Whitney passaram o verão ajudando-me a criar um "Laboratório do Cérebro" na internet, onde poderíamos testar os estudantes e coletar dados. Também examinávamos a idéia de um professor criar uma sala de aula auto-reguladora onde os alunos pudessem fazer suas experiências de aprendizagem se compatibilizarem com seu tipo de cérebro. Para levar adiante essa idéia, pedi a Whitney, que estava concluindo o décimo ano, que se matriculasse em um curso de biologia humana na Universidade Columbus ministrado pelo dr. Keith Meske. O dr. Meske era ex-diretor de televisão e um excelente professor que usava *slides*, vídeos e filmes para ilustrar as idéias que apresentava em cursos e conferências. O único curso que não entrava em choque com os compromissos futebolísticos de Whitney era um curso avançado para alunos do penúltimo ano da faculdade. O dr. Meske permitiu que Whitney fizesse seu curso. Concluímos que valia a pena fazer essa tentativa e que, se fosse muito difícil, não haveria problema algum em desistir.

Eu também tinha alguns pacientes que tinham sido reprovados na faculdade, além de outros que queriam se preparar para fazer um curso superior, de modo que formamos um grupo de estudos, e todos os seus membros se matricularam no curso do dr. Meske.

Uma vez que eu havia reformado o cérebro de Whitney, sabia como tinha criado sua via verbal para aprender a trabalhar. E eu também o havia ensinado a utilizar seus sistemas de pensamento visual para obter a máxima eficiência possível. Achei que podia ensinar Whitney e os outros Mavericks a criar um grupo de estudos que fosse compatível com suas características mais intuitivas de aprendizagem.

Ensinei ao grupo que eles tinham aquilo que eu passara a chamar de "sistema *opticoder*" (de "pensar por imagens") e "sistema *lexicoder*" (de "pensar por palavras"), terminologia por mim criada para definir os sistemas de pensamento visual e verbal. Expliquei que, quando eles estão aprendendo uma coisa nova, podem usar a função "executiva central" de seu cérebro para acessar o sistema que irá se mostrar o mais eficiente para a tarefa em questão.

Whitney mergulhou de cabeça na experiência. Era de longe o aluno mais novo do grupo. Estava ávido por testar todas as minhas idéias, que levava ao limite do possível. No fim do verão, teve as notas mais altas do grupo. Ali estava um autista "retardado", surdo-mudo, que durante sete anos fora incapaz de falar e agora se revelava o melhor de uma classe de terceiro ano de faculdade. Como isso pôde acontecer? Seu sucesso se deve ao poder do cérebro visual. E que sistema superior é esse! A opinião do dr. Cantwell de que nada mudaria até que médicos, professores e terapeutas se entendessem era verdadeira. Os pacientes que estudavam medicina estarão entre os maiores defensores do bom entendimento dos problemas de comunicação, pois vão entrar na comunidade médica com o conhecimento direto do que lhes aconteceu.

Pete, um estudante de medicina que vinha fazendo progressos incríveis, disse: "Só não desanimo por causa de Whitney. Quando os outros não acreditam em mim ou eu duvido de mim mesmo, penso em Whitney e no que ele realizou e concluo que *eu também posso fazer o mesmo*." Pete teria de passar por três testes ou ser desligado da faculdade de medicina. No último teste, sua nota foi noventa – uma das mais altas da classe. Rob, outro estudante de medicina com diagnóstico equivocado de Transtorno do Déficit de Atenção, foi aceito em sua primeira escolha, a de residência médica na Flórida. Ele disse: "Quando penso em Whitney e no fato de que ele não ouvia nada e agora ouve, isso pode ser muito perturbador, mas então vejo esta sala e ouço todos dizendo que também 'não ouviam' – não escutavam nada –, mas que agora estão aprendendo a agir no universo verbal."

A velha máxima de que todo problema contém um ensinamento é certamente verdadeira no nosso caso. Se não fosse a vida que tive, não teria sido capaz de imaginar como poderia ajudar Whitney. Tive a sorte de poder lidar com o problema dele a partir de um ponto de vista multidisciplinar. Meu trabalho com o programa *Head Start*, com pacientes que tiveram derrame e com executivos com problemas de gagueira me fez perceber um padrão que, fossem outras as circunstâncias, jamais me teria ocorrido: era que o problema de Whitney se devia à intensidade de seu pensamento visual. Foi a diversidade de minha formação que me permitiu ajudar os Mavericks da melhor maneira possível: formação acadêmica em fonoaudiologia, doutorado em psicologia, pós-doutorado em transtornos cerebrais nos Institutos Nacionais de Saúde – tendo por orientador um psicólogo de formação freudiana –, bolsas de estudo para cursos de psiquiatria e medicina. Mas os problemas sociais e escolares que tive de enfrentar como mãe talvez tenham sido mais importantes do que minha formação acadêmica. Só Whitney podia ter me ensinado tanto.

Sob muitos aspectos, a experiência dos últimos dezesseis anos fez com que, de uma pessoa extrovertida, eu me tornasse introvertida. Fora do contexto em que se situam meus pacientes e meus filhos, tenho conversado com poucas pessoas nos últimos tempos. Eu poderia ter trabalhado e falado muito, ajudando indivíduos visuais, não fosse a decisão de escrever este livro, algo a que fui levada pelo estímulo de todos aqueles que acreditaram no meu trabalho. Esses passos foram muito importantes para a decisão de prosseguir com meu trabalho com os Mavericks.

Muitas vezes dei a impressão de estar perdida em minha interpretação do que se passava com Whitney. Há ocasiões, principalmente quando tento explicar o que fiz para salvar meu filho, em que me sinto como se eu mesma tivesse um problema de comunicação. O processo de escrever este livro ajudou-me a dar mais clareza à nossa jornada. Hoje, já ajudei cerca de quatrocentas pessoas com alta capacidade visual e baixa capacidade verbal.

Um dos trabalhos dos segundanistas de Watterson é participar de algum projeto humanitário. Embora a escolha dos temas se faça a partir de uma lista já elaborada, Whitney enviou por escrito uma proposta a seu professor de religião, pedindo-lhe para voltar à Academia Clintonville para desenvolver ali o seu projeto. Whitney escreveu: "Tornei-me um ser humano nos anos que passei na Academia Clintonville". Ele tinha aprendido a se sentir como uma pessoa normal, a fazer amigos, a praticar esportes, a tornar-se um aluno brilhante e a não precisar mais de uma sala de educação especial. "Agora chegou o momento de eu ajudar outra criança. Vou desenvolver meu projeto humanitário tendo em vista as crianças da Academia Clintonville."

Para nossa surpresa, sua proposta foi aprovada e Whitney ia uma vez por semana para a Clintonville.

Terry, uma paciente minha que estudava medicina, tinha se oferecido para ir buscar Whitney em um de seus dias de trabalho. Ao entrar na escola, ela encontrou Whitney contando uma história para as crianças que participavam de um projeto de atividades após as aulas. Estavam todas sentadas de pernas cruzadas, ao seu redor e não perdiam nenhuma de suas palavras. Quando ele terminou a história, Terry acenou para ele e disse: "Hora de estudar, Whitney."

"Beleza, vejo vocês outro dia", disse Whitney para as crianças. Assim que ele se levantou, todas elas se puseram a berrar: "Não, não, não! Queremos mais histórias! Fique aqui com a gente!"

"As crianças estavam loucas por Whitney", contou-me Terry mais tarde. "Para mim, que conheço a história dele, foi uma cena emocionante."

E pensar que um garoto que parecia tão pouco humano quando bebê, que era incapaz de se aconchegar em mim ou de comunicar-se de qualquer maneira, estava agora prestando um serviço humanitário através da linguagem!

Epílogo

Vanessa está concluindo o segundo ano de direito com distinção. Trabalha como assistente do deputado Eliot Engle, do Bronx, pertence à equipe de natação da Universidade de Manhattan e foi escolhida como consultora residente. Telefona para Whitney para dar-lhe conselhos de irmã sobre garotas e os estudos, e bate papo com ele na internet.

William trabalha na Academia de Ginástica da Universidade de Manhattan para pagar suas despesas. É presidente do grêmio e atua junto a um programa individual de estudos avançados para alunos superdotados em engenharia química, atividade que adora. No próximo verão, irá trabalhar como assistente da Faculdade de Medicina e Saúde Pública da Universidade do Estado de Ohio.

Whitney participou da equipe que jogou no campeonato estadual de futebol e cantou e dançou numa peça chamada *Carousel*, que foi representada em sua escola. Pretende continuar freqüentando cursos em faculdades durante o verão e, no último ano de seu curso, pensa em dedicar meio dia ao curso secundário e meio dia à faculdade.

Criei a Clínica do Cérebro na Faculdade de Medicina de Ohio, um centro de pesquisas médicas dedicado ao estudo da Síndrome Maverick de Florance. Tenho um programa de bolsas de estudo visando a formação de terapeutas na City University de Nova York.

Nós quatro sabemos que, se hoje podemos ajudar executivos e cirurgiões, foi porque tivemos de ajudar um garotinho a superar obstáculos gigantescos. A mente Maverick de Whitney mudou nossas vidas e enriqueceu-nos a todos.

IMPRESSÃO E ACABAMENTO:
YANGRAF Fone/Fax:
6195.77.22
e-mail:yangraf.comercial@terra.com.br